中国隧道及地下工程修建关键技术研究书系

近海富水硬岩条件下地铁快线建造关键技术与创新
——青岛地铁 13 号线工程

KEY CONSTRUCTION TECHNOLOGY AND INNOVATION OF
METRO EXPRESS LINE UNDER THE CONDITION OF
COASTAL RICH WATER AND HARD ROCK
——QINGDAO METRO LINE 13 PROJECT

青岛地铁集团有限公司
中国交通建设股份有限公司　主编
青岛市西海岸轨道交通有限公司

人民交通出版社股份有限公司
北京

内 容 提 要

本书主要依托青岛地铁 13 号线工程项目建设,主要内容涵盖设计、施工及设备系统安装等方面,系统介绍了关键技术和创新以及新材料的应用,总结了建设经验和应用效果。

本书共分为 9 章,主要内容包括青岛地铁 13 号线工程概况、设计创新、矿山法区间施工关键技术、不良地质段注浆加固和止水技术创新、明挖车站及区间施工技术创新、高架车站及区间施工技术创新、车辆基地技术创新、装修和设备系统技术创新、轨道施工关键技术等。

本书可供城市轨道交通及相关行业的工程建设管理和技术人员参考,亦可供高等院校相关专业师生学习使用。

图书在版编目(CIP)数据

近海富水硬岩条件下地铁快线建造关键技术与创新：青岛地铁 13 号线工程 / 青岛地铁集团有限公司,中国交通建设股份有限公司,青岛市西海岸轨道交通有限公司主编. — 北京:人民交通出版社股份有限公司,2021.5
ISBN 978-7-114-17159-8

Ⅰ. ①近… Ⅱ. ①青… ②中… ③青… Ⅲ. ①地下铁道－铁路工程－施工技术－青岛 Ⅳ. ①U231

中国版本图书馆 CIP 数据核字(2021)第 047782 号

Jinhai Fushui Yingyan Tiaojianxia Ditie Kuaixian Jianzao Guanjian Jishu yu Chuangxin——Qingdao Ditie 13 hao xian Gongcheng

书　　名	: 近海富水硬岩条件下地铁快线建造关键技术与创新——青岛地铁 13 号线工程
著　作　者	: 青岛地铁集团有限公司
	中国交通建设股份有限公司
	青岛市西海岸轨道交通有限公司
责任编辑	: 李　梦
责任校对	: 孙国靖　魏佳宁
责任印制	: 张　凯
出版发行	: 人民交通出版社股份有限公司
地　　址	: (100011)北京市朝阳区安定门外外馆斜街 3 号
网　　址	: http://www.ccpcl.com.cn
销售电话	: (010)59757973
总　经　销	: 人民交通出版社股份有限公司发行部
经　　销	: 各地新华书店
印　　刷	: 北京印匠彩色印刷有限公司
开　　本	: 787×1092　1/16
印　　张	: 17.5
字　　数	: 398 千
版　　次	: 2021 年 5 月　第 1 版
印　　次	: 2021 年 5 月　第 1 次印刷
书　　号	: ISBN 978-7-114-17159-8
定　　价	: 138.00 元

(有印刷、装订质量问题的图书由本公司负责调换)

编写委员会

主　　任　张　君　何文胜

副 主 任　王者永　赵继增　李　刚　仲继红　罗宏洲　田海光
　　　　　　张亚果

委　　员　叶守杰　田　涌　刘林胜　叶佩文　宋志武　葛鑫平
　　　　　　张建民　郝静波

主　　编　刘泉维　李维洲

副 主 编　于　福　邢春阳　宗　超　黄　成

编　　委（排名不分先后）

　　　　　　孟祥慧　姜金言　徐学翔　樊增猛　安秉忠　潘　栋
　　　　　　侯立德　高　鹏　张培元　刘琪辉　姚清松　陈　剑
　　　　　　朱林松　司　方　张　鑫　王立宏　刘松旺　江洪林
　　　　　　孙国锋　廖朝武　邢小福　杨志文　王　凯　郭树勋
　　　　　　郑世杰　汤春阳　靳青松　吴秀山　桑有财　邓永林
　　　　　　郝利东　周岁纪　王洪波　朱俊鹏　谭程龙　王　帅
　　　　　　苏　毅　孙树林

主　　审　李宗平　王海亮

主编单位　青岛地铁集团有限公司
　　　　　　中国交通建设股份有限公司
　　　　　　青岛市西海岸轨道交通有限公司

参编单位　中交第一航务工程局有限公司
中交第二航务工程局有限公司
中交第三航务工程局有限公司
中交隧道工程局有限公司
中交一公局集团有限公司
中交第二公路工程局有限公司
中交机电工程局有限公司
中铁第一勘察设计院集团有限公司
中铁电气化局集团有限公司
中国铁建电气化局集团有限公司

序一

近年来，伴随我国城镇化进程的不断加速，城市转型升级进入新阶段和关键期，调整城市结构，提升城市能级、质量和承载力，有效推动城市更新成为当前城市发展的主导方向。城市轨道交通作为国家新一轮基础设施建设的主战场，对提升城市运输供给质量和效率、优化城市空间结构布局、改善城市综合环境具有至关重要的作用，是推动城市更新的关键环节。

一直以来，青岛市委、市政府高度重视城市轨道交通建设，致力构建契合青岛城市构型、匹配城市发展战略的城市轨道交通网络，青岛地铁远景规划18条线路，总里程达到814.5km。目前，青岛地铁已开通运营6条线路，运营里程达到246km，单日最高客流量达到121.92万人次，有效赋能城市发展，"轨道上的青岛"初具雏形。

历经10年建设，青岛地铁不断探索城市轨道交通建设新模式，地铁13号线就是其中的代表。作为我市首个采用公私合营模式（PPP模式）建设的地铁线路，地铁13号线在很多方面为后续的线路建设提供了参考经验，比如地铁13号线首次大面积采用自主设计的先张法预制U形梁，目前青岛地铁应用高架U形梁里程在全国位居前列。青岛地铁13号线起于嘉陵江路站，途径经济技术开发区、灵山湾影视文化产业区、新区中心区、古镇口军民融合创新示范区、董家口经济区，终于董家口火车站，贯穿西海岸新区主要核心区域，全长约70km，是青岛地铁规划、在建及运营线路里程最长的线路。同时，青岛地铁13号线的施工难度也是全国少见的，有地下段、地面段、高架段，可以说是"上天入地"。其中，井冈山路站至积米崖站区间穿越近海回填区，海相地质发育，地下水等同于海水，相当于海底隧道，施工难度大，中国工程院王梦恕院士曾形容："在海边修建青岛地铁13号线如同'豆腐里雕花'，施工难度属全国之最"。即便如此，在各参建单位的共同努力下，青岛地铁13号线最终用时不到四年便顺利建成通车，创下国内地铁线路建设周期最短、一次性开通里程最长的纪录。

本书从工程实践出发，全面总结了青岛地铁13号线建造过程中采用的诸多关键技术和创新技术，并将理论知识与工程实践紧密结合，相信本书能给青岛地铁其他线路以及山东省其他地市地铁线路建设提供参考和借鉴。

青岛地铁13号线的高水平、高标准、高质量的开通，离不开勘察、设计、施工、监理、监测、咨询等广大地铁建设者的辛勤付出，离不开社会各界的支持和帮助，借本书出版之机对各位建设者和社会各界同仁表示衷心感谢！

青岛地铁工程建设指挥部常务副总指挥
青岛地铁集团有限公司党委书记、董事长

2021年5月

序二

截至2019年底，中国交通建设股份有限公司（以下简称中国交建）轨道交通工程项目分布在上海、广东、山东、福建、四川、黑龙江、江苏、湖南、海南、新疆、陕西、天津、内蒙古等13个省、自治区、直辖市，承建线路总长度约514km，项目合同额超过2000亿元人民币，包括公私合营（PPP）、建设—经营—转让（BOT）、建设—移交（BT）、现汇等多种建设模式，轨道交通工程已成为中国交建重要的业务板块之一。

青岛风景秀丽，气候宜人，是中国沿海重要中心城市、"一带一路"新亚欧大陆桥经济走廊主要节点城市和海上合作重要支点城市。青岛地铁13号线工程是中国交建在山东省青岛市首个轨道交通项目，也是中国交建首个PPP轨道交通项目。我本人也是青岛地铁13号线从PPP项目合同签订、项目建设直至开通运营的亲历者和见证者。

从地铁建设来看，青岛的地层在全国范围来说特点非常鲜明，青岛地铁的建造技术也非常具有地方特色。青岛地铁13号线工程使用的清水混凝土技术、U形梁制运架成套技术、建筑信息模型（BIM）技术、注浆止水技术等非常具有代表性，部分技术在中国交建轨道交通业务板块也是首次采用。

本书从青岛地铁13号线工程实践出发，系统全面地介绍了本工程涉及的建造技术和创新技术，图文并茂、繁简得当，可作为中国交建城市轨道交通领域技术与管理人员的参考用书，同时可推荐给城市轨道交通工程建设、设计、施工、监理、监测和咨询等单位专业技术人员，以推动我国城市轨道交通行业建造技术不断提高！

中交集团党委常委、副总经理
中国交建党委常委、副总裁
2020年12月

青岛地铁13号线是青岛市西海岸新区的重大民生项目之一,线路正线全长70.06km,是青岛地铁目前规划、在建及已运营线路中最长的线路。

青岛地铁13号线设计最高时速120km,作为城市快线和骨干线,13号线连接经济技术开发区、灵山湾影视文化产业区、新区中心区、古镇口军民融合创新示范区、董家口经济区,为青岛市西海岸新区的发展注入澎湃的动力。"一线串起新区,四线脉动三城",13号线将对赋能青岛市西海岸新区发展、完善青岛市城市格局起到重要作用。

青岛地铁13号线线路里程长,工程地质、水文地质条件复杂多变,施工技术难度大,围岩开挖和防排水等风险极高。青岛地区以硬岩地质为主,13号线克服了在硬岩地层中修建地铁时爆破施工、上软下硬地层开挖、不良地质处理等诸多难题,同时克服了在近海回填区海相地质修建地铁的施工难题。

青岛地铁13号线有地下段、地面段和高架段。地下区间主要采用矿山法施工,部分采用明挖法施工,地下车站采用明挖法施工,高架区间采用架桥机架设预制U形梁、挂篮悬浇及模板支架现浇梁等方法施工。除机械掘进法和暗挖法外,13号线基本涵盖了轨道交通工程常见的结构类型和施工方法。

青岛地铁13号线自2015年2月正式开工建设以来,青岛市委、市政府和西海岸新区相关部门、青岛市地铁集团有限公司、西海岸新区轨道交通规划建设指挥部等上级单位给予了大力指导和帮助,建设、勘察、设计、施工、监理、第三方监测等各参建单位以"安全地铁、高效地铁、人文地铁、活力地铁""用心浇筑您的满意"为目标,经过不到四年的精心组织和施工,于2018年12月26日正式开通运营。近四年来,在建设单位的统筹下,各参建单位精诚团结、密切合作,从开工伊始就坚持"目标导向、问题导向"的工作原则,编制项目总体策划和技术策划,过程中抓关键线路、关键节点和各项资源的合理配置,重视设计优化和技术创新,保证了项目进度、安全、质量、投资可控。

在青岛地铁13号线工程建设过程中,采用了许多前沿技术和创新技术,例如,在青岛地铁首次引入清水混凝土,5座车站采用清水混凝土施工;高架线路段在全国首次大面积采用自主设计和施工的先张法预制U形梁;青岛地铁13号线率先在机电安装、高架车站钢结构部分全面运用建筑信息模型(BIM)技术,实现了全生命周期管理和数字化移交;首次在全线路引入高速铁路CPⅢ测量技术,采用减振道床、吸声板、声屏障等多种手段降噪;在国内首次研发了城市轨道交通工程轨行区管理智慧云平台,极大地提高了轨行区管理安全性;通过院士把关,基本攻克了近海复杂地质条件注浆止水关键技术。

青岛地铁13号线高架站外立面设计风格在国内独树一帜,高架站结合国家级西海岸新区的历史文化、自然环境和人文风貌，体现沿线文化特色，依据青岛地铁全网艺术规划导则，以"古港新航"为定位，从远古海上丝绸之路的航海文化、海上经济体现航海文化主题，并延伸至现代青岛奥运帆船之都，展现出"一带一路"综合枢纽城市的特质，具备极强的标识性和艺术性。

本书由青岛市地铁集团有限公司张君教授级高级工程师、中国交通建设股份有限公司何文胜教授级高级工程师担任编写委员会主任，由青岛市西海岸轨道交通有限公司刘泉维研究员、中国交通建设股份有限公司李维洲教授级高级工程师担任主编，李宗平、王海亮担任主审。同时，参与本书编写的人员还包括建设、设计和施工单位的工程技术和管理人员，他们为本书的编写提供了大量宝贵资料。在此向所有编审人员的辛勤付出和支持单位表示衷心感谢，并致以崇高敬意！

限于作者水平，书中难免存在差错和不妥之处，恳请各位专家和读者不吝批评指正。

作　者
2020 年 12 月

目录

第1章 工程概况 ··· 001
- 1.1 工程简介 ··· 002
- 1.2 工程技术概述 ··· 006
- 1.3 工程建设里程碑 ··· 016

第2章 设计创新 ··· 017
- 2.1 总体设计思路 ··· 018
- 2.2 区间设计创新 ··· 019
- 2.3 车站设计创新 ··· 021
- 2.4 停车场、车辆基地设计创新 ··· 023

第3章 矿山法区间施工关键技术 ··· 026
- 3.1 竖井、斜井及横通道施工技术 ··· 027
- 3.2 矿山法隧道开挖与支护技术 ··· 037
- 3.3 矿山法隧道防水施工技术 ··· 050
- 3.4 矿山法隧道二次衬砌施工技术 ··· 056
- 3.5 区间侧穿加油站爆破减振技术 ··· 061
- 3.6 区间小间距隧道施工技术 ··· 068

第4章 不良地质段注浆加固和止水技术创新 ··· 071
- 4.1 地表注浆加固和止水技术 ··· 072
- 4.2 洞内注浆技术 ··· 088

第5章 明挖车站及区间施工技术创新 ··· 098
- 5.1 钻孔桩+锚索+旋喷桩围护结构施工技术 ··· 099
- 5.2 吊脚桩施工技术 ··· 105
- 5.3 井冈山路站与既有基坑对接施工技术 ··· 108
- 5.4 过两河明挖"四期基坑"施工技术 ··· 112
- 5.5 地下车站清水混凝土施工技术 ··· 115
- 5.6 全套管嵌岩咬合桩技术 ··· 124
- 5.7 快速锚杆施工技术 ··· 128

5.8 地下车站主体与附属接口部位防水技术 ⋯⋯⋯⋯⋯⋯⋯⋯⋯⋯⋯⋯⋯⋯⋯⋯⋯ 131

5.9 深基坑自动化监测技术 ⋯⋯⋯⋯⋯⋯⋯⋯⋯⋯⋯⋯⋯⋯⋯⋯⋯⋯⋯⋯⋯⋯⋯⋯ 134

5.10 泄水减压施工技术 ⋯⋯⋯⋯⋯⋯⋯⋯⋯⋯⋯⋯⋯⋯⋯⋯⋯⋯⋯⋯⋯⋯⋯⋯⋯⋯ 138

5.11 气候控制调光玻璃(STG)的应用 ⋯⋯⋯⋯⋯⋯⋯⋯⋯⋯⋯⋯⋯⋯⋯⋯⋯⋯⋯ 143

第 6 章　高架车站及区间施工技术创新 ⋯⋯⋯⋯⋯⋯⋯⋯⋯⋯⋯⋯⋯⋯⋯⋯⋯⋯⋯⋯ 146

6.1 墩柱施工技术 ⋯⋯⋯⋯⋯⋯⋯⋯⋯⋯⋯⋯⋯⋯⋯⋯⋯⋯⋯⋯⋯⋯⋯⋯⋯⋯⋯⋯ 147

6.2 跨风河桥挂篮悬浇法施工技术 ⋯⋯⋯⋯⋯⋯⋯⋯⋯⋯⋯⋯⋯⋯⋯⋯⋯⋯⋯⋯ 149

6.3 现浇梁施工技术 ⋯⋯⋯⋯⋯⋯⋯⋯⋯⋯⋯⋯⋯⋯⋯⋯⋯⋯⋯⋯⋯⋯⋯⋯⋯⋯⋯ 155

6.4 先张法 U 形梁制运架成套技术 ⋯⋯⋯⋯⋯⋯⋯⋯⋯⋯⋯⋯⋯⋯⋯⋯⋯⋯⋯⋯ 167

6.5 高架车站清水混凝土施工技术 ⋯⋯⋯⋯⋯⋯⋯⋯⋯⋯⋯⋯⋯⋯⋯⋯⋯⋯⋯⋯ 182

6.6 其他高架区间施工技术 ⋯⋯⋯⋯⋯⋯⋯⋯⋯⋯⋯⋯⋯⋯⋯⋯⋯⋯⋯⋯⋯⋯⋯ 185

第 7 章　车辆基地技术创新 ⋯⋯⋯⋯⋯⋯⋯⋯⋯⋯⋯⋯⋯⋯⋯⋯⋯⋯⋯⋯⋯⋯⋯⋯⋯ 195

7.1 工程概况 ⋯⋯⋯⋯⋯⋯⋯⋯⋯⋯⋯⋯⋯⋯⋯⋯⋯⋯⋯⋯⋯⋯⋯⋯⋯⋯⋯⋯⋯⋯ 196

7.2 主要设计方案 ⋯⋯⋯⋯⋯⋯⋯⋯⋯⋯⋯⋯⋯⋯⋯⋯⋯⋯⋯⋯⋯⋯⋯⋯⋯⋯⋯⋯ 197

7.3 设计重难点及技术创新 ⋯⋯⋯⋯⋯⋯⋯⋯⋯⋯⋯⋯⋯⋯⋯⋯⋯⋯⋯⋯⋯⋯⋯ 203

第 8 章　装修和设备系统技术创新 ⋯⋯⋯⋯⋯⋯⋯⋯⋯⋯⋯⋯⋯⋯⋯⋯⋯⋯⋯⋯⋯⋯ 210

8.1 车站空间一体化与外立面设计 ⋯⋯⋯⋯⋯⋯⋯⋯⋯⋯⋯⋯⋯⋯⋯⋯⋯⋯⋯⋯ 211

8.2 设备系统特点及创新 ⋯⋯⋯⋯⋯⋯⋯⋯⋯⋯⋯⋯⋯⋯⋯⋯⋯⋯⋯⋯⋯⋯⋯⋯ 219

8.3 BIM 技术应用 ⋯⋯⋯⋯⋯⋯⋯⋯⋯⋯⋯⋯⋯⋯⋯⋯⋯⋯⋯⋯⋯⋯⋯⋯⋯⋯⋯⋯ 237

8.4 其他安装技术 ⋯⋯⋯⋯⋯⋯⋯⋯⋯⋯⋯⋯⋯⋯⋯⋯⋯⋯⋯⋯⋯⋯⋯⋯⋯⋯⋯⋯ 244

第 9 章　轨道施工关键技术 ⋯⋯⋯⋯⋯⋯⋯⋯⋯⋯⋯⋯⋯⋯⋯⋯⋯⋯⋯⋯⋯⋯⋯⋯⋯ 252

9.1 CPⅢ轨道精密测量技术 ⋯⋯⋯⋯⋯⋯⋯⋯⋯⋯⋯⋯⋯⋯⋯⋯⋯⋯⋯⋯⋯⋯⋯ 253

9.2 智慧云平台在地铁铺轨中应用的探索及研究 ⋯⋯⋯⋯⋯⋯⋯⋯⋯⋯⋯⋯⋯ 256

9.3 自动分枕轨排组装技术 ⋯⋯⋯⋯⋯⋯⋯⋯⋯⋯⋯⋯⋯⋯⋯⋯⋯⋯⋯⋯⋯⋯⋯ 259

参考文献 ⋯⋯⋯⋯⋯⋯⋯⋯⋯⋯⋯⋯⋯⋯⋯⋯⋯⋯⋯⋯⋯⋯⋯⋯⋯⋯⋯⋯⋯⋯⋯⋯⋯⋯ 263

编写人员名单 ⋯⋯⋯⋯⋯⋯⋯⋯⋯⋯⋯⋯⋯⋯⋯⋯⋯⋯⋯⋯⋯⋯⋯⋯⋯⋯⋯⋯⋯⋯⋯⋯ 265

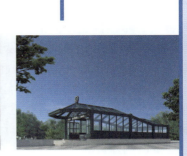

第1章
工 程 概 况

1.1 工程简介
1.2 工程技术概述
1.3 工程建设里程碑

1.1 工程简介

1.1.1 工程建设背景

青岛市红岛—胶南城际轨道交通工程是青岛市快速城际客运网的重要组成部分,将明显改善青岛市西部组团间的交通环境,推动青岛成为"一带一路"综合枢纽城市,是响应国家"一带一路"倡议的重要基础设施项目之一。同时,本工程是响应国家"半岛蓝色经济区"战略,推进青岛市"蓝色跨越"的重要项目之一。

在新形势下,大力发展海洋经济,加快建设山东半岛蓝色经济区,对加快转变经济发展方式和促进区域协调发展具有重要意义。交通发展和土地利用相互影响,相互制约;交通的发展促进土地利用性质的提升,土地性质的变化也将改变出行方式。发展轨道交通对半岛蓝色经济区的建设具有重要意义。

根据山东省城际轨道交通网规划编制补充报告,未来山东省将形成以"三纵三横"为骨架的快速铁路网构架。青岛市红岛—胶南城际轨道交通工程自北向南贯穿青岛市黄岛区,并预留向南延伸至日照的条件,是山东省城际轨道交通网"三纵三横"构架中烟台—青岛—日照纵向通道的重要组成部分。

本工程的建设将为外围城市组团与城市中心地区的联系提供经济、快速和大容量的交通服务,将有力促进外围城市组团的建设;同时将有效推动西海岸经济新区的发展,有效地推动青岛市城市大格局体系的进程。

1.1.2 工程概况

青岛市红岛—胶南城际轨道交通工程(以下简称"青岛地铁13号线工程")是青岛城市轨道交通线网"一环四线"的组成部分,位于青岛市西海岸经济新区,总体呈东北~西南走向。线路起于开发区的嘉陵江路站,经由经济技术开发区、灵山湾影视文化产业区、新区中心区、古镇口军民融合创新示范区、董家口经济区,终于董家口火车站。青岛地铁13号线线路平面示意图如图1-1-1所示。

青岛地铁13号线正线全长70.06km,其中地下线18.43km,高架线51.39km,地面线0.24km。全线共设车站23座,其中地下站9座,高架站14座。全线设车辆基地1处和停车场2处,分别为古镇口车辆基地、灵山卫停车场和董家口停车场。

青岛地铁13号线全线分两期实施。其中一期工程起自井冈山路站,沿井冈山路、漓江路、东岳路、大珠山路、飞宇路、滨海大道敷设,终点为大珠山站,正线全长28.3km(其中地下段长15.4km,高架线长12.66km,敞口段长0.24km),设车站13座(其中地下站7座,高架站6座),设灵山卫停车场1处。二期工程正线全长41.76km,分为北、南两段;北段(地下段)

起自嘉陵江路站,沿嘉陵江路、井冈山路敷设,终点为井冈山路站(不含),正线全长 3.03km,设地下车站 2 座;南段(高架段)起自滨海大道大珠山站,沿滨海大道、贡北路、产业一路敷设,终点为董家口火车站,正线全长 38.73km,设高架站 8 座,设古镇口车辆基地及董家口停车场各 1 处。

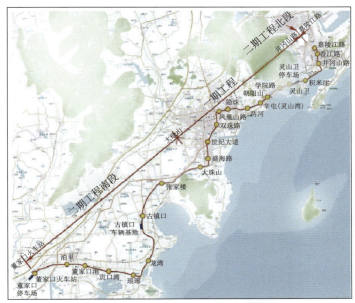

图 1-1-1　青岛地铁 13 号线线路平面示意图

青岛地铁 13 号线控制中心与 1 号线、6 号线、12 号线共用,位于 1 号线峨眉山路站附近。

青岛地铁 13 号线采用混合供电方式,共设置灵山卫主变电所(110kV)、大珠山主变电所(110kV)及董家口开闭所(35kV)各一座。牵引网系统采用直流电(DC)1500V 下部授流钢铝复合接触轨供电、走行轨回流的方式。本工程初、近、远期均采用 B 型车 4 辆编组(3 动 1 拖,车辆长度 80.596m),系统最大设计能力为 30 对/h,列车最高运行速度为 120km/h。

2018 年 12 月开通范围包含一期工程和二期工程南段两个项目,正线全长 67.03km(其中地下段 15.4km,高架段 51.39km,敞口段 0.24km),开通车站 21 座(其中地下站 7 座,高架站 14 座),车站分别为:井冈山路站、积米崖站、灵山卫站、学院路站、朝阳山站、辛屯(灵山湾)站、两河站、隐珠站、凤凰山路站、双珠路站、世纪大道站、盛海路站、大珠山站、张家楼站、古镇口站、龙湾站、琅琊站、贡口湾站、董家口港站、泊里站、董家口火车站。

1.1.3　工程地质及水文地质条件

1)沿线地形地貌情况

青岛市黄岛区地处胶东半岛沿海,属鲁东滨海低山丘陵区,地形呈西高东低之势,境内山岭起伏,沟壑纵横。

区内天然港湾较多,较大港湾有胶州湾、唐岛湾等十余处,天然港口主要有前湾、积米崖、小口子、杨家洼、贡口、董家口等,沿岸散布岛屿 10 余处。

2）工程地质条件

场区位于华北板块与扬子板块结合部之胶南—威海造山带,胶南凸起区与胶莱盆地交接部位,地处华北地区南部边缘带。青岛地区区域性主构造迹线走向为一组呈斜列式展布的 NE 向断裂,具有高倾角、总体倾向北西、局部反倾向的特点。

据沿线区域地质资料显示,青岛地铁 13 号线途经地段较大的断层主要有以下四条：

（1）灵山卫断裂（F1 断层）与贯穿青岛的沧口断裂同属区域性,即墨—牟平断裂在本段的延伸。该断裂出露于灵山卫一带,其北段和中段多为第四系所掩盖,断层产状 N44°E/70°N,段内延伸约 14km,断层宽度 3m,断裂东盘为白垩系火山岩系,西盘为燕山期侵入岩体。

（2）辛家庄断裂（F2 断层）位于灵山卫断裂以东 100～600m,隐伏于第四系,长约 6km,其起点与终点分别与灵山卫断裂相交,走向总体与灵山卫断裂一致,属性质不明断层。

（3）焦家庄—大湾断裂（F3 断层）位于灵山卫断裂以东约 2km,隐伏于第四系,长约 5.5km,走向总体与灵山卫断裂一致,断带宽度 1～5m,产状 N45°E/70°～75°N。

（4）竹子山—月里涧断裂（F4 断层）位于灵山卫镇西南约 1km 处,走向与灵山卫断裂近垂直,为一北西走向的断裂。断层产状 N40°W/78°N,长约 3km,断带宽度约 3m。

上述断层与线路有相交,相交处为下穿隧道段,对本书介绍的高架段无影响或影响很小。

除上述 4 条较大断层外,沿线还零星分布有一些走向各异的小型断裂,线路偶有相交,对高架线路影响都很小。

上述断裂构造对地铁工程的影响主要表现为岩体节理裂隙发育,局部发育有糜棱岩、碎裂岩等构造岩,构造裂隙水发育,形成相对不均匀的岩石地基。

3）不良地质作用及特殊岩土层

（1）不良地质作用

沿线主要的不良地质作用有饱和粉土、砂土的地震液化。地震动峰值加速度为 $0.05g$（g 为重力加速度）地震动反应谱特征周期值为 $0.45s$,根据规范可不考虑砂土地震液化问题。按青岛市相关规定,重要、重大建筑物抗震设防烈度按 7 度设防。对场地地面下 20m 深度内可能发生液化的土层依据《铁路工程抗震设计规范》（GB 50111—2006）和《建筑抗震设计规范》（GB 50011—2010）分别进行液化判别,粉土为液化土层,液化等级为中等～严重；粉细砂为液化土层,液化等级为中等；含有机质粗砂为液化土层,液化等级为中等～严重；粗砂为液化土层,液化等级为轻微～中等,局部为严重；粗砂为液化土层,液化等级为轻微。

（2）特殊岩土层

根据现场勘察成果,查明沿线特殊岩土层主要为人工填土层、软土层、强风化岩石层等。

①人工填土层

沿线区域内地表普遍分布有素填土、杂填土。人工填土堆积时间一般较短,结构松散,厚度不均,一般 1～6m,局部可达 17m,土质很不均匀,力学性质差,稳定性较差,孔隙较大,局部含水率高,孔隙比大,压缩性高,抗剪强度低,力学性质较差。

在基坑开挖过程中,在人工填土较厚地段,由于人工填土的抗剪强度较低且不均匀,透水性强,如周边管线漏水或遇强降雨,土中细颗粒被流水带走,容易在地下形成陷穴,发生坍塌。人工填土仅对明挖法施工车站有影响,对矿山法施工区间隧道基本无影响。

②软土层

软土层主要为含有机质粗砂、淤泥质粉质黏土,其中含有机质粗砂厚度为 0.80～5.40m,淤泥质粉质黏土层厚度为 1～7m,埋深 4～15m,呈连续分布,是青岛滨海地区典型的软弱土层,主要分布在井冈山路沿线、漓江路等地区,软塑～流塑状,具有大孔隙比、不均匀、欠固结、强度现场低、压缩性高、灵敏度高、触变性、流变性等不良工程特点。此外个别丘陵洼地地段有零星软土分布,主要为含有机质粗砂、含有机质粉质黏土,一般厚度不大,为 1～3m,具有含水率高、孔隙比大、压缩性高、工程强度低等特点。

在隧道或基坑开挖过程中,在软土较厚的地段,由于软土的抗剪强度较低且不均匀,容易发生坍塌。地下明挖车站和部分区间洞顶位于软土层,施工时需要注意。

进行高架区间设计时,考虑桩侧负摩阻力对桩基承载力及沉降的影响,并注意桩基施工过程中的振动等外力因素易引起软弱土层中应力状态的突变或孔隙水压力的骤升,使土体产生附加变形,引起桩基附加沉降或倾斜,故施工中应充分考虑软弱土层对桩基承载力和变形的影响,加强检测、监测工作。

③强风化岩石层

风化岩主要为花岗岩、闪长岩、角砾凝灰岩、煌斑岩(强风化带、中风化带、微风化带),花岗岩、煌斑岩、闪长岩多沿节理风化,风化厚度较大,存在球状风化,易形成风化凹槽。角砾凝灰岩多沿层理、节理风化,风化厚度较小,风化层面起伏相对较小。

4)水文地质条件

沿线地下水类型主要可分为第四系孔隙水和基岩裂隙水。

(1)第四系孔隙水主要含水地层为素填土、杂填土、粉土、粗砂、含黏性土砾砂等,以潜水为主,补给来源主要为大气降水、河流、海水地表水补给。沿地形坡向和地下水水位线,从高到低径流,一般情况下,以天然蒸发、侧向径流以及人工开采的形式排泄。

(2)基岩裂隙水主要赋存于基岩强风化～中等风化带,岩石呈砂土状、角砾状及碎块状,风化裂隙发育,呈似层状分布于整个场区,主要接受大气降水和上部第四系孔隙水的下渗补给,地下水径流方向总体沿地层风化线由高到低。受裂隙发育程度的影响,径流量一般较小,排泄方式主要为天然蒸发、向下游径流及人工开采。

第四系孔隙水经初步勘察属于枯水期,勘察期间测得钻孔稳定水位埋深为 1.30～12.50m,稳定水位高程为 -6.50～25.43m;基岩裂隙水剥蚀区勘察期间水位埋深为 1.30～3.80m,高程为 2.96～28.00m。

根据勘察成果,地表水体及地下水对混凝土均具有微～强腐蚀性,对混凝土结构中的钢筋具微～强腐蚀性;地下水位以上土体在干湿交替下对混凝土具有微～弱腐蚀性,对钢筋具有微～弱腐蚀性。

5)气象条件

青岛地处北温带季风区域内,属暖温带半湿润大陆性气候,空气湿润,雨量充沛,温度适中,四季分明,有明显的海洋气候特点,具有春寒、夏凉、秋爽、冬暖的气候特征。青岛地区场地土的标准冻结深度为 0.50m。

1.1.4　工程特点及重难点

1）工程特点

（1）青岛地铁 13 号线正线长 70.06km，是青岛市及山东省轨道交通规划线路里程最长的线路，是西海岸新区第一条开工建设的线路，贯穿西海岸新区主要功能区。

（2）青岛地铁 13 号线是山东省首个采用 PPP 模式建设的轨道交通项目，也是财政部 PPP 示范项目。

（3）青岛地铁 13 号线是国内建设周期最短、一次开通里程最长的轨道交通项目。13 号线及 1 号线运营以后，将实现西海岸新区与青岛东部和北部城区互联互通，对拓展城市空间布局、引领新区发展具有重要支撑作用。

2）工程重难点

（1）地质条件复杂多变，施工难度大。地下区间穿越海相地质，其中井冈山路站—积米崖站区间约 3.7km，均处于该地质中，海相地质发育、地下水为海水，相当于海底隧道。根据统计数据，单日最大抽水量为 12000m³，且上方多为填海多淤泥质地层，对施工及混凝土结构带来较大挑战。全线地下区间存在上软下硬不良地质或软弱围岩，全线 V、VI 级围岩占 36.3% 并富水，正线、竖斜井 V、VI 级不良地质多达 88 处，最深竖井深达 42m，隧道开挖过程中极易产生地表沉降、路面开裂等。

（2）周边环境复杂。青岛地铁 13 号线穿越河流多达 6 条，地层含水率大，且侧穿加油站、高层建筑，辛屯（灵山湾）站—两河站处于城乡结合部位置，下穿砖混结构平房及构筑物达 44 处，采用矿山法施工，风险高。

（3）迁改困难。本线路涉及征地、建筑物拆迁、绿化苗木移植及相关通信、电力、给水排水、热力、燃气等市政管线迁改和道路交通调流疏解等问题，牵扯面广，制约关系复杂，不可预见因素多，对施工部署干扰大。

（4）工艺、工法繁琐，技术难度大。青岛地铁 13 号线地下区间主要采用矿山法、部分采用明挖法施工，地下车站采用明挖法施工，高架区间采用架桥机架设预制 U 形梁、挂篮悬浇及模板支架现浇梁等方法施工，其中预制 U 形梁在青岛市首次采用先张法"一串三"施工工艺，技术难度大。

（5）深基坑施工难度大。青岛地铁 13 号线共有 9 个地下车站、1 个地下停车场，采用明挖法施工，均为大型深基坑，其中井冈山路站为地下三层车站，基坑深达 26m，开挖方量达 150000m³；周边商业发达，高层建筑较多，且与既有基坑相邻，爆破振速控制、基坑变形控制是施工的难点也是重点。

（6）专业及接口复杂。青岛地铁 13 号线涵盖土建、轨道、机电、供电、弱电、通风、给水排水、消防、人防等专业，专业类型多，系统性强，接口复杂，管理难度大。

1.2　工程技术概述

1.2.1　技术标准

青岛地铁 13 号线工程技术标准见表 1-2-1。

青岛地铁 13 号线工程技术标准

表 1-2-1

序号	项　目	主要技术标准
1	设计年限	设计年限：初期为 2021 年，近期为 2028 年，远期为 2043 年。根据分期预测客流量，并考虑轨道交通线网的远景客流平衡性确定客运输送能力需求和工程规模
2	正线数目	双线，采用右侧行车制
3	最高运行速度	120km/h
4	线路平、纵断面设计	（1）线路平面曲线设计 ①线路平面最小曲线半径设计 a. 区间正线：一般情况不小于 1000m；困难情况不小于 800m；特殊困难情况，限速地段最小曲线半径不小于 350m。 b. 车站正线：不小于 1000m。 c. 出入线、联络线：一般情况不小于 200m，困难情况不小于 150m。 d. 车场线：一般不小于 150m。 ②车站站台宜设在直线上，当设在曲线上时，其站台有效长度范围的线路曲线最小半径为 1000m。 ③折返线、停车线等宜设在直线上。困难情况下，除道岔区外，可设在曲线上，并可不设缓和曲线，但在车挡前宜保持不小于 20m 的直线段。 ④圆曲线最小长度：在正线、联络线及车辆基地出入线上，一般不宜小于 20m；在困难情况下，不得小于一节车辆的全轴距。 （2）线路纵断面设计 ①正线的最大坡度采用 3%，困难地段最大坡度采用 3.5%。 ②联络线、出入线的最大坡度采用 4%。 ③区间隧道的线路最小坡度采用 0.3%，困难条件下可采用 0.2%；区间地面线和高架线，当具备有效排水措施时，可采用平坡。 ④以上坡度均不考虑各种坡度折减值
5	车辆限界	（1）计算车辆长度：19000mm。 （2）车辆最大宽度：2800mm。 （3）车辆高度：3800mm。 （4）车辆定距：12600mm。 （5）转向架固定轴距：2200mm。 （6）地板面距走行轨面高度：1100mm。 （7）车轮直径：840mm（新轮）。 （8）授电方式：接触轨下部授电。 （9）接触轨限界：接触轨中心线距线路中心线的水平距离为 1470mm，即至相邻走行轨内缘距离 752.5mm，接触轨授流面距走行轨轨面的垂直距离为 200mm
6	轨道	（1）轨距：1435mm。 （2）钢轨：正线及辅助线，60kg/m；车场线，50kg/m。 （3）道岔：正线采用 60kg/m 钢轨，9 号道岔；车场线采用 50kg/m 钢轨，7 号道岔。 （4）轨道结构高度。 ①车站、区间矩形隧道整体道床轨道中心建筑限界高度为 560mm。 ②单线马蹄形隧道整体道床轨道中心建筑限界高度为 650mm。 ③高架桥整体道床轨道中心建筑限界高度为 520mm。 ④减振地段轨道结构高度详见轨道专业。 （5）轨道超高。 ①轨道最大超高值为 150mm。 ②地下线为整体道床，轨道超高设置方法为半超高方式。即内轨降低 1/2 超高值，外轨抬高 1/2 超高值。 ③高架桥及地面线碎石道床轨道超高设置方法为全超高方式，即外轨抬高一个超高值

续上表

序号	项　目	主要技术标准
7	道床	(1)高架线正线普通地段及辅助站线采用短枕承轨台式整体道床,道床混凝土强度等级采用C40。 (2)地下线正线普通地段、辅助站线、出入线及U形槽地段采用长枕埋入式整体道床,道床混凝土强度等级采用C35。 (3)灵山卫地下停车场采用整体道床,道床混凝土强度等级采用C35
8	供电方式	(1)供电系统采用110/35kV集中供电方式,牵引供电系统与动力照明供电系统共用35kV供电网络。 (2)供电系统的设计满足安全、可靠、经济、接线简单、运行灵活和便于运营维护管理的要求。 (3)供电系统容量按远期高峰小时负荷设计。 (4)全线新建灵山卫和大珠山110/35kV主变电所,并考虑与换乘线路间主变电所资源共享。 (5)主变电所从电力系统地区变电所引入两回110kV电源,其中至少一回为专用电源。每路进线电源容量应能满足本所供电范围内全部一、二级负荷的供电需求。 (6)不考虑两路主变电所进线电源同时故障,同时发生35kV母线侧(包括环网电缆)故障的情况。 (7)正常运行时,供电系统的电能损失应最小。在任何运行方式下,35kV供电网络各节点的电压降不宜大于5%。 (8)一般每个车站设一座35/0.4kV降压变电所,对于规模较大的车站可根据具体情况增设跟随式降压变电所。每座降压变电所设两台35/0.4kV配电变压器。 (9)牵引网采用直流1500V接触轨,接触轨的最高、最低电压水平应符合《地铁设计规范》(GB 50157—2013)规定: ①在正常及故障运行方式下,接触轨的最高电压不得高于1800V。 ②在任何运行方式下,接触轨的最低电压为1000V
9	车站站台	(1)站台有效长度80m。 (2)地坪装修面至结构中板底面净高(一般情况下)4550mm(层高5100mm)。 (3)公共区装修后净高≥3000mm。 (4)地坪装修层厚度100mm。 (5)站台装修面至轨顶面高度1050mm。 (6)地下站轨面至结构底板560mm,高架站520mm(普通道床)。 (7)站台边缘到线路中心线1500mm。 (8)线路中心线到侧墙净距2150mm。 (9)站台悬挂物离装修面净高≥2400mm。 (10)有柱岛式站台宽度≥10500mm。 (11)换乘站、地下三层及以上车站岛式站台宽度≥12000mm。 (12)岛式站台的侧站台≥2500mm。 (13)侧式站台(长向范围内设梯)的侧站台宽度≥2500mm。 (14)侧式站台(垂直于侧站台开通道口)的侧站台宽度≥3500mm。 (15)设备与管理用房区走道地面至吊顶净高≥2400mm。 (16)变电所及各类管理设备用房净空应符合其使用功能和各专业工艺要求
10	通风与空调	(1)地下车站 ①站厅层空调设计温度T=(29±1)℃,相对湿度ϕ=40%～65%。 ②站台层空调设计温度T=(28±1)℃,相对湿度ϕ=40%～65%。 (2)车辆基地、停车场及主变电站 ①夏季空调 a.办公室、会议室等辅助办公用房:空调温度为26～28℃,相对湿度≤70%。 b.生产用房:依据《工业企业设计卫生标准》(GBZ 1—2010)确定。 c.其他设备用房:依据相关工艺要求确定。 ②冬季供暖 a.办公室、会议室等辅助办公用房:18～22℃。 b.生产厂房的工作地点:16～18℃。

续上表

序号	项 目	主要技术标准
10	通风与空调	c.辅助建筑物及辅助用房。 a)办公用房、食堂:18℃。 b)浴室及更衣室:25℃。 c)盥洗室、厕所:12℃。 (3)空调送风温差标准 ①公共区空调送风温差 ΔT 可按 8～10℃计算。 ②变电所如采用冷风降温时,应保证用房不结露的情况下,适当提高送风温差, ΔT 按 12～15℃计算;其他设备管理用房区域送风温差 ΔT 按 8～10℃计算。 (4)噪声标准 ①通风空调设备传至站厅、站台公共区的噪声＜70dB(A)。 ②通风空调设备传至设备管理用房的噪声＜60dB(A)。 ③通风空调机房的噪声＜90dB(A)。 ④通风空调设备传至地面风亭外的噪声应符合《声环境质量标准》(GB 3096—2008)及本工程环评影响评价报告相关要求,风亭、冷却塔与敏感建筑物之间的噪声防护距离应符合相关规范要求。 (5)新风量标准 ①站厅、站台公共区空调季节每位乘客新风量≥12.6m³/h,且新风量不小于总风量的 10%;非空调季节每位乘客新风量≥30m³/h,且换气次数≥5 次/h。 ②设备管理用房每人新风量≥30m³/h,换气次数按相关规范及标准执行
11	给水排水与消防系统	(1)车站给水系统尽可能由不同的市政自来水管或自来水环状管网上引入两根供水管,供应消防和生产、生活用水。当市政给水管网水量不能满足车站的消防用水量要求或城市自来水管网为枝状管网时,设消防水池和消防泵房;当市政给水管网水量满足消防用水的要求而水压不能满足车站的消防压力要求时,设消防泵房,消防时从市政管网直接加压。 (2)车站室内生产、生活给水系统与消防给水系统分开设置,室外生产、生活和消防给水系统可共用管网。 (3)与地铁车站结合开发的面积超过 500m² 的地下商场或地下停车场,设有集中空调系统且总建筑面积大于 3000m² 的综合办公楼、自动立体化仓储区内应设置自动喷水灭火系统。 (4)排水系统应对各类废水、雨水、污水分类集中,就近排入相应的市政排水管道系统,并应符合城市排水体制及国家或地方现行有关排放标准。 (5)车辆基地、停车场洗车库的废水应经过处理后重复利用,其他含油废水不符合国家规定的排放标准时,应经过处理达到标准后排放。 (6)全线(不含车辆基地、停车场)给水排水设备均按照无人值班、自动运行设计,定期进行巡检
12	综合监控系统	(1)综合监控系统由中央级综合监控系统、车站级综合监控系统、网络管理系统、培训系统、维修系统以及传输网络组成。系统采用两级管理、三级控制的分层分布式结构。两级管理分别是中央级和车站级管理;三级控制分别是中央级、车站级和现场级控制,其中现场级控制位于控制对象旁,主要用于系统试验、维修调试和紧急情况。 (2)中央级综合监控系统和地铁各车站、控制中心大楼、车辆基地的车站级综合监控系统通过主干网络连成一个整体,构成一个覆盖地铁全线的实时监控网
13	自动售检票系统（AFC 系统）	车站售检票设备包括:自动售票机、半自动售票机(票房售票机)、自动检票机(包括进站检票机、出站检票机、双向检票机和宽通道双向检票机)及便携式验票机等。 (1)票制 青岛地铁 13 号线自动售检票系统(AFC 系统)票制采用计程、计时基本票价制,可满足青岛市轨道交通线网联网运行及线网内无障碍换乘要求。AFC 系统车票采用非接触式集成电路卡(IC 卡),车票可在系统中循环使用。 (2)票种 青岛地铁 13 号线车票票种可满足青岛市轨道交通线网联网运行及线网内无障碍换乘要求,AFC 系统可处理轨道交通专用车票和青岛市"一卡通",实现一卡通用。轨道交通专用车票主要包括单程票、储值票、出站票、测试票及员工票等,并根据实际票务管理的需要,预留一定数量的备用票种。 (3)售检票方式 售票采用自动和半自动方式,以自动售票方式为主。进、出站检票采用自动检票方式。 (4)票务流程 票务流程为票卡采购、初始化编码、售票、检票、回收、结算和统计分析,并包括补票、充值、退票等

续上表

序号	项目		主要技术标准
14	自动扶梯和电梯	自动扶梯	(1)主要功能和整机技术性能 自动扶梯是地铁乘客乘坐地铁的首选乘降工具,将地面上需乘坐地铁的乘客送入车站站台处或将乘坐地铁下车的乘客送至地面。 ①自动扶梯选用公共交通重载荷扶梯,其特点是安全、可靠、耐用。 ②载重条件:在任何 3h 间隔内,持续重载时间不少于 1h,其荷载达到 100% 制动荷载;其余 2h 负荷率为 60% 的制动荷载。 ③在额定频率和额定电压下,实际运行速度和额定速度之间的最大允许偏差为 ±5%。 ④扶手带的运行速度相对于梯级的速度允许偏差为 0～2%。 ⑤空载运行时,在梯级及地板上方 1m 处噪声值不大于 65dB(A)。 ⑥空载运行时,在梯级面上测得的垂直和水平振动加速度不大于 $0.35m/s^2$。 ⑦对于额定速度 0.65m/s 的自动扶梯,空载和有载向下运行时,制停距离应在 0.3～1.3m 范围内。 ⑧自动扶梯应采用变频装置,保证节能运行。 (2)主要技术参数 ①名义速度:0.65m/s。 ②梯级名义宽度:1000mm。 ③最大输送能力:7300 人/h。 ④倾斜角度:30°。 ⑤水平梯级数量:上、下各 4 块(水平长度不小于 1.6m)。 ⑥中间支承数量。 a. 提升高度≤6m,不设中间支承。 b. 6m＜提升高度≤12m,设一组中间支承。 c. 提升高度＞12m,设两组中间支承。 ⑦动力电源:(380±38)V,三相四线+地线(PE 线),(50±0.5)Hz。 ⑧监控方式。 a. 扶梯的控制采用微机控制方式,有故障分类显示,能实行扶梯上行、下行、故障停机、左右扶手带运行异常、出入口踏板防盗等 6 种状态的远程监视。 b. 正常情况下,自动扶梯采用就地控制方式。紧急情况下,可通过急停按钮使自动扶梯停止使用
		电梯	(1)主要功能和整机技术性能 车站电梯主要供老弱病残乘客使用,在车站设备维修时,也可运输设备零部件。 车辆场段电梯根据设计工艺要求分为工作人员使用客梯和货梯,满足车辆基地工作需求及运输设备零部件。 ①在额定载重范围内,轿厢的上下行速度与额定速度的偏差不应大于 ±5%。 ②运行中轿厢内噪声≤55dB(A),开关门过程噪声≤65dB(A)。 ③平层精度 ±5mm。 (2)车站无机房电梯主要技术参数 ①额定载重:1000kg(13 人)。 ②额定速度:1.0m/s。 ③井道尺寸。 a. 透明井道尺寸:基坑 2400mm×2000mm(宽×深),其他层开洞 2800mm×2400m(宽×深)。 b. 混凝土井道尺寸:2400mm×2000mm(宽×深)。 ④轿厢内尺寸:应满足坐轮椅乘客要求。 ⑤操作方式:单台集选控制。 ⑥控制方式:微机控制,具有故障自动诊断系统。 ⑦驱动方式:曳引驱动。 ⑧动力电源:(380±38)V,三相四线制+PE 线,(50±0.5)Hz。 (3)车辆场段有机房电梯主要技术参数 ①额定载重:1000kg(13 人)、1600kg。 ②额定速度:1.5m/s、0.75～1.0m/s。

续上表

序号	项目		主要技术标准
14	自动扶梯和电梯	电梯	③混凝土井道尺寸：2300mm×2200mm（宽×深）、2650mm×2500mm（宽×深）。 ④操作方式：多台集选控制。 ⑤控制方式：微机控制，具有故障自动诊断系统。 ⑥驱动方式：曳引驱动。 ⑦动力电源：(380±38)V，三相四线制+PE线，(50±0.5)Hz。 (4)电梯安全装置 电梯应具备符合《电梯制造与安装安全规范》国家标准第1号修改单（GB 7588—2003/XG1—2015)规定的安全装置
15	防灾		(1)车站紧急疏散 ①发生事故灾害时，能在6min内将一列车到达列车乘客及站台上候车乘客全部疏散完毕。 ②公共区付费区与非付费区的栅栏上应设置平开疏散门，自动检票机和疏散门的通行能力不小于规范要求。 ③车站每个站厅公共区安全出口数量应计算确定，且应设置不少于2个直通室外的安全出口。安全出口应分散布置，且两个安全出入通道口之间的净距不应小于10m。 ④换乘车站共用一个站厅公共区时，该站厅的安全出口数量应按每条线不少于2个设置。 ⑤地下车站的设备与管理用房区域安全出口的数量不应少于2个，其中有人值守的防火分区应有1个安全出口直通地面，可兼顾救援；无人值守的防火分区，2个安全出口通向另一个防火分区即可。 ⑥电梯、竖井、爬梯、消防专用通道，以及设在两侧式站台之间的过轨地道不应作为安全出口；地下换乘车站的换乘通道不应作为安全出口。 (2)车站消防 地下车站及其出入口通道、风道耐火等级应为一级。地上车站、地下车站出入口地面厅、风亭等地面建（构）筑物耐火等级不应低于二级。 (3)区间建筑消防 ①区间采用疏散平台进行疏散，平台宽度≥600mm。 ②两条单线区间隧道之间，当隧道连贯长度大于600m时，应设联络通道，并在通道设置2樘并列反向开启的甲级防火门，防火门应设置闭门器和顺位器，且在开启状态下，不得侵入所在位置处的建筑限界内。 (4)车站防淹 车站出入口地面厅的入口平台应高出室外设计地面450mm，并设断水槽，如不满足防淹高度，门洞两边加设防洪闸槽，槽高可根据当地最高集水水位确定，并设定闸槽净高度不小于0.8m。风亭进出风口下沿以及能够通到车站内部的其他开口处均应考虑防洪水位高度的要求，必要时应加设防淹设施
16	环境保护		环境保护设施与主体工程相互协调、相互适应，做到同时设计、同时施工、同时投入使用的三同时制度，并由环境保护行政主管部门实行竣工验收。 环境保护措施包括工程和设备的减振、降噪、大气污染防治、废水处理、室内空气质量控制，以及电磁辐射防护、文物保护等
17	通信系统		(1)通信系统包含专用通信、民用通信及公安通信等系统，构成传送语言、文字、数据和图像等各种信息的综合业务通信网，以满足运营管理的需要。其中专用通信系统由传输、无线、公务电话、专用电话、视频监控、广播、时钟、办公自动化、通信电源及接地以及集中告警子系统组成；民用通信系统由移动通信引入、电源及接地、集中监测告警等子系统组成；公安通信系统由公安视频监视、公安及消防无线、计算机网络、视频会议、电源及接地等子系统组成。 (2)通信系统的总体布局要求，能与在建和规划的其他线的通信系统联网，预留与上层网连接的条件，实现信息及资源的共享。控制中心设备容量应适当考虑后续工程的接入条件

续上表

序号	项目	主要技术标准
18	信号系统	（1）信号系统由正线列车自动控制信号系统（ATC）和车辆基地/停车场信号系统组成。列车自动控制信号系统（ATC）包括列车自动保护子系统（ATP）、列车自动驾驶子系统（ATO）、列车自动监控子系统（ATS）和联锁子系统。车辆基地/停车场信号设备包括车辆基地/停车场联锁设备、监测设备、车载信号动态试验设备以及维修设备和培训设备。 （2）信号系统配合行车、线路专业满足正线120s行车间隔的要求。信号系统正线追踪间隔按90s设计，在折返站的折返能力应与行车间隔要求相适应
19	结构与防水	（1）地下结构：使用寿命为100年，结构设计应保证结构具有足够的耐久性，并应符合国家相关规范、规程对其"防火、防淹、防震、防杂散电流腐蚀"及人防设施功能要求；本工程结构净空尺寸除满足建筑限界外，尚应考虑测量误差、施工误差、结构变形和位移对净空的影响。 （2）高架区间：设计使用年限，桥梁主体结构100年，其他损坏、修复不影响轨道交通正常运营的结构50年，钢结构防腐体系20年。 （3）结构基本抗震设防烈度为6～7度，结构设计按要求进行抗震验算，并采取相应的结构处理措施。 （4）地下车站（包括风道）、行人通道和机电设备集中区段（如隧道风机房）的防水等级应为一级，不允许渗水，结构表面无湿渍。 （5）区间隧道及连接通道等附属的隧道结构防水等级应为二级，顶部不允许滴漏，其他部位不允许漏水，结构表面可有少量湿渍，总湿渍面积不应大于总防水面积的2/1000，任意100m² 防水面积上的湿渍不应超过3处，单个湿渍的最大面积不应大于0.2m²

1.2.2 施工工法应用情况

青岛地铁13号线共设车站23座（其中地下车站9座，高架车站14座），并设置2处停车场、1处车辆基地。

1）车站

青岛地铁13号线车站汇总见表1-2-2。

青岛地铁13号线车站汇总表 表1-2-2

序号	车站名称	车站中心里程	车站长度（m）	结构形式	施工方法
1	嘉陵江路站	YSK4+823.176	275	地下两层双岛四线式，与12号线换乘	明挖顺作，分幅施工
2	香江路站	YSK6+062.579	167.2	地下两层岛式	明挖顺作
3	井冈山路站	YSK7+710.770	242.438	地下三层岛式，与1号线换乘	明挖顺作
4	积米崖站	YSK11+629.609	168.5	地下两层岛式	明挖顺作
5	灵山卫站	YSK14+119.085	190	地下两层岛式	明挖顺作
6	学院路站	YSK15+991.685	160	地下两层岛式	明挖顺作
7	朝阳山站	YSK18+024.435	233.5	地下两层岛式	明挖顺作
8	辛屯（灵山湾）站	YSK19+608.701	225.05	地下两层岛式，与6号线换乘	明挖顺作
9	两河站	YSK21+608.265	203	地下两层岛式	明挖顺作
10	隐珠站	YSK24+588.543	85	高架路侧两层岛式	满堂支架现浇
11	凤凰山路站	YSK25+716.188	85	高架路侧三层侧式	满堂支架现浇

续上表

序号	车站名称	车站中心里程	车站长度(m)	结构形式	施工方法
12	双珠路站	YSK28+156.193	85	高架路中三层侧式，与6号线换乘	满堂支架现浇
13	世纪大道站	YSK30+917.119	108.8	高架路侧两层侧式	满堂支架现浇
14	盛海路站	YSK33+395.492	126	高架路侧两层岛式	满堂支架现浇
15	大珠山站	YSK35+676.790	85	高架路侧三层岛式	满堂支架现浇
16	张家楼站	YSK42+026.866	125.7	高架路侧两层岛式	满堂支架现浇
17	古镇口站	YSK47+961.612	127	高架路侧两层岛式	满堂支架现浇
18	龙湾站	YSK55+631.693	85.001	高架路侧两层岛式	满堂支架现浇
19	琅琊站	YSK59+510.577	96.999	高架路中三层岛式	满堂支架现浇
20	贡口湾站	YSK63+023.591	97	高架路中三层岛式	满堂支架现浇
21	董家口港站	YSK66+746.683	97	高架路中三层岛式	满堂支架现浇
22	泊里站	YSK69+568.470	97	高架路中三层岛式	满堂支架现浇
23	董家口火车站	YSK74+492.836	85	高架路侧两层侧式	满堂支架现浇

2）区间

（1）地下区间

青岛地铁13号线地下区间汇总见表1-2-3。

青岛地铁13号线地下区间汇总表　　　　表1-2-3

序号	区间名称	区间长度(m)	隧道结构形式	施工方法
1	起点—嘉陵江路站	148.382	马蹄形断面	矿山法
2	嘉陵江路站—香江路站	1218.303	马蹄形断面	矿山法
3	香江路站—井冈山路站	1243.372	马蹄形断面	矿山法
4	井冈山路站—积米崖	3733.72	马蹄形断面	矿山法
5	积米崖站—灵山卫站	2263	马蹄形断面+矩形断面	矿山法+明挖法
6	灵山卫站—学院路站	1724.4	马蹄形断面	矿山法
7	学院路站—朝阳山站	1836.2	马蹄形断面	矿山法
8	朝阳山站—辛屯(灵山湾)站	1351.96	马蹄形断面	矿山法
9	辛屯(灵山湾)站—两河站	1828.214	马蹄形断面	矿山法
10	两河站—隐珠站(地下段)	1460.53	马蹄形断面+矩形断面	矿山法+明挖法

（2）高架区间

青岛地铁13号线高架区间汇总见表1-2-4。

青岛地铁13号线高架区间汇总表　　　　表1-2-4

序号	区间名称	区间长度(m)	U形梁预制架设数量(榀)	现浇梁结构形式	现浇梁施工方法
1	两河站—隐珠站(高架段)	1339.51	90	3×35m连续箱梁	满堂支架现浇

续上表

序号	区间名称	区间长度（m）	U形梁预制架设数量（榀）	现浇梁结构形式	现浇梁施工方法
2	隐珠站—凤凰山路站	1042.645	52	4×25m、5×30m 连续梁	满堂支架现浇
				1×30m 简支箱梁	满堂支架现浇
3	凤凰山路站—双珠路站	2355.005	150	(30+40+30.95)m 连续梁	支架现浇
				(31+52+31.955)m 连续箱梁	支架现浇
4	双珠路站—世纪大道站	2675.926	156	(30+48+30)m 连续箱梁	支架现浇
				(30+48+30.365)m 连续箱梁	支架现浇
				(46+65+65+46)m 连续箱梁	挂篮悬浇
5	世纪大道站—盛海路站	2393.364	160	—	—
6	盛海路站—大珠山站	2196.289	160	—	—
7	大珠山站——期终点	150	—	(35+40+40+35)m 连续箱梁	支架现浇
8	大珠山站—张家楼站区间	6115	400	(35+40+40+35.317)m 连续箱梁	支架现浇
				(4×30+30.759)m 连续箱梁	支架现浇
9	古镇口车辆基地出入段线	—	54	—	—
10	张家楼站—古镇口站	5849.7	392	(31.5+56+32.5)m 连续箱梁	支架现浇
11	古镇口站—龙湾站	7434.88	494	5×30m 连续箱梁	支架现浇
				(35.74+50+33)m 连续箱梁	支架现浇
12	龙湾站—琅琊站	3793.885	252	(30+30+27+2×29)m 连续箱梁	支架现浇
				(23+36+24.885)m 连续箱梁	支架现浇
13	琅琊站—贡口湾站	3749.272	208	(24+26+24)m 连续箱梁	支架现浇
				4×30m 连续箱梁	支架现浇
				(3×30+29)m 连续箱梁	支架现浇
				(26+38+26)m 连续箱梁	支架现浇
14	贡口湾站—董家口港站	3668.574	220	(35.9+50+35)m 连续箱梁	支架现浇
				(26+38+26)m 连续箱梁	支架现浇
				3×29m 连续箱梁	支架现浇
				3×29m 连续箱梁	支架现浇
				(25+26+38+26+22)m 连续箱梁	支架现浇
15	董家口港站—泊里站	2682.287	178	(35+50+35)m 连续箱梁	支架现浇
				(23.287+38+24)m 连续箱梁	支架现浇
16	泊里站—董家口火车站	4827.248	314	(30+50+30)m 连续箱梁	支架现浇
				(34.339+55+33.88)m 连续箱梁	支架现浇
				(30+30+30.597)m 连续箱梁	支架现浇
17	董家口停车场出入段线	242.1	12	3×30m 连续箱梁	支架现浇

3）停车场与车辆基地

（1）灵山卫停车场

灵山卫停车场及出入段线总占地面积约为96000m²，承担全线部分停车列检任务，设置包括列车检运用库、洗车库、混合变电所、地上物业办公楼等生产、生活、办公设施。该工程地下室建筑面积44000m²。出入段线全长445m，起点为区间正线明暗分界点，终点为灵山卫停车场。

综合楼位于灵山卫停车场盖上，盖上综合楼设地下一层，地上六层。地下一层包括派出所、配套车库、后勤用房和机房。派出所结合地形布置于场地地势较低的西侧，可完全露出地面；地上六层均为综合办公楼。用地面积21462.88m²，总建筑面积47258.42m²。

（2）古镇口车辆基地

古镇口车辆基地接轨于古镇口站，位于张家楼街道下村东南侧，为13号线车辆运用、检修和后勤保障基地。车辆基地总占地面积478.47亩（1亩≈666.67m²），总建筑面积103533.51m²。

场内房屋建筑工程有19个建筑单体，包括综合楼、单身公寓、运用库、检修库、物资总库、工建料棚、调机及工程车库、不落轮镟轮库、试车线用房、牵引降压混合变电所、蓄电池检修间、危险品库、污水处理站、洗车库、轮对动态检测棚、锅炉房、派出所、门卫一、门卫二。其中，综合楼为地下一层、地上八层的框架结构，基础为独立基础，建筑面积22165m²；单身公寓为地上五层的框架结构，基础为条形基础，建筑面积11836m²；运用库主库为地上一层的排架结构，基础为独立基础，主体结构为预制混凝土柱支撑轻型屋面板的排架结构，辅助用房为两层框架结构，建筑面积23964m²；检修库主库为地上一层的排架结构，基础为独立基础，主体结构为预制混凝土柱支撑轻型屋面板的排架结构，辅助用房为两层框架结构，建筑面积31079m²。

站场工程包括土石方工程、路基工程、排水工程、各类管沟工程、围墙、场内道路、防护栅栏等。

（3）董家口停车场

董家口停车场设于黄岛区泊里镇旺山村东侧，位于在建青连铁路南侧、规划钢厂路东侧、规划产业一路北侧，规划为铁路用地和绿地，长边约为972m，短边约为229m。主要建筑董家口停车场总建筑面积16.1公顷（1公顷=1×10⁴m²），在出入段线的北侧设置往复式洗车库，以减少停车场的用地。西侧设置运用库，由北向南依次为10股道（20列位）停车列检库（远期预留8股道16列位）、4股道双周三月检库、1股道临修线。

在运用库的东侧设置2线调机及工程车库。场区东南角为场前区，依次设置有物资分库、牵引降压混合变电所、污水处理站、综合楼（含办公用房及公寓、食堂、派出所）等建筑单体。

1.2.3 技术创新

根据青岛地铁13号线工程重难点，针对爆破作业导致的建（构）筑物受损和扰民，上软下硬、近海回填区海相地质和软弱围岩等不良地质处理等问题，在清水混凝土、先张法"一串三"U形梁制运架、信号互联互通、通信系统上走线方案研究、无人驾驶（有人监督下）等多个方面开展科研工作，解决了诸多近海富水硬岩条件下地铁快线建造技术难题。

为打造精品工程，应用CPⅢ轨道精密测量技术、气候控制调节玻璃（STG）等新技术、新材料，重视智慧云平台、建筑信息模型（BIM）技术等信息化、数字化管控手段，确保工程按期、高效、安全顺利建成通车。

经统计，青岛地铁 13 号线工程荣获各类奖项 38 项，其中安全质量奖 12 项，科技进步奖 5 项，质量控制（QC）成果奖 21 项；取得专利 20 项，其中发明专利 7 项，实用新型专利 13 项，软件著作权 2 项；取得省级工法 2 项，市级工法 1 项。

1.3 工程建设里程碑

1.3.1 工程前期手续批复

（1）2014 年 9 月，青岛地铁 13 号线一期工程可行性研究报告获得批复。
（2）2015 年 4 月，青岛地铁 13 号线一期工程初步设计获得批复。
（3）2015 年 7 月，青岛地铁 13 号线二期工程可行性研究报告获得批复。
（4）2016 年 10 月，青岛地铁 13 号线二期工程初步设计获得批复。

1.3.2 工程建设过程中重要节点

（1）2015 年 2 月，青岛地铁 13 号线全面开工建设。
（2）2017 年 8 月，青岛地铁 13 号线全线洞通。
（3）2017 年 10 月，青岛地铁 13 号线全线桥通。
（4）2018 年 2 月，青岛地铁 13 号线全线轨通。
（5）2018 年 4 月，青岛地铁 13 号线全线电通。

1.3.3 工程验收与移交

（1）2018 年 8 月，青岛地铁 13 号线通过项目工程验收。
（2）2018 年 9 月，青岛地铁 13 号线开始试运行。
（3）2018 年 11 月，青岛地铁 13 号线取得信号系统允许正线载客试运营信号认证报告。
（4）2018 年 12 月 5 日，青岛地铁 13 号线完成竣工验收。
（5）2018 年 12 月 10 日，青岛地铁 13 号线通过试运营基本条件评审。
（6）2018 年 12 月 26 日，青岛地铁 13 号线开通试运营。

第2章
设 计 创 新

2.1　总体设计思路
2.2　区间设计创新
2.3　车站设计创新
2.4　停车场、车辆基地设计创新

2.1　总体设计思路

青岛地铁 13 号线工程充分借鉴各大城市在建轨道交通工程的方案研究与建设中的经验和教训,积极吸取国内外轨道交通建设经验,紧紧围绕项目的可行性,以城市轨道交通建设全新思路进行深入全面的研究,其总体设计思路为:

(1)以城市总体规划为指导,以轨道交通线网规划与建设规划为依据,坚持可持续发展的轨道交通

轨道交通工程是城市的重要基础设施,是百年大计,应以人为本,完善功能,保护环境,为轨道交通可持续发展创造条件,以适应城市未来发展需要。研究中应合理制定载客标准,并适度预留规模,适应未来发展需要;完善换乘衔接功能,并预留接口;合理选择轨道交通模式与车辆制式;合理选择线路走向及敷设方式;注重建筑景观效果,加强减振防噪措施;完善公众服务设施;提高系统舒适度(如乘车环境等),注重节能减排与资源共享。

(2)坚持安全可靠的轨道交通

青岛地铁 13 号线工程贯彻安全服务意识,以人为本,安全第一,提高工程设施技术可靠性,完善安全保障体系,实现安全运营。研究中应采用成熟可靠的车辆、设备技术;注重安全风险分析;加强防灾措施;完善安全防护体系。

(3)坚持便捷、畅达、高效的轨道交通

青岛地铁 13 号线工程贯彻高效服务意识,完善客运设施,提高线路的直达性和可达性,缩短出行时间,充分体现快捷的特点,发挥轨道交通骨干作用,实现建设轨道交通的社会效益。研究中应完善线网衔接换乘功能、线路功能定位与轨道交通模式选择;选择技术先进的车辆、设备;优化行车运营组织,提高旅行速度,缩短出行时间;合理设置站位,完善车站交通功能设施。

(4)坚持一体化的轨道交通

青岛地铁 13 号线工程实现并完善与其他对内和对外客运交通的有机衔接,将轨道交通融入城市客运交通体系,实现轨道交通与其他客运交通的一体化,进一步实现建设轨道交通的社会效益。研究中注意协调与公交的关系,强化与交通枢纽的衔接功能。

(5)坚持经营概念的轨道交通

青岛地铁 13 号线工程创造轨道交通经营资源,降低建设运营成本,提高运营经营收入,资源整合与共享,综合开发,体现建设轨道交通的经济效益。研究中合理确定工程建设范围和建设计划;优化线路走向及站点布置;强化资源整合与共享;车辆与机电设备系统制式统一与兼容;优化资源配置,提高国产化率;土地利用与综合开发;努力探索实现车辆、设备维修社会化;注重目标成本控制。

（6）坚持可实施性的轨道交通

青岛地铁 13 号线工程采用先进成熟的技术手段，密切结合实际，强化建设方案的可操作性，实现轨道交通建设的可实施性。研究中紧密结合工程边界条件，提高工程方案的可操作性；合理选择施工技术，并降低工程实施难度；优化项目实施策划。

2.2 区间设计创新

2.2.1 防水新材料的应用

地下段全包防水采用非黑非沥青基高分子自粘胶膜防水卷材（图 2-2-1），在青岛地区属于首次使用。该防水卷材为性能优异的多层复合高分子防水材料，包括一层高性能高密度聚乙烯（HDPE）片材，一层对于微小刺破能自愈且能与液态水泥浆料反应的湿固化非沥青基反应胶粘层和一层隔离层。胶粘层通过水泥水化热与混凝土发生反应，实现有效粘结。

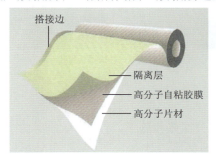 

图 2-2-1　非黑非沥青基高分子自粘胶膜防水卷材

2.2.2 近海段注浆技术研究

近海段区间隧道采用新型注浆材料（图 2-2-2）、膨胀模袋钢花管注浆工艺（图 2-2-3），显著提高了隧道开挖的安全性。不良地质加固在地铁建设过程中是非常重要的一部分，直接影响整个项目的施工进度及安全。青岛地铁 13 号线工程地下区间隧道靠海较近，距离海岸线最近约 16m，基岩裂隙发育，地下水渗漏严重，现场试验段采取了多项注浆堵漏措施，如帷幕注浆、径向注浆、深孔注浆、模袋注浆等，达到预期加固效果后全线推广，并采用新型的注浆技术和工艺，确保了近海区地铁工程施工的安全，可为后续类似工程设计提供借鉴。

2.2.3 先张法预制 U 形梁设计创新

青岛地铁 13 号线工程在国内首次大面积采用自主设计的先张法预制 U 形梁。相比于传统的后张法施工，先张法施工预应力钢筋定位准确、分散布置，预应力分布均匀；无梁端封锚、管道压浆施工，结构耐久性好；工序简单，大批量制梁速度快，质量稳定。先张法 U 形梁一组制梁台座按一次张拉 3 片 U 形梁设计，U 形梁计算跨度 28.7m，比上海地铁 16 号线先张 U 形梁计算跨度增大 1.3m，为国内首创，且成套先张 U 形梁建造技术处于国内领先地位。U 形梁及其预制场如图 2-2-4、图 2-2-5 所示。

图 2-2-2　区间新型注浆钻孔施工

图 2-2-3　膨胀模袋钢花管安装

图 2-2-4　高架区间 U 形梁架设

图 2-2-5　U 形梁预制场

2.2.4　桥墩盖梁张拉优化设计

青岛地铁 13 号线工程中桥墩盖梁采用预应力一次张拉施工,标准桥墩盖梁为全预应力结构,目前国内已施工轨道交通 U 形梁桥墩盖梁均采用二次张拉工艺,即在架梁前张拉第一批钢束,在架梁施工完成后张拉第二批钢束,现场施工难度大且工期较长。本线设计时,通过对盖梁高度及钢束的细化调整,优化为一次张拉,简单易行且缩短了工期,见图 2-2-6。

2.2.5　隐形盖梁设计创新

青岛地铁 13 号线工程在轨道交通道岔区连续梁中首次使用了隐形盖梁,部分连续梁取消常规明盖梁采用隐形盖梁,站端连续梁由于受车站高度限制桥梁总高度较矮,景观较压抑。本线设计时取消了明盖梁,采用墩柱直接支撑于箱梁的方式,提升了桥下净空,改善了桥梁景观效果,同时减少了连续梁与简支 U 形梁相接处由于梁高相差较大导致的突兀感,有效提升了桥梁的景观效果,见图 2-2-7。

图 2-2-6　盖梁一次张拉后进行桥上运、架梁作业

图 2-2-7　隐形盖梁

2.3 车站设计创新

2.3.1 清水混凝土设计创新

青岛作为古时"海上丝绸之路"和现代"一带一路"的重要枢纽节点城市,为了呈现悠久历史及当前新兴城市的创新精神,青岛地铁 13 号线工程共有 5 座车站采用了清水混凝土技术,为国内首创,达到国际先进水平。清水混凝土摒弃了各类华丽的建筑装饰材料,混凝土一次成型,尽量减少后期修饰,将环保理念贯穿于整个建设过程中。地下车站清水混凝土效果图和实体图如图 2-3-1 所示。

a)效果图　　　　　　　　　　　　　b)实体图

图 2-3-1　地下车站清水混凝土效果图和实体图

2.3.2 高架站外立面设计创新

高架站外立面造型(图 2-3-2)采用全线统一的设计风格,以"古港新航"为定位,以远古海上丝绸之路的航海文化以及海上经济,体现航海文化主题,并延伸至现代青岛奥运帆船之都,展现出"一带一路"的综合枢纽城市的城市特质,从中提炼了三个经典元素来构筑艺术规划内涵:比例优雅的三角形风帆形状、醒目清爽的灰白色帆船主体色彩、乘风破浪的帆船船队。通过以上系列设计,结合高质量的工厂化制造工艺,达到可以成为城市标志性建筑的效果。以新的地铁建筑提供的立体印象,不仅标志着现代化的轨道交通设施的进步,同时通过地铁建筑艺术让公众从视觉上加深对青岛的印象。

图　2-3-2

图 2-3-2　高架站外立面效果图与实景图

2.3.3　底层独柱高架车站技术研究

青岛地铁 13 号线工程首次在青岛地区使用独柱式带长悬臂"建—桥"组合结构体系，见图 2-3-3。双珠路站受既有道路条件限制，采用柱式带长悬臂"桥—建"组合结构体系，首次提出并采用新型的 T 形墩式的独柱高架车站，针对其受力特点，通过结构抗震性能的分析及考虑车站的重要性，采用了民建类和铁路桥梁类规范双控设计，提出了基础在设防地震工况下不出现零应力区、底层独柱在设防地震工况下处于弹性状态、在罕遇地震工况下钢筋不屈服的抗震性能化目标，设置了必要、合理、经济的安全储备。

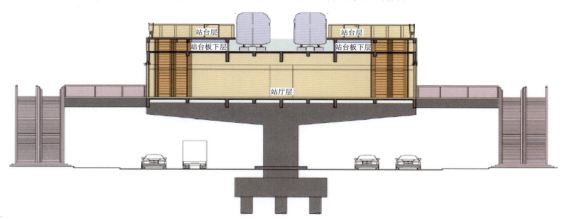

图 2-3-3　独柱式带长悬臂"建—桥"组合结构体系

2.3.4　高架站公共区布置及站台空间布局技术优化

高架站站台层取消设备用房，将其布置在站厅设备区，从而扩大了站台层公共区，车站站内空间与区间相互贯穿，形成一个连续而且收放自如的序列空间，也有利于视觉通透，整体效果好，见图 2-3-4。

2.3.5　套管咬合桩技术研究

地下车站采用套管咬合桩技术（图 2-3-5），在青岛地区属于首次使用。套管咬合桩是近二十年在国内外发展起来的一项新的基坑支护结构，其采用无筋素混凝土桩（简称无筋桩或 A 桩）和钢筋混凝土桩（简称有筋桩或 B 桩）交错并相互咬合的布置形式。目前咬合桩在国内已成为一项成熟的支护技术，既能挡土受力又能防水抗渗，造价低于连续墙、钻孔桩加止水帷幕等传统工法，施工不需要泥浆护壁，节省施工场地和工期。

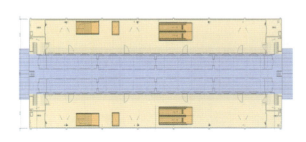

图 2-3-4　高架站站台层

图 2-3-5　地下车站基坑支护采用咬合桩

2.4　停车场、车辆基地设计创新

2.4.1　"泄水减压"抗浮技术创新

灵山卫停车场结构设计中采用了"泄水减压"抗浮设计，其"泄水减压"抗浮设计是在国内地铁地下场段设计中的首次应用。该技术对比传统的抗拔桩等设计方案，节约了投资，能有效缩短工期满足地铁建设需求，并具备重大的经济效益和社会效益。结合停车场西低东高的地形及工程地质特点，本工程具备"泄水减压"抗浮方式实施的良好条件，从现场使用情况来看，效果良好，对同类工程具有借鉴和参考意义。泄水减压系统模型如图 2-4-1 所示。

2.4.2　全地下地铁停车场 + 上盖综合楼统筹设计

灵山卫停车场为地下地铁停车场 + 上盖综合楼，《建筑设计防火规范》（GB 50016—2014）、《地铁设计规范》（GB 50157—2013）中针对城市轨道交通地下停车场加上盖综合楼的建筑没有明确的规定，主要包括建筑定性、防火分区面积、人员疏散距离等。结合国内外相关工程经验，设计单位提出了消防解决方案，采用盖下设置停车场工艺车道（满足消防车通行）等方法，解决了疏散距离超标等问题，提高了盖下使用的安全性，并最终通过了消防性能化专家评审，对同类工程有借鉴和参考意义。灵山卫停车场如图 2-4-2 所示。

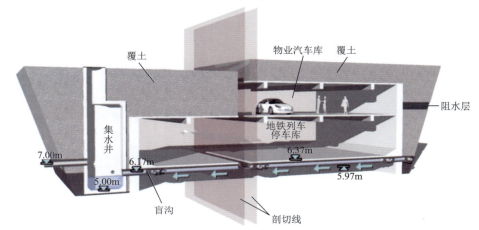

图 2-4-1 泄水减压系统模型

a）盖上综合楼效果图

b）地下停车库实景图

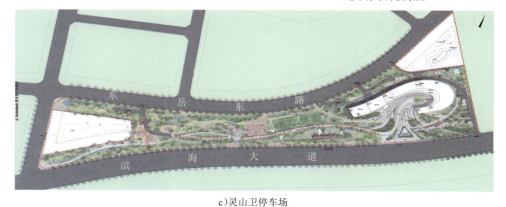

c）灵山卫停车场

图 2-4-2 灵山卫停车场

2.4.3 停车场上盖综合楼设计创新

灵山卫上盖综合楼是盖下停车场的配套建筑，设计结合地铁特点、多专业统筹，在满足地铁功能要求的前提下，尽量弱化盖下消防疏散、通风及消防排烟对地上景观和建筑的影响，并且运用流转延伸的水平向金属线条及精致的技术细节塑造出具有视觉冲击力及时代感的立面形象,整体视觉效果良好,其设计理念和思路可作为同类工程的参考案例,如图 2-4-3、图 2-4-4 所示。

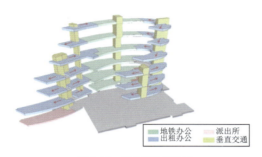

图 2-4-3 综合楼功能分区

图 2-4-4 灵山卫停车场上盖综合楼

2.4.4 场段外立面设计创新

古镇口车辆基地位于海边,结合青岛本地的特点在车辆基地单体建筑外立面设计上做了大胆尝试,将标识化的菱形重复使用、局部加入变化形成了如海浪般的肌理,与青岛的海文化相得益彰、交相辉映。整体视觉效果良好,其设计理念和思路可作为同类工程的参考案例,如图 2-4-5、图 2-4-6 所示。

图 2-4-5 综合楼

图 2-4-6 运用库

2.4.5 整体道床桁架式长枕道岔

灵山卫停车场采用整体道床桁架式长枕的 50kg/m 钢轨 7 号道岔,是国内地铁建设中的首次使用,桁架式长枕提高道岔的组装精度,整体道床减少了后期的运营维护工作量,如图 2-4-7 所示。

图 2-4-7 灵山卫停车场桁架式长枕道岔

第3章
矿山法区间施工关键技术

3.1 竖井、斜井及横通道施工技术
3.2 矿山法隧道开挖与支护技术
3.3 矿山法隧道防水施工技术
3.4 矿山法隧道二次衬砌施工技术
3.5 区间侧穿加油站爆破减振技术
3.6 区间小间距隧道施工技术

3.1 竖井、斜井及横通道施工技术

3.1.1 竖井、斜井设置

1)设置原则

地铁隧道采用矿山法施工时,需要根据区间长度、总工期安排、设计条件等合理设置竖井、斜井。竖井、斜井因其进出隧道方式的不同各有优缺点,所以在选择时需要综合考虑。结合青岛地铁 13 号线工程竖井、斜井的设置情况,对竖井、斜井优缺点进行分析,见表 3-1-1。

竖井、斜井的优缺点分析　　　　　　　　　　　　　表 3-1-1

项目	竖井	斜井	备注
占地情况	占地少	占地多	
造价	低	高	该造价指竖井、斜井本身的造价
施工工期	短	长	
出渣方式	起重机垂直提升	车辆运输	
正线作业效率	低	高	

通过上述分析可知,设置斜井对正线施工较为有利,但在选址时还要结合多个方面因素综合考虑。

(1)设计条件

当设计在区间设置永久联络通道时,优先设置竖斜井;当设计在区间设置永久风井时,可优先设置竖井,作为施工期的施工通道。

(2)总工期要求

斜井井身施工时,在相同的地质条件下,施工工期一般比竖井长 2～3 个月。所以在设置斜井时需要考虑其负责的正线区间长度,根据青岛地铁竖井、斜井工效,其每月单线进尺统计见表 3-1-2。

竖井、斜井每月单线进尺统计表　　　　　　　　　　表 3-1-2

围岩等级	竖井月进尺(m)	斜井月进尺(m)
Ⅱ、Ⅲ级	60	90
Ⅳ级	40	50
Ⅴ级	30	40
Ⅵ级	25	30

(3)占地情况

地铁工程一般靠近市区繁华地段,临时用地比较紧张,根据青岛地铁竖井、斜井占地情

况,竖井占地面积一般在 1000～2000m², 斜井占地面积一般在 3000～5000m², 所以在设置竖井、斜井时还要考虑占地的可能性。选址应优先考虑空地, 尽量避开市政公共用地, 对周围道路、建筑及管线调查清楚, 并在平面布置图中标明对应位置。

2) 设置情况

竖井、斜井设置情况统计见表 3-1-3。

竖井、斜井设置情况统计表　　　　表 3-1-3

序号	区间名称	竖井、斜井设置	竖井、斜井里程位置
1	井冈山路站—积米崖站区间	竖井	YSK7+955.000
2		竖井	YSK8+649.222
3		竖井	YSK9+560.000
4		竖井	YSK10+145.000
5		斜井	YSK10+610.000
6		竖井	YSK11+419.309
7	积米崖站—灵山卫站区间	斜井	YSK12+130.000
8		斜井	YSK12+963.328
9	灵山卫站—学院路站区间	竖井	YSK14+508.337
10		斜井	YSK15+334.852
11	学院路站—朝阳山站区间	竖井	YSK16+560.500
12		竖井	YSK17+450.938
13	朝阳山站—辛屯(灵山湾)站区间	斜井	YSK18+946.000
14	辛屯(灵山湾)站—两河站区间	竖井	YSK20+146.109
15		斜井	YSK21+046.000
16	两河站—隐珠站暗挖区间	竖井	YSK22+195.508

3.1.2 竖井、斜井施工平面布置

竖井、斜井施工现场平面布置要符合紧凑合理、安全文明、节约方便的原则, 在保证施工需求的前提下尽量减少用地面积, 并遵循以下原则:

(1) 尽量不占路、不迁绿及占压燃气、输油管线修建生产、生活设施。

(2) 根据场地用途及需求情况合理配置房屋及生产场区, 并满足作业区与办公区、生活区隔开设置要求, 如图 3-1-1 所示。

(3) 场内应设置排水沟及集水井, 保持排水畅通, 地面无积水, 以满足场内排水要求。

(4) 竖井采用全封闭大棚进行隔离, 以达到防雨雪、防尘、防噪声污染要求, 如图 3-1-2 所示。

① 竖井平面布置要点

竖井在进行平面设计时需要统筹考虑竖井所负责区间的施工内容和作业效率, 为正线开挖作业提供保障, 场地内需布置供风、供电、供水等必需设施, 另外需要设置拌和站、临时存渣场等设施, 主要临时设施布置要点如下:

a. 拌和站

硬岩地层钻爆法施工初期支护喷射混凝土可考虑在现场拌制, 现场设置小型拌和站, 在

场地规划时需重点对现场拌和站选型进行考虑。

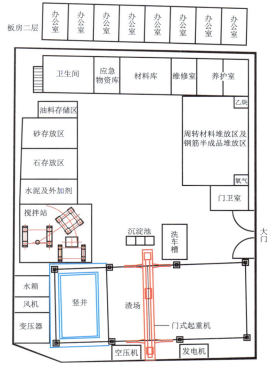

图 3-1-1　竖井场地布置图

图 3-1-2　竖井全封闭大棚

b. 砂石料存放区

砂石料存放区主要存放初期支护喷射混凝土用砂石料,因城市地铁地材运输的特殊性,现场正常施工时需要至少存放 1d 所需原材料,另根据先检后用的原则,需设置砂石临时存放场地,当场内不具备条件时,可在场地外另外设置。

c. 集水池及沉淀池

在城市进行地铁暗挖施工时,地下渗漏水排放是现场施工的关键环节。为防止市政管道淤积,需要对隧道内排出的水进行多级沉淀。沉淀池设置时至少要经过三级沉淀,沉淀池的容积需要根据出水量在竖井、斜井平面布置时统筹。

d. 箱变和发电机房

外接电源是确保施工正常进行的保障,城市内施工外电源接入现场方便,供电线路稳定可靠,但施工时需要根据现场临建、用电设备等综合考虑箱变装机容量,通常为 600~1000kVA,暗挖施工常用用电设备见表 3-1-4。

暗挖施工常用用电设备清单　　　　　　　　　　　　　　表 3-1-4

序　号	设 备 名 称	数　　量	功率(kW)	总功率(kW)
1	混凝土搅拌机	1	55	55
2	桥式起重机	1	54	54
3	喷油双螺杆压缩机	2	132	264

续上表

序号	设备名称	数量	功率(kW)	总功率(kW)
4	锚杆注浆机	1	5.5	5.5
5	注浆泵	1	7.5	7.5
6	砂浆搅拌机	1	4	4
7	振捣器	4	2.2	8.8
8	工程钻机	2	18.5	37
9	办公室照明	20	0.02	0.4
10	场地照明	3	1	3
11	风机	1	110	110
12	混凝土喷射机	3	7.5	22.5
13	二次衬砌台车	2	30	60
14	混凝土输送泵	1	75	75
15	施工照明	50	0.2	10
16	水泵	15	10	150
17	电动机功率			853.3
18	照明容量			13.4
	合计功率			866.7

e. 临时存渣场

竖井渣土运至地面以后不具备直接装车外运条件,大型运输车辆在道路高峰期禁止通行,向场外运渣基本集中在夜间,需要在现场设置临时存渣场。

f. 空压机

空压机主要为隧道施工设备供风,主要用风设备为隧道内风动凿岩机、混凝土喷浆机等。在钻爆法隧道施工准备时,需要对供风设备提前考虑,避免发生供风量不足的情况。一般配置 2 台 20m³ 空压机,供风即可满足风动设备的需求。

g. 通风风机

在钻爆法隧道施工时,为保证工人健康和施工安全,提高劳动生产率,需要向隧道内输送新鲜空气,排出爆破、设备作业等产生的有害气体,降低粉尘浓度。本线路隧道施工采用机械通风。

②斜井平面布置要点

斜井一般占地面积较大,场地开阔狭长,利于进行场地平面设置,临时施工区域布置原则与竖井基本相同。另外,因斜井渣土可由洞内经运渣车直接运至洞外,甚至可直接运到弃渣场,所以可以根据现场条件确定是否需要再设置场内临时弃场。斜井临时施工区域见表3-1-5。

斜井临时施工区域 表 3-1-5

序号	临时施工区域	面积(m²)
1	材料库房	64.8
2	碎石存放区	35
3	砂存放区	35
4	袋装水泥库	21.6
5	外加剂库	21.6
6	拌和站	49

续上表

序　号	临时施工区域	面积（m²）
7	集水池	20
8	钢筋成品堆放区	60
9	周转材料堆放区	100
10	氧气乙炔库	20
11	发电机房	20
12	箱变	56.6
13	空压机房	20
14	沉淀池及洗车台	32.5
15	门卫室	21.6
16	办公室	21.6×6
17	应急人员住房	21.6×8
18	应急物资库	21.6×2
19	监控室	21.6
20	厕所	43.2
21	现场养护室	40
合计		1028.1

3.1.3　竖井提升设备

1）竖井提升设备工效计算

以辛屯（灵山湾）站—两河站区间1号竖井为例，涉及正线双线约780m暗挖区间，提升设备选型必须全盘考虑。

（1）单日出渣量计算

区间隧道4个断面同时开挖时出渣量最大，4个断面每延米开挖方量为$42.8×4=171.2m^3$，区间起点里程为YSK19+718.196，竖井中心里程为YSK20+146.109，自竖井向区间起点（即小里程方向）掘进长度为427.913m，向区间终点（即大里程方向）掘进长度为353.891m。按工期要求，区间掘进时间为12个月，每日单方向需掘进约427.913÷12÷30（工作日）≈1.2m。渣土松散系数按1.7考虑，出渣量为$171.2×1.2×1.7≈349m^3/d$。

（2）单斗单循环出渣时间计算

装渣及提升准备2min，1个吊斗从井底提升至井口时间4min（提升机钢丝绳绳速为8m/min，井深29.451m，自井口向上提升高度取5m），吊斗从井口到卸渣完时间为2min，吊斗落至竖井底时间为4min，则一个吊斗进行出渣一个循环总时间为2+4+2+4=12min。

（3）提升设备

单斗单循环出渣时间取18min（包含装渣时间），提升系统出渣时间每日按10h考虑，每日提升次数为10×60÷18=34次，单斗提升量至少为$349÷34=10.26m^3$。

选择30t吊钩提升起重机作为出渣及钢筋等材料提升设备。出渣斗容积选定为$10m^3$，尺寸为2.5m（长）×2m（宽）×2m（高）。

①提升挂钩提升能力验算

提升挂钩最大静张力为300kN（折合质量为30t）。$10m^3$出渣斗质量约3.5t，钢丝绳的质量为 8.5m×4×5.05kg/m=0.17t,渣土的质量为 10m³×1.9t/m³=19t,则提升挂钩最大提升质量为 3.5+0.17+19t=22.67t＜30t,满足要求。

②出渣能力验算

提升系统出渣时间并每日按 10h 考虑,每日提升次数为 10×60÷12=50 次,则提升系统一天出渣能力为 10×60÷12×10m³=500m³＞349m³,可满足出渣要求。

竖井通过小型挖掘机进行开挖和装渣,通过自卸车水平运渣,通过提升设备提升料斗出渣。

2)桥梁式起重机选型

辛屯(灵山湾)站—两河站区间 1 号竖井地下埋深 29.451m,参数为跨距 14m,选择起吊能力为 30t,吊距地下 30m、地上 10m 的桥式起重机。

3.1.4 竖井施工技术

1)竖井锁口圈梁施工

竖井锁口圈梁混凝土待开挖完成后一次立模浇筑,竖井井壁采用倒挂井壁喷锚构筑法施工。锁口圈梁内预埋袖阀管和格栅钢架连接筋。竖井剖面图如图 3-1-3 所示。

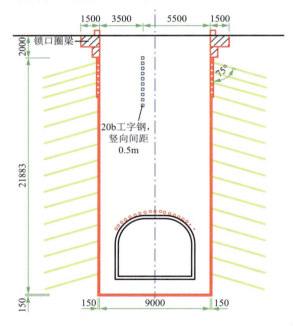

图 3-1-3 竖井剖面图(尺寸单位:mm)

2)竖井开挖与支护施工

锁口圈梁浇筑完成后,通过预埋管进行地面注浆,待地层稳固后才能进行向下开挖。

锁口圈梁以下覆土层分段对角开挖,土层采用机械开挖,硬岩采用爆破开挖,挖掘机直接装渣外运。锁口梁浇筑完成后安装桥式起重机,配置 10m³ 提升料斗出渣。正式开挖前采用注浆小导管支护,每次开挖高度为 0.5m 或 0.75m,开挖到位后立即喷锚+挂网,架设格栅钢架,迅速封闭,待强度达到设计强度的 70% 以上时再进行下一段的开挖。

竖井支护的主要参数如下:

(1)土层、强风化或中风化岩石层锁脚锚杆采用 $\phi42mm\times3.25mm$ 无缝钢管,长 3m,环向间距 1m;微风化岩石层采用 $\phi25mm$ 中空注浆锚杆,长 3m,环向间距 1m。

(2)喷射混凝土厚度 300mm,格栅钢架间距 0.5m 或 0.75m,设双层 $\phi8mm@150mm\times150mm$ 钢筋网片,连接筋型号为 HRB400,$\phi22mm$,注浆压力为 0.3~0.5MPa。

3)竖井封底施工

竖井施工至井底仍为强风化下压带,为透水层,为保证竖井使用期间作业环境,井底封底采用 I25b 工字钢+喷射 C25 混凝土,厚度为 300mm。

3.1.5 斜井施工技术

1)斜井开挖支护施工

斜井围护桩采用 $\phi146mm@800mm$ 钢管桩,桩顶设置 $800mm\times800mm$ 冠梁,冠梁钢筋现场绑扎,混凝土一次立模浇筑。明挖段采用分层明挖,地表土层采用机械开挖,挖掘机直接装渣外运,下部硬岩采用钻爆法施工。明挖段开挖深度大于 6m,设置 3 道锚杆;深度 3.6~6m,设置 2 道锚杆;深度 1.5~3.5m,设置 1 道锚杆;深度小于 1.5m,采用 1∶1 放坡开挖。斜井平面及典型横断面如图 3-1-4、图 3-1-5 所示。

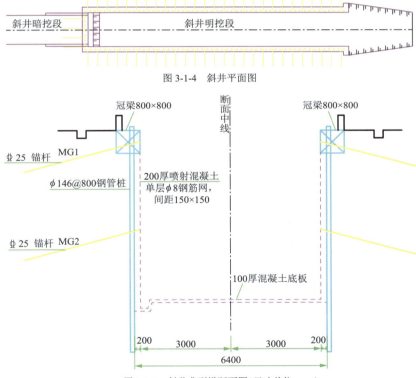

图 3-1-4 斜井平面图

图 3-1-5 斜井典型横断面图(尺寸单位:mm)

2)斜井洞门施工

斜井洞门开洞采用上下台阶进洞。明挖段开挖至马头门处预加固区域,对拱顶部分采用两排超前小导管进行注浆支护,待超前小导管注浆施工完成后,密排架设上台阶格栅钢架,开挖上台阶至 3～5m。

上台阶开挖的同时继续明挖段剩余土石方开挖外运及支护工作,土石方开挖外运过程中保留下台阶土石方的位置,明挖段部分第三道锚杆在下台阶土石方开挖完成后进行施工。明暗挖马头门开洞措施示意图如图 3-1-6 所示。

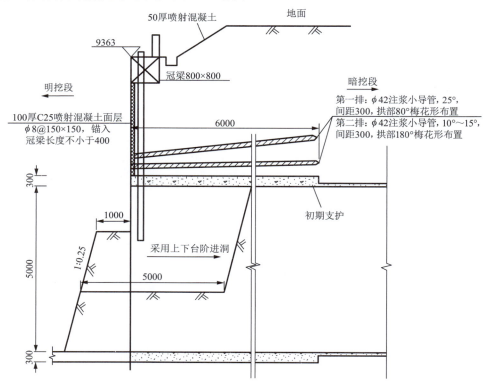

图 3-1-6　马头门开洞措施示意图(尺寸单位:mm)

3.1.6　横通道施工技术

1)横通道施工

横通道断面如图 3-1-7～图 3-1-9 所示。横通道开挖前采用 $\phi42mm$ 超前小导管注浆支护,进行上台阶开挖。开挖采用光面爆破,循环进尺 0.75m,开挖后立即喷射混凝土(厚 3～5cm)封闭开挖面,支设立拱部格栅钢架;焊接格栅纵向连接钢筋和挂网;喷射 C25 早强混凝土达到设计厚度,控制拱部下沉。

上台阶长度控制在 3～5m,开挖采用浅孔台阶松动爆破,出渣完成后立即支护,接续边墙环向钢筋格栅和施作墙部径向锚杆,焊接钢筋格栅纵向连接钢筋和挂网,喷射边墙初期支护混凝土达到设计厚度。

横通道断面中线逐渐变为 9.75m 高,渐变段总长 5.347m,挑高段拱顶地质情况易发生突变,爆破开挖前要加强超前地质预报工作,挑高段施工至长度的一半时,采用三台阶法进行开挖施工,单台阶循环进尺变为 0.5m,三个台阶步距控制在 3～5m,仰拱至下台阶步距控制在 10m 以内。

第 3 章 矿山法区间施工关键技术

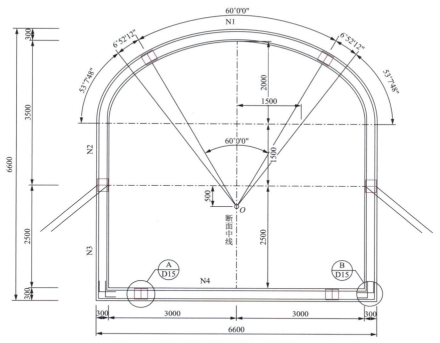

图 3-1-7 调高前横通道断面图（尺寸单位：mm）

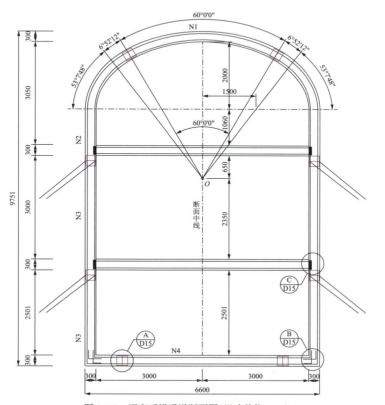

图 3-1-8 调高后横通道断面图（尺寸单位：mm）

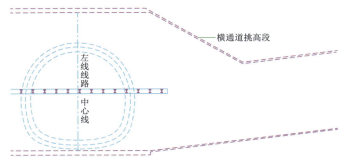

图 3-1-9　横通道挑高段纵断面示意图

2）横通道堵头墙施工

在横通道停止施工的掌子面设置堵头墙，堵头墙处采用 I22a 工字钢作为临时支撑，内外侧均铺设钢筋网，全断面注浆打设 $\phi42\text{mm}$ 小导管，间距 750mm，梅花形布置。具体支护方式如图 3-1-10 所示。

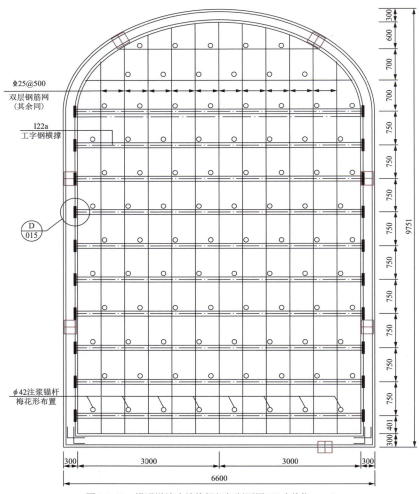

图 3-1-10　横通道堵头墙格栅钢架断面图（尺寸单位：mm）

3.1.7 小结

斜井施工较简便,需要的设备和装备少,出渣工序变得简单,功效速度快;竖井占地少,受征地拆迁工作的影响小,合理选择竖斜井设置,可在控制造价的同时加快施工进度。

3.2 矿山法隧道开挖与支护技术

3.2.1 工程概况

青岛地铁13号线工程地下区间全长16.6km,均为矿山法施工,区间标准断面为单洞单线马蹄形断面,采用台阶法进行施工,嘉陵江路站—香江路站区间(YSK4+964.1～YSK5+376.1,共412m)设计为单洞双线,采用交叉中隔壁法(CRD法)施工,区间在车站端头均设置9m长人防段,采用中隔壁法(CD法)进行开挖。区间地质多为Ⅳ、Ⅴ级围岩,正线进洞采用大管棚预加固方式,部分地质破碎带及砂层在开挖轮廓线外进行水平模袋注浆加固,区间正线开挖均采用超前小导管预支护加固,地质较破碎处采用全(半)断面帷幕注浆,拱顶砂层较厚,覆岩较浅处增加地表模袋注浆加固措施。

区间正线爆破开挖后及时架立钢拱架、打设小导管、网喷混凝土进行初期支护,并预留背后注浆管,待区间封闭成环后进行注浆回填。

3.2.2 施工重难点

1)浅埋段矿山法作业

(1)施工重难点

浅埋段围岩自稳能力差,掌子面渗漏水明显,不利因素多,易坍塌,安全风险等级高。

(2)对策

严格按照"管超前、严注浆、短进尺、强支护、早封闭、勤量测"十八字方针和青岛地铁暗挖三要素的要求进行施工作业,加强超前物探手段,探明掌子面前方地质风险。及时联系建设、设计、勘察等单位研究处理措施,不得擅自组织施工作业。

2)横通道(风井)转正线作业

(1)施工重难点

横通道(风井)转正线作业中,因存在线间距小,左右线前后里程4个方向易形成群洞效应,不利于结构稳定及沉降控制,且部分区段拱顶存在淤泥质粉砂层、强风化岩层、中风化岩层部分节理裂隙发育。马头门施工时,横通道结构体系转换过程安全风险高,横通道结构沉降控制及结构安全是施工控制的重难点。

(2)对策

开洞时严禁相对开设洞口,相对洞门必须按设计要求进行施工,避免在洞体受力体系转换中发生意外。

开设洞门前严格按照设计要求施作超前支护,破除洞门前应再次观察掌子面岩土情况及水文情况,如掌子面出现不稳定及富水状态,应及时复喷混凝土进行封闭并采取相应的加固措施。

3）渗漏水处理

（1）施工重难点

地下水类型主要为基岩裂隙水，强风化～微风化岩在天然状态下含水率不大，抽水试验反映其渗透性相对较差。但实际工程实例表明，此类地层的基岩裂隙水在基坑开挖后一旦形成通道，地下水通道会很快疏通，水量明显增大，洞室开挖过程中，常形成点状或线状涌水。

对于形成通道的流水，一是容易引起周边建（构）筑物、地表的不均匀沉降；二是恶化隧道内作业环境。

（2）对策

隧道开挖过程中，结合超前地质预报探明前方的地下水情况和掌子面渗漏水情况，采取洞内帷幕注浆或地表注浆等措施进行止水。针对开挖通过段初期支护渗漏水，及时采用初期支护背后注浆等手段封堵渗水通道，对于洞内较大的渗水点可采用径向注浆进行封堵，局部可使用双液浆进行封堵。

4）穿越构造断层

（1）施工重难点

沿线区域地质资料显示，青岛地铁 13 号线工程途经地段较大的断层主要有 4 条，其中对暗挖区间影响严重的为以下 2 条：

①灵山卫断裂（F1 断层）与贯穿青岛的沧口断裂同属区域性即墨—牟平断裂在本段的延伸。该断裂出露于灵山卫一带，其北段和中段多为第四系所掩盖，断层产状 N44°E/70°N，段内延伸约 14km，断层宽度 3m，断裂东盘为白垩系火山岩系，西盘为燕山期侵入岩体。

②辛家庄断裂（F2 断层）位于灵山卫断裂以东 100～600m，隐伏于第四系，长约 6km，其起点与终点分别与灵山卫断裂相交，走向总体与灵山卫断裂一致，属性质不明断层。

上述断裂构造对地铁工程的影响主要表现于岩体节理裂隙发育，局部发育有糜棱岩、碎裂岩等构造岩，构造裂隙水发育。

（2）对策

穿越构造断层及影响范围时，发生地质破损、地下水发育、围岩等级交替变化等情况，不同岩性多期侵入形成相互穿插的复杂地层，随围岩等级的变换，及时调整工序、工法，不得盲目组织施工；严格控制开挖进尺，加强初期支护，早封闭，做好注浆堵水。

5）下穿或侧穿建筑物

（1）施工重难点

青岛地铁 13 号线工程地下段处于黄岛开发区中心，周边建筑物较多。如何确保周边建筑物安全、控制建筑物沉降是本区段施工的一大重难点。

（2）对策

区间开挖时针对地质情况优化钻爆设计，严格控制振速，及时注浆止水，减少地下水流失，减小对周边建筑的影响。同时，通过专业的监测队伍对周边建筑物、地下水位等加强监测，对数据及时反馈分析并指导现场调整施工，确保安全平稳地渡过相应区段作业。

竖井、斜井通过设置封闭式隔音大棚、调整工序时间等一系列措施降低对周边商户、居民的工作生活影响。

6）下穿河流施工

（1）施工重难点

青岛地铁13号线工程下穿6条河流，常年有水，部分下穿河流入海口处随潮汐变化，水流会倒流入河内。施工过程中由于爆破等原因，可能加大原有裂隙，导致基岩裂隙贯通，成为输水通道，加剧洞内渗漏水，地质较差时，如坍塌，会造成大量涌水，对隧道造成严重影响，施工风险较大。

（2）对策

下穿河流时洞内采用深孔半断面帷幕注浆加固，两侧各30m范围采用地表注浆加固；开挖时严格控制施工进尺和爆破振速；同时加强洞内外监控量测，及时反馈监测数据，根据监测情况及时调整支护参数。施工时，准备好应急物资，做好应急演练。

7）侧穿加油站施工

（1）施工重难点

青岛地铁13号线工程分别在嘉陵江路站—香江路站区间、灵山卫站—学院路站区间侧穿2处加油站，施工过程中由于爆破开挖等因素可能对加油机和储油罐造成影响，产生安全隐患，施工风险较大。加油站在地铁施工期间要正常营业，爆破振速控制是本工程的难点。

（2）对策

严格控制开挖进尺，优化爆破方案，增加减振孔，同时加强洞内及地表建筑物、管线监控量测工作；编制应急疏散预案，做好应急演练。

8）下穿或侧穿燃气管线

（1）施工重难点

青岛地铁13号线工程线路多处沿既有道路下方敷设有各种管线，地层沉降易造成管线破坏、泄漏，同时爆破振动对管线也有较大影响。

（2）对策

控制开挖进尺，及时封闭初期支护，注浆止水控制地下水流失，优化爆破方案，控制爆破振速；同时加强洞内及地表建筑物量测监控；编制应急预案，做好应急演练。

3.2.3 隧道开挖与支护技术

1）台阶法

（1）施工工序

图3-2-1和图3-2-2中，Ⅰ为拱部超前支护施工，Ⅱ为上断面环形开挖，Ⅲ为上断面挂网、格栅钢架架立、连接筋施工、喷射混凝土、锁脚锚杆施工，Ⅳ为下断面开挖，Ⅴ为下断面挂网、格栅钢架架立、连接筋施工、喷射混凝土，Ⅵ为隧道仰拱二次衬砌，Ⅶ为隧道侧墙二次衬砌。

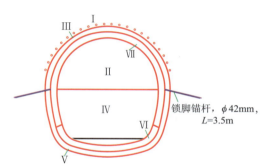

图3-2-1 台阶法施工工序示意图

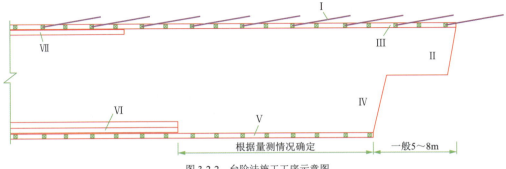

图 3-2-2 台阶法施工工序示意图

（2）控制要点

马头门破除顺序为：横通道进正线，左右侧不能同时开洞，需待一侧最后一洞室进洞大于 6m 方可破除对面马头门第一个洞室，同一侧左右线掌子面间距不得小于 20m，如图 3-2-3 所示。

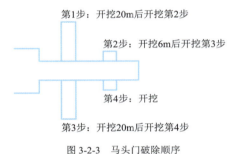

图 3-2-3 马头门破除顺序

由于容易产生围岩应力集中，产生局部掉块、垮塌现象，破除马头门之前应进行超前支护，打设 ϕ108mm 大管棚，部分围岩较差处仍需要进行拱顶水平模袋注浆加固。破除区间进正线施工，横通道转区间正线马头门施工时，结构受力较复杂，需要联立 5 榀格栅钢架，并且采用连接筋与横通道钢架进行有效连接。

①超前支护措施：超前小导管采用 ϕ42mm 无缝钢管制作而成，前端做成圆锥状，管身布设梅花形溢浆孔，单排小导管外插角为 10°～15°，双排小导管外插角为 15°～30°，施工时控制好小导管的打设角度，可以减少隧道超挖，对隧道形成预支护，提高隧道开挖后的稳定性。

②锁脚锚杆施工：锁脚锚杆设计为 2 种，Ⅲ、Ⅳ级围岩为 ϕ25mm 中空注浆锚杆，Ⅴ、Ⅵ级围岩为 ϕ42mm 无缝钢管，每侧拱脚为 2 根，施工时应控制好锁脚锚杆的打设角度，并且用与格栅钢架主筋相同型号的钢筋制作成 L 形筋，将锚杆与格栅钢架焊接为整体，控制隧道沉降。

2）中隔壁法（CD 法）

（1）工艺流程

图 3-2-4 和图 3-2-5 中，Ⅰ 为左上台阶超前支护，Ⅱ 为左上台阶开挖，Ⅲ 为左上台阶初期支护，Ⅳ 为左下台阶开挖，Ⅴ 为左下台阶初期支护，Ⅵ 为右上台阶超前支护，Ⅶ 为右上台阶开挖，Ⅷ 为右上台阶初期支护，Ⅸ 为右下台阶开挖，Ⅹ 为右下台阶初期支护。

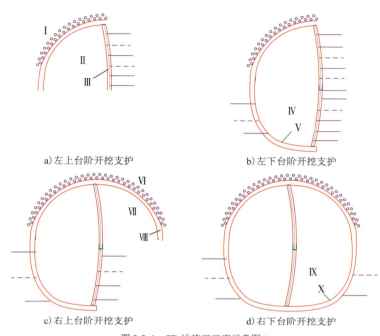

图 3-2-4　CD 法施工工序示意图 1

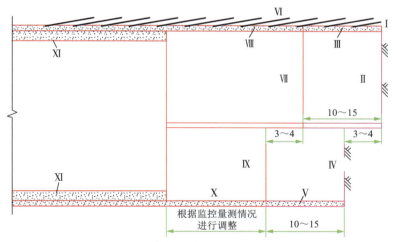

图 3-2-5　CD 法施工工序示意图 2（尺寸单位：m）

（2）控制要点

①台阶长度

左右侧导坑开挖掌子面间距为 10～15m，同一侧上下台阶间距宜为 3～5m。

②临时中隔壁施工

中隔壁采用 250mm 厚的 C25 喷射混凝土及长 2m、ϕ22mm 普通砂浆锚杆支护，锚杆环向间距为 1m，纵向间距同格栅钢架。中隔壁临时型钢采用 I22 型钢，单层钢筋网片 ϕ8mm@150mm，临时中隔壁侧拱脚需要打设 2 根长 4m 中空注浆锁脚锚杆，临时中隔壁型钢应连接牢固，格栅钢架上应焊接钢板，中隔壁各节点采用 M24 螺栓连接。

③中隔壁拆除

施工二次衬砌仰拱时方可逐榀割除临时中隔壁底部工字钢,浇筑仰拱混凝土,待侧墙二次衬砌施工完成后割除临时中隔壁拱部支撑,浇筑拱部混凝土。当二次衬砌混凝土封闭且全部达到设计强度后可拆除临时中隔壁及模板支架,二次衬砌跳段施工,且严格控制临时支撑每次拆除长度不超过 9m。拆撑的时候,每 2h 进行一次监测,监测发现异常时及时恢复支撑作用,必要时进行换撑。

3)交叉中隔壁法(CRD 法)

(1)工艺流程

图 3-2-6 和图 3-2-7 中,Ⅰ为左上台阶超前支护,Ⅱ为左上台阶开挖,Ⅲ为左上台阶初期支护,Ⅳ为左下台阶开挖,Ⅴ为左下台阶初期支护,Ⅵ为右上台阶超前支护,Ⅶ为右上台阶开挖,Ⅷ为右上台阶初期支护,Ⅸ为右下台阶开挖,Ⅹ为右下台阶初期支护。

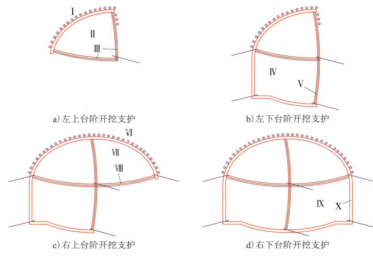

图 3-2-6　CRD 法施工工序示意图 1

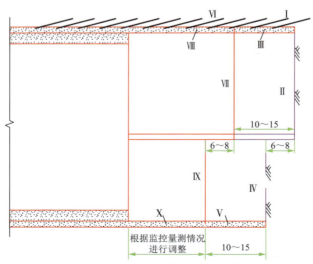

图 3-2-7　CRD 法施工工序示意图 2(尺寸单位:m)

（2）控制要点

①台阶长度

左右侧导坑开挖掌子面间距为 10~15m，同一侧上下台阶间距宜为 6~8m，施工过程中严格按照此标准及时跟进各掌子面。

②临时中隔壁施工

临时中隔墙采用 300mm 厚 C25 喷射混凝土及长 2m、φ25mm 中空注浆锚杆，锚杆环向间距为 1m，纵向间距同格栅钢架。中隔墙临时型钢拱架纵向采用 φ22mm 钢筋连接，其环向间距 1m，内外交错布置，临时中隔壁侧拱脚需要打设 2 根 3.5m 长、φ42mm 注浆小导管，临时中隔壁型钢应连接牢固，格栅钢架上应焊接钢板，中隔壁各节点采用 M24 螺栓连接。

③中隔壁拆除

施作二次衬砌仰拱时方可逐榀割除临时中隔壁底部工字钢，浇筑仰拱混凝土，待仰拱混凝土强度达到设计强度要求可逐榀拆除临时仰拱并割除临时中隔壁拱部支撑，浇筑侧墙及拱部混凝土。当二次衬砌混凝土封闭且全部达到设计强度后可拆除临时中隔壁及模板支架。二次衬砌跳段施工，且严格控制临时支撑每次拆除长度不超过 9m。拆撑时，每 2h 进行一次监测，监测发现异常时及时恢复支撑作用，必要时进行换撑。

4）联络通道开挖

由于单洞单线区间隧道断面尺寸小，在开挖过程中，运输设备行驶受限，为加快施工速度，临时增加联络通道，待施工使用完成后采用黏土及 C15 混凝土回填。

临时联络通道开洞位置需待正线支护结构达到强度，变形趋于稳定后进行，且开洞处距离正线掌子面不小于 20m，开洞前采用超前小导管和门形钢架措施加固，开洞后及时架设，并做好超前支护。联络通道开洞平面图、横断面图及格栅布置如图 3-2-8~图 3-2-10 所示。

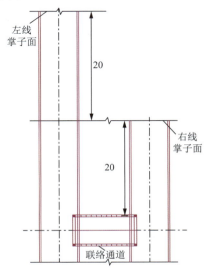

图 3-2-8 联络通道开洞平面图（尺寸单位：m）

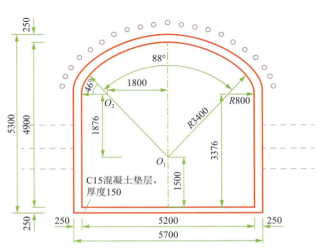

图 3-2-9 联络通道断面图（尺寸单位：mm）

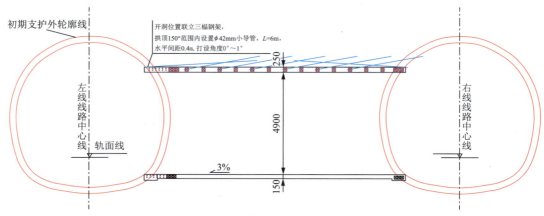

图 3-2-10　联络通道格栅布置剖面图(尺寸单位:mm)

联络通道开洞前,需在拱顶 150°范围内打设 6m 长、ϕ42mm 超前小导管,并注入 1∶1 水泥浆进行预支护,加固完成后采用爆破法破除洞门处混凝土,混凝土破除后,及时拆除区间正线处支护格栅,安装 ϕ22mm 双向双层钢筋,联络通道纵向连接筋需与格栅主筋焊接,焊接长度为 10d(d 为格栅主钢筋直径),待开挖至区间正线轮廓线外,联立 3 榀格栅钢架,及时进行喷射混凝土支护。联络通道采用短台阶法进行开挖,台阶长度控制在 3~4m,如图 3-2-11 所示。

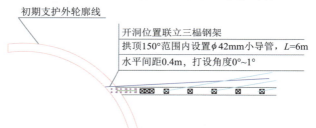

图 3-2-11　联络通道开洞节点连接图

临时联络通道使用完成后需进行回填,直墙部分采用黏土回填,拱部采用 C15 素混凝土回填,两端砌筑 0.6m 厚浆砌片石挡墙,端头喷射混凝土至隧道初期支护轮廓线,联络通道拱顶预埋 3 根 0.8m 长、ϕ42mm 注浆管进行注浆,确保联络通道回填密实,如图 3-2-12 所示。

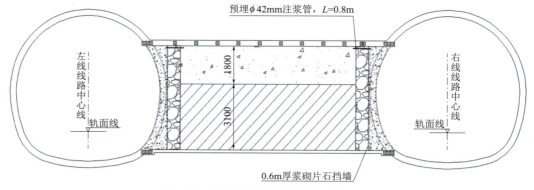

图 3-2-12　联络通道回填示意图(尺寸单位:mm)

5）开挖与支护施工工艺

按设计及规范要求，采用钻爆法掘进，挖掘机扒渣，装载机装渣，自卸车运输出渣；区间隧道均为复合式衬砌结构。超前支护有超前管棚、超前小导管；初期支护由钢筋网、径向锚杆、格栅钢架、喷射混凝土构成；钢架、钢筋网和锚杆在洞外加工场集中加工，人工安装钢架，挂设钢筋网，风动凿岩机施作系统锚杆，湿喷机喷射混凝土。

遇到不良地质或富水地段，视情况增加地表或洞内加固止水措施，并减少隧道涌水量，确保隧道围岩稳定，保证隧道开挖安全。

Ⅳ、Ⅴ、Ⅵ级围岩每次开挖应严格控制为单榀钢架间距，Ⅱ、Ⅲ级围岩进尺 1.5m；台阶法施工时，一般情况下，台阶长度控制在 6～8m，地质较差时控制在 5m 以内，在遇富水地层或上台阶处于砂层等软弱地层时台阶长度适当缩短，采用"小步快跑"方式，严格控制进尺，按十八字方针快速封闭。

（1）超前管棚

开挖掌子面喷射混凝土形成止浆墙，然后测量放出管棚位置，采用潜孔钻机进行钻进安装，钻头、管棚杆体、连接套、止浆塞一次性进入岩体中构成管棚体，管棚连接采用连接套管丝扣连接，管棚钻进到位后，锁紧卡钎器，反转钻机，将管棚从钻机连接套卸下，移开钻机。继续钻进安装下根管棚，在管棚尾部旋转上注浆接头，连接注浆管路及注浆泵，配制浆液注浆，注浆结束采用终压和注浆量双控制。根据地质情况，宜选择跳孔施工。管棚施工见图 3-2-13～图 3-2-16。

图 3-2-13　管棚钻孔

图 3-2-14　管棚安装

图 3-2-15　浆液配置

图 3-2-16　管棚注浆

（2）超前小导管

超前小导管采用凿岩机进行钻孔，高压风清孔，钻机钻杆配合钻头进行来回扫孔，安装时插入长度管端外露不小于30cm,以便安装注浆管路,配置浆液。小导管安装完成后,旋紧孔口阀,连接注浆管路后进行压水试验,开动泵注浆,配制好的浆液应在规定时间内注完,结束以终压控制为主,注浆完成后关闭阀门。超前小导管施工如图3-2-17、图3-2-18所示。

图3-2-17　超前小导管安装

图3-2-18　超前小导管注浆

（3）系统锚杆

采用凿岩机钻孔,高压风清孔,将锚杆插入孔内,将止浆塞通过锚杆外露端打入孔口10cm左右,安装垫板及螺母。将锚杆和注浆管及泵用快速接头连接好。配制浆液,开动泵注浆,整个过程应连续不停顿,注浆应一次完成,观察到浆液从止浆塞边缘流出或压力表达到设计值,即可停泵。当完成一根锚杆注浆后,应迅速卸下注浆软管并安装至另一根锚杆,进行注浆。完成整个注浆后,应及时清洗及保养注浆泵。在灰浆达到初始设计强度后,方可上紧垫板及螺母。

（4）钢筋网

隧道钢筋网的钢筋类型及网格间距按设计要求施作,钢筋表面不得有裂纹、油污、颗粒或片状锈蚀;安装搭接长度为1～2个网格,采用焊接,与锚杆连接牢固。

（5）格栅钢架

在洞外加工厂钢板作业平台上,先按设计钢格栅放出大样图,然后沿放出的大样焊接短钢筋,制作出格栅加工大样。再将已弯制好的钢筋放入格栅加工大样焊接成钢格栅,加工完成后试拼;安装前清除脚底下的虚渣及杂物,各节钢架间以螺栓连接,连接板密贴,沿钢架外缘每隔2m用钢楔或混凝土预制块楔紧;钢架底脚置于牢固的基础上。钢架尽量密贴围岩并与锚杆焊接牢固,钢架之间按设计纵向连接。

（6）喷射混凝土

进行喷射混凝土支护前撬去表面松土和欠挖部分,用高压风清除杂物;在受喷面、各种机械设备操作场所配备充足照明及通风设备。按照设计厚度利用原有部件如锚杆外露长度等,也可在岩面上打入短钢筋,标出刻度,作为标记。

在料斗上安装振动筛（筛孔直径10mm）,以避免超粒径骨料进入喷射机。喷射时,送风之前先打开计量泵,送风后调整风压,以混凝土回弹量小、表面湿润有光泽、易黏着为度来控制喷射压力。

喷射方向与受喷面垂直;若受喷面被钢架、钢筋网覆盖时可将喷嘴稍加偏斜,喷射混凝土紧跟开挖掌子面进行,架设好格栅钢架后,迅速用喷射混凝土封填。

3.2.4 隧道爆破技术

以朝阳山站—辛屯(灵山湾)站区间为例介绍,本区间为单线单洞隧道,沿东岳路向西敷设。区间从朝阳山站出发沿规划道路直行,线间距 15m,左右线以半径 1800m 右拐逐渐过渡到 17m,直行到达辛屯(灵山湾)站。

1)地质条件影响

根据沿线区域地质资料,该线途经地段较大的断层为灵山卫断裂,与贯穿青岛的沧口断裂同属区域性,即墨—牟平断裂在本段的延伸。该断裂出露于灵山卫一带,其北段和中段多为第四系所掩盖,断层走向为北东 40°～55°,倾向以北西为主,倾角一般在 70°～88°左右,段内延伸约 14km,断层宽度 3m,断裂东盘为白垩系火山岩系,西盘为燕山期侵入岩体,该断裂伴随线路,与线路小角度相交通过,影响线路范围较大。

以上该断裂及其次生断裂对地铁工程的影响主要表现为岩体节理裂隙发育,并造成围岩软硬不均,在糜棱岩、碎裂岩等构造岩发育的地段,岩体破碎强烈,地下水发育,岩块之间黏结力较差,洞身通过该段时可能会发生涌水、掉块甚至坍塌的现象。

根据地质条件和施工条件,朝阳山站—辛屯(灵山湾)站矿山法施工段区间隧道采用台阶法施工。爆破施工时要注意药量控制,严格控制进尺,及时做好临时支护,同时加强监测。朝阳山站—辛屯(灵山湾)站区间隧道爆破施工时存在以下难点:

(1)区间隧道多次穿越围岩破碎地带,围岩破碎带隧道支护困难,处理不当会导致塌方等事故。

(2)区间隧道侧穿东方影都万达影视城,边线距离影城最小净距 20m,爆破施工时应该严格控制爆破振动,根据施工要求爆破振动控制在 1.5cm/s 以内。

2)隧道爆破施工技术

区间隧道有 SV_2-B、SIV_2、$SIII_2$-A、$SIII_2$-B、$SIII_2$ 五种断面,下面以 $SIII_2$ 断面方案为例进行介绍。

采用理论计算、工程类比与现场试爆相结合的方法确定爆破参数,在有效控制爆破振动速度的前提下,提高隧道开挖成型质量和施工进度。

(1)炸药单耗的选取

根据围岩状况,设计该隧道 $SIII_2$ 断面上台阶炸药单耗为 $1.3kg/m^3$,下台阶炸药单耗为 $0.5kg/m^3$。

(2)炮眼深度与循环进尺

根据围岩等级及格栅钢架的间距,上台阶循环进尺取 0.75m,炮眼深度控制在 0.85～1.3m。掏槽炮眼长度取为 1.3m,辅助眼炮眼深度 0.85m,周边眼深度 0.85m,外插角 3°～5°;下台阶循环进尺取 1.5m,辅助眼炮眼深度 1.6m,周边眼深度 1.6m。

(3)炮眼直径

本设计选用 YT-28 型手持式风动凿岩机,炮眼直径 $d=42mm$。

(4)炮眼布置

①掏槽眼

本设计采用斜眼掏槽形式,如图 3-2-19 所示。

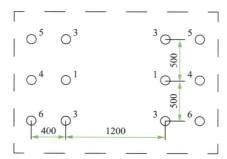

图 3-2-19　掏槽眼布置示意图（尺寸单位：mm）

②周边眼

周边眼沿隧道开挖轮廓线布置。具体的炮孔间距根据经验公式和工程类比确定。通常以周边眼的密集系数 K 来表示周边眼间距 E 与光爆层厚度 W 的关系，$K=E/W$。实践表明，$K=0.8$ 左右较为适宜。根据工程经验，对于本设计，取周边眼间距 $E=500\text{mm}$，$W=600\text{mm}$，$K=0.83$。

③辅助眼

辅助眼的间距 a、排距 b 应不小于周边眼的最小抵抗线 W，而且 a、b 的取值与炮眼的单孔装药量有关，本设计取 $a=500\sim600\text{mm}$、$b=600\sim700\text{mm}$。

掌子面炮眼布置如图 3-2-20 所示，断面爆破参数见表 3-2-1。

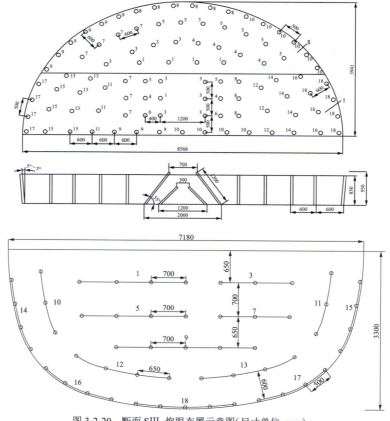

图 3-2-20　断面 $S\text{III}_2$ 炮眼布置示意图（尺寸单位：mm）

区间断面 $SⅢ_2$ 爆破参数 表 3-2-1

部位	段号	炮孔类型	孔深(m)	眼数(个)	单孔装药(kg)	单段最大起爆药量(kg)	总装药量(kg)
Ⅰ	1、3	一级掏槽眼	0.5	6	0.2	0.8	1.2
	4~6	二级掏槽眼	0.95	6	0.6	1.2	3.6
	7~16	辅助眼	0.85	35	0.3	1.2	10.5
	17~18	周边眼	0.85	8	0.2	0.8	1.6
Ⅱ	1、3~7	辅助眼	0.85	23	0.2	0.8	4.6
	8~10	周边眼	0.85	18	0.2	1.2	3.6
合计	—	—	—	96			25.1

注：经济技术指标：开挖面积为 24.8m²，预计循环进尺为 0.75m，炮眼个数为 96 个，比钻眼数为 3.8 个/m²，炸药量为 25.1kg，炸药单耗为 1.34kg/m³。

(5) 单孔装药量

① 掏槽眼

掏槽眼的选取必须在保证爆破振速的情况下，达到所需要的爆破效果。根据工程经验类比及爆破振动控制要求，本设计掏槽眼单孔装药量取值 0.2、0.6kg。

② 周边眼

周边眼的装药量主要根据炮眼间距、最小抵抗线和装药集中度确定。根据开挖围岩情况及工程类比经验，单装药量为 0.2kg。

③ 辅助眼

辅助眼的装药量与围岩的坚硬程度、炸药单耗、炮眼长度及辅助眼的炮眼数量及间排距等参数有关，辅助眼的单孔装药量按式（3-2-1）计算。

$$q = \tau \cdot \gamma \cdot L \quad (3-2-1)$$

式中：q——辅助眼的单孔装药量（kg）；

τ——装药系数，根据炮孔间排距及围岩性质，取 $\tau=0.35$；

γ——每米药卷的炸药质量（kg/m），对于直径为 32mm 的乳化炸药，$\gamma=1$kg/m；

L——炮眼长度（m），对于炮眼长度为 0.85m 的辅助眼，计算得 $q=0.35×1×0.85=0.297$kg，取 $q=0.3$kg。

根据爆破设计炮孔数量，具体装药情况如下：

① 上台阶

12 个掏槽眼单孔装药 0.2、0.6kg，58 个辅助眼单孔装药 0.3kg，26 个周边眼单孔装药 0.2kg。按此计算，每循环进尺的总装药量为：Q=1.2+3.6+10.5+1.6+4.6+3.6=25.1kg，炸药单耗 $q_{单耗}=Q/V=1.34$kg/m³，其中 $V=24.8$m³。

② 下台阶

33 个辅助眼单孔装药 0.3kg，21 个周边眼单孔装药 0.3kg。每循环进尺的总装药量为：$Q=33×0.3+21×0.3=16.2$kg，炸药单耗 $q_{单耗}=Q/V=0.52$kg/m³，其中 $V=31.2$m³。

3）爆破效果对比、分析

整体爆破效果良好，爆破振速控制较好。爆渣整体块度均匀，掌子面轮廓较完整，未出现明显的锯齿形轮廓，基本不存在超欠挖。爆破前网路连接如图3-2-21所示，起爆后爆破效果如图3-2-22所示。

图 3-2-21　爆破前网路连接　　　　　　　　图 3-2-22　起爆后爆破效果

3.2.5　小结

本节总结了在沿海城市主干道正下方及周边建（构）筑物、管线密集、地质条件较差地段矿山法隧道施工经验，提供了不良地质条件下采取的地质加固措施，对于矿山法近海城市地铁施工具有推广价值。

3.3　矿山法隧道防水施工技术

3.3.1　工程概况

结构防水设计应根据气候条件、工程地质和水文地质条件、结构特点、施工方法、使用要求等因素进行，并应遵循"防、排、截、堵相结合，刚柔相济，因地制宜，综合治理"的原则，以结构自防水为主，附加防水为辅。采取与其相适应的防水措施，以保证结构的安全性、耐久性和使用要求。区间结构防水等级为二级，本工程地下区间隧道开挖过程中水量较大，为加强防水措施，优先选用不易产生窜水的防水材料和防水系统，避免窜水对后期堵漏维修工作带来不利影响。

分别以辛屯（灵山湾）站—两河站区间采用乙烯—乙酸乙烯共聚物（EVA）防水板进行防水施工，两河站—隐珠站暗挖区间采用预铺式非黑色非沥青基高分子自粘胶膜防水卷材进行防水施工为例进行说明。

3.3.2　施工重难点

防水施工前初期支护表面渗漏点和湿渍处理，结构断面变化处、施工缝处等细部构造防水施工是工程防水的重难点，处理不当易出现渗漏问题。具体采取的防水措施如图3-3-1、图3-3-2所示。

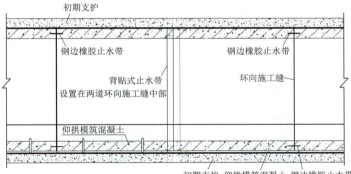

图 3-3-1　防水构造示意图

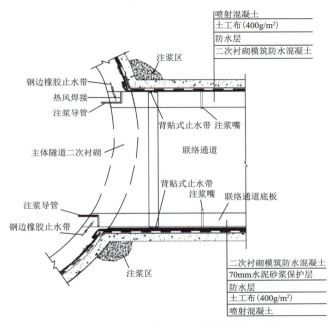

图 3-3-2　暗挖隧道与联络通道相接处防水构造示意图

3.3.3　施工技术

1）自粘胶膜防水卷材施工

自粘胶膜防水卷材施工流程为：基层处理→土工布缓冲层铺设→防水卷材铺设→防水加强层施工。

（1）基层处理

①铺设防水层的基层表面应清理干净，平整度应满足 $D/L \leqslant 1/50$，其中 D 为相邻两凸面间的最大深度，L 为相邻两凸面间的最小距离，并要求凹凸起伏部位应圆滑平缓。所有不满足上述要求的凸出部位应凿除，并用 1:2.5 的水泥砂浆进行找平；凹坑部位采用 1:2.5 水泥砂浆填平。基面应洁净、平整、坚实，不得有疏松、起砂、起皮现象。

②任何不平整部位均采用 1:2.5 水泥砂浆圆顺地覆盖处理，当基面条件较差时，可先铺

设 400g/m² 的土工布缓冲层。

③基层表面可微潮,但不得有明水流,否则应进行堵水处理或临时引排。

基层处理如图 3-3-3、图 3-3-4 所示。

图 3-3-3　基层处理

图 3-3-4　基层处理后验收

(2) 土工布缓冲层铺设

①防水基层处理并验收合格后,铺设防水卷材前应先铺设土工布缓冲层,用水泥钉(或膨胀螺栓)、铁垫片和与防水卷材相配套的塑料圆垫片将缓冲层固定在基面上,固定时钉头不得凸出垫片平面。固定点之间呈正梅花形布设,侧墙上的固定间距为 80～100cm;拱顶的固定间距为 50～80cm;仰拱上的防水卷材固定间距为 1～1.5m;仰拱与侧墙连接部位的固定间距应适当加密至 50cm 左右。

②所有塑料垫片均应选择基层凹坑部位固定,避免固定防水卷材时局部过紧。

③土工布缓冲层采用搭接法连接,搭接宽度 5cm,搭接缝可采用点粘法进行焊接或用塑料垫片固定。

④土工布缓冲层铺设时应与基面密贴,不得拉得过紧或出现过大的皱褶,以免影响防水卷材的铺设。

(3) 防水卷材铺设

①铺设防水卷材时,防水卷材的铺设方向宜采用防水卷材的长边为环向施工缝的方法,不得出现十字焊缝(即不得出现四层材料搭接部位),相邻防水卷材的搭接应根据结构形式确定,原则是高位防水板在下层,低位防水板在上层,保证防水卷材背后流水畅通。

②防水卷材铺设时,通过防水卷材的粘结面与垫片粘结固定牢固。防水卷材甩头采用机械固定法固定于初期支护上,固定点距卷材边缘 2cm,钉距不大于 50cm,钉长不得小于 27mm,且配合垫片将防水层牢固地固定在基层表面,垫片直径不小于 2cm,避免浇筑混凝土时脱落。

③相邻两幅卷材的有效搭接宽度为 10cm(不包括钉孔)。要求上幅压下幅进行搭接。搭接时,搭接缝范围内、防水卷材两侧的隔离膜均要求撕掉。短边搭接缝应错开 1m 以上。

④卷材接缝应采用聚硫建筑密封胶封严,宽度不应小于 10mm。

⑤排除卷材下面的空气,应辊压粘贴牢固,卷材表面不得有扭曲、皱折和起泡现象;边墙卷材铺贴完成后,应将卷材端头固定。

(4) 防水加强层施工

施工缝加强层宽度 50cm,变形缝加强层宽度 1m,其中施工缝加强层与防水层自粘满粘,变形缝两侧各 10cm 范围内防水层表面的隔离膜不应撕掉(即此范围防水层与加强层不粘贴),其他部位满粘粘结。防水卷材施工如图 3-3-5 ～图 3-3-7 所示。

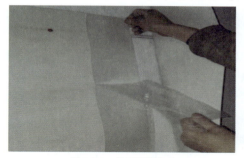

图 3-3-5　卷材搭接施工

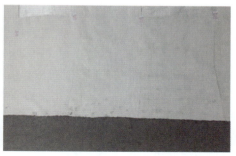

图 3-3-6　短边搭接缝

图 3-3-7　防水卷材施工

2)乙烯—乙酸乙烯共聚物(EVA)防水板施工

防水板施工流程为:基层处理→土工布缓冲层→防水板铺设→焊缝充气试验检测。

防水基层处理和无纺布铺设完毕并经验收合格后(基面处理、土工布缓冲层详见防水卷材施工章节),才能进行塑料防水板的铺设。土工布铺设如图 3-3-8 所示,防水板施工如图 3-3-9 所示。

图 3-3-8　土工布铺设

图 3-3-9　防水板施工

(1)防水板铺设

①铺设防水板时,防水板的铺设方向以尽可能少地出现手工焊缝为主,并不得出现十字焊缝(即不得出现四层材料搭接部位),仰拱防水板、底板防水板采用沿隧道纵向铺设,侧墙及顶拱宜采取环向铺设。

②防水板采用热风焊枪手工焊接在塑料圆垫片上(图 3-3-10),焊接时,应注意对塑料

垫片和防水板均匀加热,不得单独加热防水板或塑料圆垫片。焊接应牢固可靠,避免浇筑和振捣混凝土时防水板脱落,焊接时严禁焊穿防水板。

③防水板固定时应注意不得拉得过紧或出现大的鼓包,铺设好的防水板应与基面凹凸起伏一致,保持自然、平整、伏贴,以免影响二次衬砌浇筑混凝土的尺寸或导致防水板脱落。

④塑料防水板固定在基层上时,相邻两幅卷材之间应预留最少10cm的搭接余量,搭接缝两侧至少10cm范围内的防水板不应与塑料圆垫片热熔固定,以免影响后续搭接缝的施工。

⑤固定完毕的防水板之间采用搭接法热熔焊接,搭接宽度10cm,搭接缝采用自动双焊缝焊机热熔焊接。

⑥焊接前,应采用班前试焊的方法检查焊接机双焊缝的焊接质量。

⑦防水板铺设完毕后应对其表面进行全面的检查,发现破损部位,及时采用与防水板相同的材料进行修补。补丁应剪成圆角,不得有三角形或四边形等尖角存在,补丁边缘距破损边缘的距离不得小于7cm。补丁应满焊,不得有翘边空鼓部位,以确保焊缝的不透水性。

⑧防水板甩槎均应超过预留搭接钢筋最少40cm,也可将甩槎卷起后固定,并注意后期的保护。甩槎过短会导致后续接槎双焊缝热熔焊接无法操作。

(2)焊缝充气试验检测

①双焊缝(图3-3-11)焊接完毕后,用热风焊枪将焊缝两端热熔封闭,然后采用检漏器进行充气检测。将检漏器的针头扎入双层防水板焊缝中间的充气空腔内,用打气筒进行充气,充气压力0.25MPa,保持该压力不少于15min,允许压力下降10%。如压力持续下降,应查出漏气部位并对漏气部位进行全面的手工补焊。

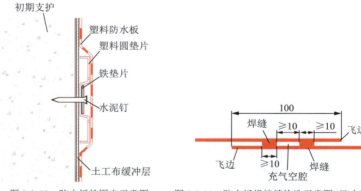

图3-3-10 防水板的固定示意图　　图3-3-11 防水板搭接缝构造示意图(尺寸单位:mm)

②针头扎入时,应刺穿表层防水板进入空腔,不得刺穿第二层防水板,也不得仅刺入第一层防水板内。

③充气时,针头与防水板之间的连接部位有可能漏气,应采用密封材料封严。

3)止水带施工

(1)背贴式止水带施工技术

①暗挖结构外贴式止水带与防水层密贴设置(可采用1.2mm厚双面粘丁基橡胶卷材与防水层粘结)。

②止水带的纵向中心线应与接缝对齐,误差不得大于10mm。

③止水带安装完毕后,不得出现翘边、过大的空鼓等部位,以免浇筑混凝土时止水带出现过大的扭曲、移位。

④转角部位的止水带齿条容易出现倒伏,应采用转角预制件或采取其他防止齿条倒伏的措施。

⑤止水带表面严禁施作混凝土保护层,应确保止水带齿条与结构现浇混凝土咬合密实;浇筑混凝土时,平面设置的止水带表面不得有泥污、堆积杂物等,否则必须清理干净,以免影响止水带与现浇混凝土咬合的密实性。

(2)钢边橡胶止水带施工技术

施工缝采用止水带为平蹼形。止水带宽度均为35cm,橡胶厚度10mm,钢板为镀锌钢板,厚度1mm。

①止水带采用铁丝固定在结构钢筋上,固定间距40cm。要求固定牢固可靠,避免浇筑和振捣混凝土时固定点脱落导致止水带倒伏、扭曲影响止水效果。

②水平设置的止水带均采用盆式安装,盆式开孔向上,保证浇捣混凝土时止水带下部的气泡顺利排出。

③止水带对接接头应采用现场热硫化接头。

④止水带任意一侧混凝土的厚度均不得小于15cm。止水带的纵向中心线应与接缝对齐,两者距离误差不得大于1cm。止水带与接缝表面应垂直,误差不得大于15°。

⑤浇筑和振捣止水带部位的混凝土时,应注意边浇筑和振捣边用手将止水带扶正。避免止水带出现扭曲或倒伏。

⑥止水带部位的模板应安装定位准确、牢固,避免跑模、胀模等影响止水带定位的准确性。

⑦止水带部位的混凝土必须振捣充分,保证止水带与混凝土咬合密实,这是止水带发挥止水作用的关键,应确实做好。振捣时严禁振捣棒触及止水带。

⑧钢边橡胶止水带十字接头采用定型产品,严禁现场私自加工。

止水带施工如图3-3-12、图3-3-13所示。

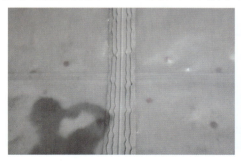

图3-3-12 背贴式止水带

图3.3-13 中埋式钢边止水带接头连接

3.3.4 小结

隧道二次衬砌施作完成后,洞内未出现渗漏水情况,间接证明了防水施工取得了较好的效果,如图3-3-14所示。

 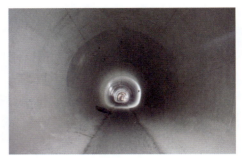

图 3-3-14　隧道二次衬砌

3.4　矿山法隧道二次衬砌施工技术

3.4.1　工程概况

辛屯(灵山湾)站—两河站区间为单线单洞隧道,隧道线间距为17m,以半径1200m北拐直行,线间距由17m逐渐过渡到13.5m,并以半径1400m右拐,到达两河站。隧道采用马蹄形断面结构,考虑青岛地铁13号线与6号线在辛屯(灵山湾)站进行换乘,里程YSK19+816.950～YSK19+889.65为渐变断面,其余均为标准断面。隧道断面如图3-4-1～图3-4-3所示。

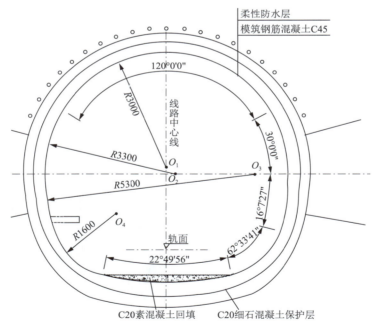

图 3-4-1　标准段断面结构示意图(尺寸单位:mm)

矿山法隧道二次衬砌为模筑防水抗腐蚀钢筋混凝土,仰拱采用弧形钢模板现浇,拱墙标准断面使用衬砌台车浇筑,渐变段和扩大段及联络通道采用支架现浇。混凝土采用商品混凝土,通过地泵泵送入模,并使用插入式振捣棒振捣。

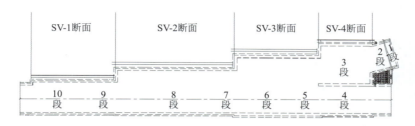

图 3-4-2 渐变段平面图

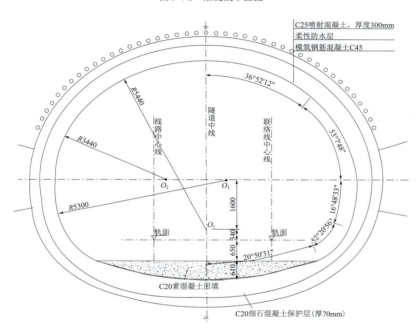

图 3-4-3 渐变段(SV-2)断面结构图(尺寸单位:mm)

3.4.2 施工重难点

1)工期紧,作业空间有限

由于本工程施工工期紧,作业面多,且矿山法隧道二次衬砌施工单个作业面空间有限,不能投入更多的人力机械设备,故施工中应加强对各工序的协调管理工作,以保证工程顺利进行。

2)台车设计

(1)采用全断面整体钢模衬砌台车,端头封堵采用钢模或木模。

(2)根据设计要求和隧道断面确定台车的轮廓尺寸,其门架净空高度和宽度应保证运输车辆通过。

(3)整机走行和操作系统方便合理。

(4)台车强度、刚度和稳定性满足施工荷载各种组合要求。

3)支架设计

拱墙模板支撑体系经计算合格后方能进行搭设,模板采用厚度 5mm 的组合钢板,背肋采用 2 根 $\phi48mm\times3.5mm$ 钢管，间距 600mm，采用 $100mm\times100mm$ 木枋做横肋，间距同立杆横距。模板支架采用 $\phi48mm\times3.5mm$ 碗扣式满堂支撑架。

4）混凝土外观控制

安排专门人员与拌和站保持联系，保证混凝土的供应和出厂性能满足现场施工要求。对二次衬砌施工台车的下料口、平板振捣器的分布等进行改造，配合使用了插入式振捣器，确保了混凝土振捣密实。

竖井混凝土浇筑时混凝土从地面 30m 通过投料管下到井底罐车，自由下落后容易使混凝土离析。通过二次搅拌，可以保证混凝土的质量，如图 3-4-4 所示。

图 3-4-4　混凝土二次搅拌

3.4.3　施工技术

二次衬砌施工流程为：钢筋安装→仰拱混凝土浇筑→拱墙混凝土浇筑→二次衬砌背后注浆。

1）钢筋安装

（1）钢筋焊接作业：拱墙衬砌施工期间，钢筋焊接作业存在烧损防水卷材、焊渣掉落引燃易燃物和火花飞溅烧伤下方作业人员的安全隐患。针对上述问题，采用方形钢筋焊接作业焊渣收集箱（图 3-4-5），对防水板材的保护效果和焊渣飞溅控制效果显著，基本消除了焊接作业时存在的大部分隐患，如图 3-4-6 所示。

图 3-4-5　钢筋焊接作业焊渣收集箱

图 3-4-6　二次衬砌钢筋安装

（2）二次衬砌每环分两次施作完成，先进行仰拱支模并浇筑混凝土，待仰拱混凝土浇筑完成拆模且混凝土强度满足要求后,进行拱墙支模及混凝土浇筑,如图 3-4-7 所示。

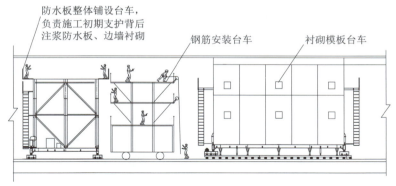

图 3-4-7 二次衬砌作业施工示意图

2)仰拱混凝土浇筑

仰拱钢模板弧度要严格按照设计断面进行加工,避免台车边墙模板与已浇筑的仰拱混凝土面接触存在缝隙,造成浇筑过程中水平施工缝部位漏浆。采取一次性浇筑成型(不分幅),从两侧边模处对称进行混凝土浇筑,采用人工插入式振捣棒振捣,混凝土坍落度控制在(160±20)mm,如图 3-4-8 所示。

图 3-4-8 仰拱混凝土浇筑完成

3)拱墙混凝土浇筑

(1)台车法

标准段拱墙支模体系整体衬砌台车(图 3-4-9～图 3-4-11),台车由专业厂家加工制作,模板涂刷专用脱模剂。模板上开有呈品字形排列的工作窗,其作用为:

①浇筑混凝土。
②捣固混凝土。
③涂脱模剂。
④清理模板表面。

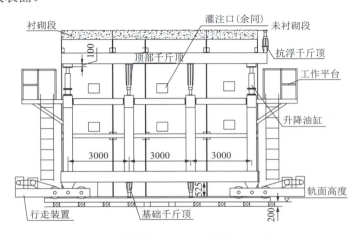

图 3-4-9 区间隧道模板台车支撑侧视图(尺寸单位:mm)

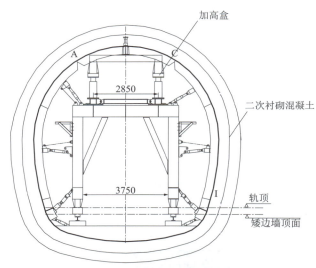

图 3-4-10　区间隧道模板台车支撑立面图（尺寸单位：mm）

图 3-4-11　二次衬砌台车

（2）支架法

渐变段和扩大段及联络通道采用支架现浇（图 3-4-12），采用钢板 + 钢管 + 方木，钢板下采用 100mm×100mm 方木做环向横肋，间距 0.9m，采用 2 根环向 ϕ48mm 钢管竖肋，间距 0.6m，支撑体系采用碗扣式满堂支撑架。采取输送泵泵送入模，附着式振捣器和插入式振捣棒，结合人工敲捶外模板面振捣密实。

图 3-4-12　支架法施工现场

4）二次衬砌背后注浆

隧道模筑衬砌施工由于混凝土工作局限性，致使衬砌混凝土背后特别是拱顶会出现孔洞，混凝土不密实；同时，注浆在一定程度上具有防渗功能，因此，在隧道施工中，必须回填注浆来密实二次衬砌混凝土背后出现的孔洞，确保衬砌混凝土的整体强度，增强防水功能。沿隧道纵向每隔 3～4m 于二次衬砌拱部预设 3 根注浆管，两侧边墙各设 1 根注浆管，仰拱设置 1 根，预埋注浆管采用 ϕ32mm 钢管，以突出混凝土表面 3～5cm 为宜，注浆完成后采用雷达扫描检测注浆完成情况，如图 3-4-13、图 3-4-14 所示。

3.4.4　小结

地铁矿山法隧道的二次衬砌标准断面大多采用定制走行式钢模板台车进行施工，局部大断面暗挖隧道二次衬砌则采用模板支架进行施工，根据现场实际情况选择合理的施工工艺,施工完成的二次衬砌混凝土结构内实外美,且充分发挥了混凝土的自防水作用。

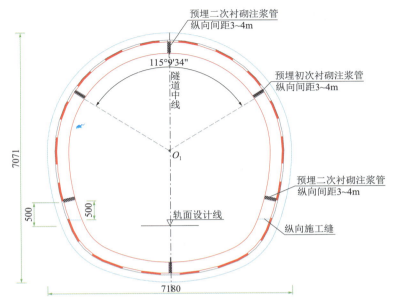

图 3-4-13　二次衬砌预埋注浆管布置示意图(尺寸单位:mm)

图 3-4-14　二次衬砌雷达扫描检测

3.5　区间侧穿加油站爆破减振技术

3.5.1　工程概况

灵山卫站—学院路站区间延东岳路走向,东起阅武路路口,西至白石山路路口。区间左线里程范围 ZSK14+773.766～ZSK14+800 为黄岛胶南通路加油站,加油站位于十字交叉口西北角,站内设埋地卧式油罐 4 个,汽油罐 3 个(容积分别为 30m³、10m³、10m³),柴油罐 1 个(容积为 50m³),加油站油罐总容积 75m³,油罐处于使用状态。

路通石化加油站于 1994 年建成,有 20 余年历史。储油罐与加油机采用承插式铸铁管道。路通石化加油站里程为 ZSK14+776。

右线大里程掌子面距离储油罐纵向距离 52.5m,横向距离 28m,垂距 16m。左线大里程掌子面距离储油罐纵向距离 37m,横向距离 42m,垂距 16m,如图 3-5-1 所示。

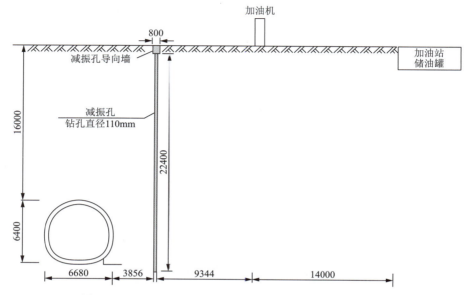

图 3-5-1　区间与黄岛胶南通路加油站剖面位置示意图(尺寸单位:mm)

该区段右线大里程和左线大里程爆破施工会对加油站产生振动影响,其中,又以右线大里程为重点控制对象。

右线大里程围岩等级为Ⅱ级,在保证正常进尺的情况下,现场采取了优化爆破参数和施作减振孔防护的双重减振措施。

3.5.2　施工重难点

由于侧穿加油站对于爆破施工属于重大风险,且加油站在地铁施工期间要正常营业,这对爆破振动控制提出了更高的要求。

本区间爆破振速要求不超过 1.5cm/s,在侧穿加油站区段将爆破振速降至 0.5cm/s 以内,这对爆破施工和防护措施提出了更高的要求。

鉴于区间隧道的工程地质及地面条件,隧道在钻爆开挖中有以下难点:

(1)隧道拱顶经过加油站附近,因爆破振动可能引起拱顶地面振动,破坏加油站结构危急施工及地面安全。

(2)降振与开挖进度矛盾,需找出安全快速的开挖方法,在确保地面及地下建(构)筑物安全的前提下,选择合理的钻爆设计及先进的施工方法,将爆破振动影响降至最低限度。在保证正常进尺的情况下,采取优化爆破参数和施作减振孔防护的双重减振措施。

3.5.3　施工技术

1)减振爆破施工流程

减振爆破施工流程如图 3-5-2 所示。

图 3-5-2　减振爆破施工流程图

2）减振孔施工

（1）减振孔工作原理

减振孔的隔振效应实际上是应力波在介质中传播时人为衰减的复杂问题。应力波在减振孔孔壁产生反射、透射和绕现象，减振孔能部分阻隔其传播，加速应力波能量衰减，减小对保护区的破坏。

（2）减振孔的布置方式

加油站与开挖隧道之间打设减振孔，减振孔垂直地面打孔，共两排，两排平行排列，间排距 300mm，钻孔直径 110mm，孔深约 23.2m。两排减振孔整体呈弧形排布，在加油站外侧形成一道地下"防护墙"。减振孔距第一排加油机水平距离约 9.6m，距隧道右线中线约 7.7m。

（3）减振孔的打设

减振孔成孔采用 SZ180 型潜孔钻进行施工，每节钻杆长度 2～3m，直径 95mm，钻头直径 110mm，利用提前浇筑的导向墙和预埋套管作辅助，保证每个钻孔位置准确、竖向垂直。

钻孔深度达到设计值后，使用测绳测量核实，然后人工将直径 90mm 的聚乙烯管（PE 管）插入孔内，插入过程中需要克服一定的地下水浮力。插入安装前，PE 管两端靠同材质垫片进行热熔封堵，这样可使每个减振孔内形成一根封闭的中空管结构，最后在顶部用水泥砂浆将孔顶封堵密实。至此，即完成减振孔辅助减振措施。

3）爆破参数优化

（1）优化前爆破参数

炮孔布置、掏槽眼布置及爆破参数见图 3-5-3、图 3-5-4 和表 3-5-1。

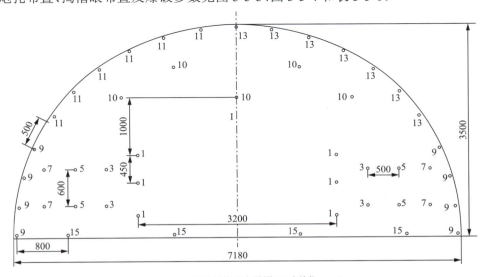

图 3-5-3　优化前炮孔布置图（尺寸单位：mm）

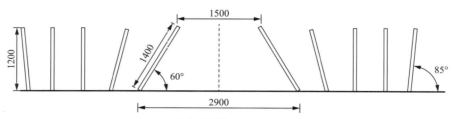

图 3-5-4 优化前掏槽眼布置图(尺寸单位:mm)

优化前爆破参数表 表 3-5-1

部位	炮孔名称	雷管段别	眼数	炮孔深度(m)	单孔装药量(kg)	单段最大药量(kg)	装药量(kg)
I	掏槽眼	1	6	1.4	1.0	6.0	6.0
	辅助眼	3、5、7、10、15	21	1.2	0.6~0.8	3.2	13.4
	周边眼	9、11、13	21	1.2	0.6	4.8	12.6
合计	—	—	48	—	—	—	32.0

经济技术指标:开挖面积为 20.04m²,循环进尺为 1.0m,孔数为 48 个,比钻眼数为 2.4 个/m²,炸药量为 32.0kg,炸药单耗为 1.60kg/m³。

(2)优化前方案对侧穿加油站施工存在的问题

①掏槽眼间距过大、排距不合理,导致掏槽不能充分爆出。掏槽方式采用楔形掏槽,但未打设小掏槽。

②由于掏槽眼孔口间距和孔底间距均较大,要实现较好的掏槽效果,单孔装药量必然要加大,进而导致单段起爆药量过大。掏槽时只有单自由面,缺乏临空面,大部分振动通过岩石传导到地面,导致超振。

③掌子面上半部第一排辅助眼距掏槽部分间距过大,达到 1m 以上。导致掌子面上半部分爆破不充分,进而加大了周边眼的夹制作用。

④雷管起爆顺序不合理,对爆破效果造成一定影响。且现场雷管是跳段使用,只使用了奇数段。在避免雷管误差方面,跳段使用有一定作用。但本工程,在对振动要求严格的情况下,少段别会导致单段起爆药量过大。因此,应从控制振速出发,增加炮孔和段别,合理分配,既达到良好的爆破效果,又能降低振速。

⑤未优化的方案,周边眼间距较大,装药量较大,且没有与周边眼相配合实现光面爆破效果的内侧辅助眼。从而导致周边眼爆破超欠挖严重。

(3)爆破方案优化

针对上述爆破方案存在的问题,主要从以下两个方面进行优化:第一,针对超振问题,重新设计炮孔布置方式,优化爆破参数,使振动速度降低到要求的范围,达到保护加油站的目的;第二,针对超欠挖问题,结合现场施工条件,优化周边眼起爆网路和参数,实现良好的光面爆破效果,避免超欠挖的产生。

①施工期间只能供应 1、3~15 段的导爆管雷管,共 14 个雷管段别。由于其提供的导爆管雷管段别有限,会导致同一段别起爆的炮孔数量增大,进而导致单段最大起爆药量过大,加大了爆破振动控制的难度。

②根据对现场振动速度波形图的分析可知,掏槽部位缺乏临空面,岩石夹制作用大,最大振速基本都出现在掏槽部位。

本方案采用复式楔形掏槽,增加两对小掏槽,即一级掏槽。小掏槽具有小角度、小间距、浅孔的特点,单孔装药量减少。小掏爆破后,掏出一定直径和深度的空腔,为二级掏槽孔的爆破提供了临空面。二掏虽然孔深且装药量加大,但由于存在临空面,使得爆破振动明显降低。一级掏槽与二级掏槽相配合,即可实现降低掏槽眼单孔药量的同时,达到良好的掏槽效果。优化后的掏槽眼布置见图3-5-5、图3-5-6和表3-5-2。

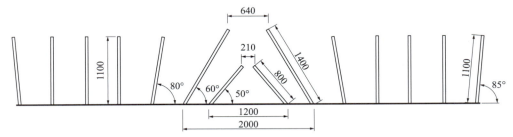

图3-5-5 优化后掏槽眼布置图(尺寸单位:mm)

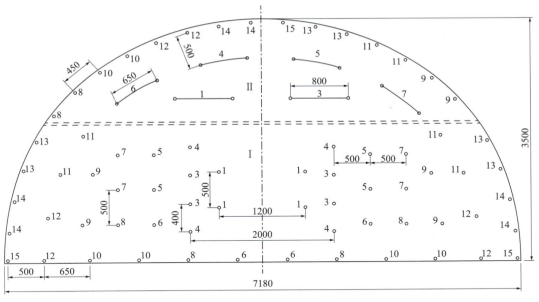

图3-5-6 优化后炮孔布置图(尺寸单位:mm)

优化前爆破参数表　　　　表3-5-2

炮次	雷管段号	炮孔类型	炮孔深度(m)	眼数(个)	单孔装药量(kg)	单段最大药量(kg)	装药量(kg)
I	1	一级掏槽眼	0.8	4	0.2	0.8	0.8
	3、4	二级掏槽眼	1.4	8	0.3	1.2	2.4
	5～9 11～12	辅助眼	1.1	22	0.3	1.2	6.6

续上表

炮次	雷管段号	炮孔类型	炮孔深度(m)	眼数(个)	单孔装药量(kg)	单段最大药量(kg)	装药量(kg)
I	6、8 10、12	底板眼	1.2	10	0.3	1.2	3.0
	13～15	周边眼	1.1	10	0.2	0.6	2.0
II	1、3～7	辅助眼	1.1	12	0.3	0.6	3.6
	8～15	周边眼	1.1	15	0.2	0.4	3.0
合计	—	—	—	81	—	—	21.4

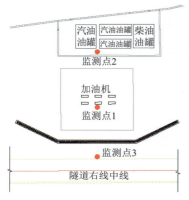

图3-5-7 监测点布置示意图

③增加辅助眼个数,减小辅助眼间距,降低单段起爆药量。利用现有段别,重新设计炮眼的布置方式。

优化后的单段最大起爆药量从6.0kg降低到1.2kg;总药量由32kg降低到21.4kg;炸药单耗从1.6kg/m³降低到1.06 kg/m³。从参数可知,在降低振速的同时,更符合工程实际。

4)监测点布置

测点1布置于减振孔内侧(被保护物的一侧为内侧)、邻近加油机处;测点2位于邻近储油罐处;测点3位于减振孔外侧,隧道右线边缘处。测点1、2、3的连线与隧道中线垂直,测点随掌子面前进而移动,与掌子面保持平行。振动速度监测点布置图如图3-5-7所示。

测点1监测加油机处振动速度,测点2监测储油罐处振动速度,测点3监测无减振孔保护情况下掌子面处振动速度。通过测点1和测点3的数据对比,可以得出减振孔所起到的减振效果。具体监测曲线如图3-5-8～图3-5-10所示。

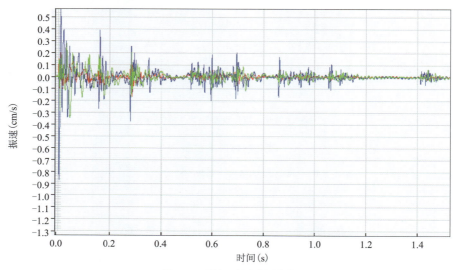

图3-5-8 测点1振速监测曲线

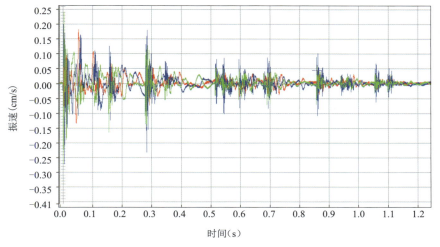

图 3-5-9　测点 2 振速监测曲线

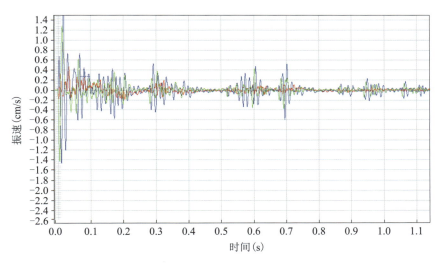

图 3-5-10　测点 3 振速监测曲线

3.5.4　小结

爆破振速监测由施工单位和第三方分别监测,监测仪器采用 TC-4850 型爆破测振仪。测振时,将多台仪器分别按规范设于三个监测点处进行测振。

以右线大里程上台阶爆破开挖面与加油站水平距离最近处连续 3d 的数据为例,测点 1、2、3 的振速见表 3-5-3。

各测点振动速度（单位:cm/s）　　表 3-5-3

日期（年-月-日）	测 点 1	测 点 2	测 点 3
2016-5-28	0.347	0.270	1.434
2016-5-29	0.235	0.215	1.391
2016-5-30	0.402	0.264	1.372

从表中可以看出,减振孔内侧,振动速度沿爆破地震波传播方向正常衰减,即储油罐处

（测点2）振动速度小于加油机处（测点1）振动速度。减振孔外侧（测点3）振动速度明显大于减振孔内侧（测点1和测点2）振动速度。

从实际地质情况和现场环境的角度出发，通过优化爆破参数和采取减振孔措施，爆破保护区域的振速成功从1.5cm/s降至0.5cm/s以内，保证了加油站设施设备安全和正常运营，同时保证了施工进度。

3.6 区间小间距隧道施工技术

3.6.1 工程概况

两河站—隐珠站地下区间采用矿山法施工，为单洞单线隧道，隧道大里程端约170m为Ⅵ级围岩，其中YSK22+530～YSK22+650约120m范围内覆土厚度为4.6～5.5m，位于主干道东岳路下，拱顶地层条件差，且为小净距隧道，开挖最小净距为1.38m。线路平面图如图3-6-1所示。

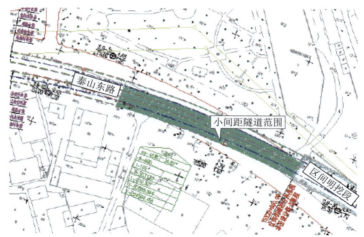

图3-6-1 小间距隧道线路平面图

洞身通过以强、中、微风化花岗岩为主，由于断裂构造发育，造成本区间部分强风化底层厚度较大，节理裂隙发育，如图3-6-2、图3-6-3所示。

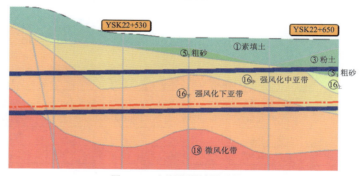

图3-6-2 右线隧道地质纵断面图

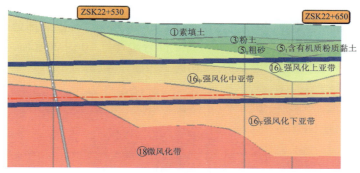

图 3-6-3 左线隧道地质纵断面图

3.6.2 施工技术

为确保小间距隧道施工、隧道结构安全,施工方法除采用一般施工工艺外,还需采取下列措施,减少地层扰动,改善受扰动地层的稳定,尤其对所夹岩柱体注浆加固和保护,增强掌子面和围岩稳定性。

在工序安排上,先施工右线隧道,待右线隧道掌子面错开左线隧道开挖面大于 30m 后,再进行左线隧道掌子面施工。

在隧道洞身开挖前,先在拱顶 120° 范围内打设单排 ϕ42mm 超前注浆小导管进行超前加固。在 YSK22+480 ~ YSK22+530 段先施工隧道在中夹岩体侧边墙埋设 ϕ42mm 注浆管。先在中夹岩体侧边墙打设对拉中空注浆锚杆,钻孔深度根据中夹岩体间厚度确定,确保中夹岩体能全部注浆加固。开挖时对中空锚杆预加应力 45kN 后与钢架可靠焊接,抗拔力设计值不小于 100kN。

由于隧道为小间距,洞身的开挖对围岩扰动非常大,所以必须加强对围岩的监控量测。

1)CD 法初期支护参数

(1)超前支护:拱部采用小导管超前预支护,并注水泥浆。

(2)开挖进尺:各分部开挖进尺为 1 榀钢架间距,即 0.5m。

(3)台阶高度:上台阶开挖高度 4.0m。

(4)开挖工作面间距:左右侧导坑开挖掌子面间距 10 ~ 20m,同侧导洞开挖台阶长度为 3 ~ 5m;左右线掌子面开挖步距不小于 30m。

(5)施工支护措施:中隔壁临时支护采用 I16a 工字钢,初期支护采用 I22a 工字钢。

(6)先开挖侧上台阶中隔墙拱脚处及边墙钢架拱脚处均打设两根 L=3.5m、ϕ25mm 锁脚锚杆。

2)CD 法施工步骤

(1)开挖方法

隧道分为左、右导坑进行开挖,每侧导坑又分为两步台阶。为保护好围岩,尽量采用小型机械辅人工开挖围岩,每个循环进尺按每榀钢架间距 0.5m,施工步序如图 3-6-4 所示。

(2)施工步骤

开挖前,先沿初 1 部开挖轮廓线施打 ϕ42mm 超前小导管注浆加固掌子面前方岩层,然后开挖1部上台阶土体,施作1部洞身结构的初期支护,中隔墙挂设钢筋网,架立I16工字钢钢架,并喷射250mm混凝土;待1部台阶施工至3～5m后,开挖2部台阶,接长钢架,施作洞身结构的初期支护及临时中隔墙支护;待1部台阶开挖10～20m后,施作3部超前小导管,开挖3部台阶,及时施作初期支护;按相同工序施作4部。

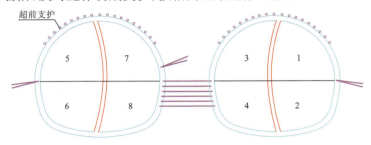

图 3-6-4 小间距隧道施工步序图

（3）中隔壁拆除

①中隔壁拆除条件

CD法各部开挖支护完毕后,初期支护封闭成环,加强拱顶下沉及周边位移量测,观测隧道封闭成环后隧道初期支护体系的变形情况。确定变形情况在正常范围内时,方可进行中隔壁的拆除。

②中隔壁拆除要点

中隔壁拆除应在全断面成环后,围岩监测数据稳定后逐段进行。严格控制临时支撑每次拆除长度,每次不超过9m,合理安排环形施工缝位置,减少纵向施工缝数量,并应根据现场监测情况进行适当调整。根据现场监测情况,若变形速率较大需迅速恢复支撑,浇筑拱部混凝土。拆撑同时按1次/2h的频率加强监测,监测控制值:变形速率达到2mm/d,拱墙中部净空收敛及拱顶相对下沉量根据《城市轨道交通工程监测技术规范》(GB 50911—2013)确定。发现监测异常应及时恢复支撑作用,必要时做换撑处理,严禁提前拆除支撑及支架。

3.6.3 小结

两河站—隐珠站暗挖区间地质条件差,施工工艺复杂,施工难度大,通过精心组织、科学施工,最终顺利贯通。技术上归纳起来主要包括以下几个方面:

（1）要确定合理的施工方案。如采用CD法进行洞身开挖,右洞先行,中隔墙进行加固等方案,大大降低了开挖对围岩的扰动,对围岩受力薄弱环节进行了加强。

（2）要做好充分的施工准备。在围岩地质条件差的情况下,不急于进尺,而是充分做好围岩的超前支护工作,保证了开挖后的施工安全。

（3）严格控制关键工序。小间距隧道的关键工序为控制超前支护的质量、各导洞的安全步距、中间岩柱加固的措施等。只有关键工序严格控制,才能保证隧道施工的质量及安全。

（4）加强围岩的监控量测。监控量测在小间距隧道中起着至关重要的作用,只有通过监控量测反馈的信息,才能确定隧道施工方案的可行性,从而更好地指导隧道施工。

第4章
不良地质段注浆加固和止水技术创新

4.1 地表注浆加固和止水技术　　4.2 洞内注浆技术

4.1 地表注浆加固和止水技术

4.1.1 地表旋喷桩加固技术

1)周边环境情况

辛屯(灵山湾)站—两河站区间大里程段地表注浆加固施工区域为YSK21+543～YSK21+403,共约140m,加固区位于两河站东侧、某加油站和某地产项目1北侧、某地产项目2南侧,处镜台山路和东岳路交叉路口处,注浆加固区域平面图如图4-1-1所示。

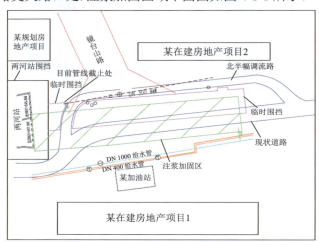

图4-1-1 注浆加固区域平面图

2)工程地质条件

右线隧道里程范围为YSK21+413～YSK21+529,共116m,拱顶以强风化花岗岩中亚带～下亚带、中风化花岗岩为主,节理发育,岩体破碎,地下水发育,拱顶以上的基岩厚度较小,该段通过破碎带(fcl-9),围岩等级为Ⅵ级;边墙以强风化花岗岩中亚带～下亚带、中风化花岗岩、微风化花岗岩为主,节理发育,岩体破碎,地下水发育,围岩等级为Ⅴ级;隧底以中风化花岗岩、微风化花岗岩及节理发育带为主,岩体节理发育,岩芯碎块状,地下水发育,围岩等级为Ⅲ$_2$级;该段综合围岩等级为Ⅵ级,如图4-1-2所示。

左线隧道里程范围为ZSK21+396～ZSK21+529.7,共133.7m,拱顶以粗砂、强风化花岗岩上～下亚带为主,拱顶地层透水性强,该段通过破碎带(fcl-9),围岩等级为Ⅵ级;边墙以强风化花岗岩上～下亚带、微风化花岗岩为主,节理发育,岩体破碎,地下水发育,围岩等级为Ⅴ级;隧底以中～微风化花岗岩、微风化花岗斑岩及节理发育为主,岩体破碎,地下水发育,围岩等级为Ⅳ$_1$级;该段综合围岩等级为Ⅵ级,如图4-1-3所示。

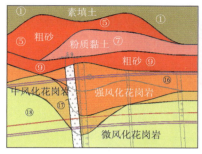
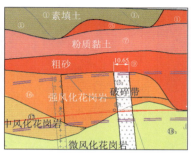

图 4-1-2 右线隧道地质纵断面图　　　　图 4-1-3 左线隧道地质纵断面图

3）工程特点及重难点

（1）工程特点

设计采用 $\phi1000\text{mm}@850\text{mm}$ 高压旋喷桩加固地面，桩间咬合 150mm，加固区注浆范围为隧道顶部及侧墙开挖线以外 3m。从小里程向大里程方向注浆加固角度由 112°渐变到 194°，隧道加固断面图如图 4-1-4 所示。

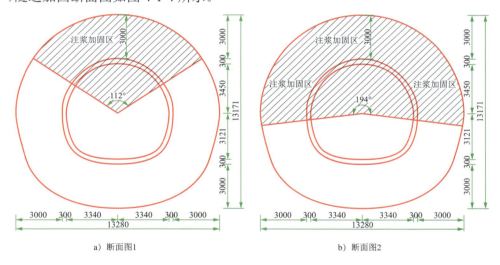

a）断面图1　　　　　　　　　　b）断面图2

图 4-1-4　隧道加固断面图（尺寸单位：mm）

加固区左线隧道长 133.44m，右线隧道长 136.86m，宽度为 26.65m，共有旋喷桩 5095 根，长度 3.68～7.59m。钻孔时上部不注浆，下部隧道拱顶及两侧拱腰 3m 范围内注浆，左、右线隧道注浆加固范围纵断面图如图 4-1-5、图 4-1-6 所示。

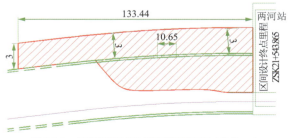

图 4-1-5　左线隧道注浆加固纵断面图（尺寸单位：m）

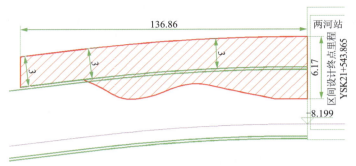

图 4-1-6　右线隧道注浆加固纵断面图(尺寸单位:m)

（2）工程重难点

旋喷桩加固深度不一致,随岩面线变化,在施工轴线上确定孔位,编上桩号、孔号、序号,依据基准点测量各孔口地面高程。桩位应严格按照图纸设计测设,偏差不得大于50mm,确保加固深度均能满足设计要求。高压喷射注浆的施工作业顺序应采用隔孔分序方式,相邻孔喷射注浆的间隔时间不宜小于24h,严格按照试桩参数进行施工,确保实际桩径符合设计要求,旋喷桩形成咬合。桩位布置及跳打如图 4-1-7、图 4-1-8 所示。

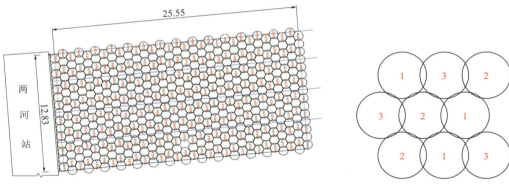

图 4-1-7　桩位布置及桩间咬合示意图(尺寸单位:m)　　　图 4-1-8　隔孔跳打示意图

施工时采用半幅施工,先施工右线隧道后施工左线隧道,加固区施工分区见图 4-1-9。

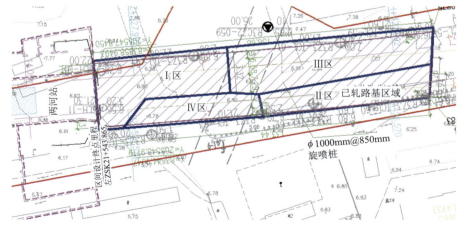

图 4-1-9　加固区施工分区图

旋喷桩施工范围内隧道围岩差且富水,属于不良地质,加固和止水效果直接关系到后续开挖掌子面的自稳能力,施工过程中要加强管控,确保旋喷桩施工质量。

暗挖区间不良地质加固效果关系到后期隧道开挖的安全稳定,如何选定高压旋喷桩施工参数来确保暗挖隧道不良地质加固的效果是本工程的重难点。

高压旋喷桩施工采用三重管法,为保证施工质量,在展开大批量施工前进行试桩,以校验施工工艺参数是否合理。从现场情况来看,试桩过程中,采用提升速度20cm/min造成水泥浆上涌量较大,调整为13cm/min后,效果较好,在强风化岩层钻杆提升速度控制在10cm/min。水灰比为1:1.3的水泥浆效果较好,实际桩径能符合设计要求,旋喷桩形成咬合。根据高压旋喷桩试桩所确定的工艺参数见表4-1-1。

高压旋喷桩工艺参数表　　　　　　　表4-1-1

序　号	控 制 参 数	数　　值
1	旋喷提升速度	13cm/min
2	水压力	32MPa
3	水泥浆液流量	70L/min
4	水泥浆注浆压力	2.0MPa
5	空气压力	0.7MPa
6	水灰比	1:1.3

4)施工情况

根据试桩情况,地表加固采用三重管高压旋喷桩施工工艺,主要施工流程如图4-1-10所示。

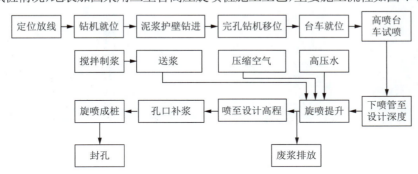

图4-1-10　三重管高压旋喷桩施工流程图

(1)桩位测设

①测量放线:根据设计的施工图和坐标网点测量放出施工中心位置,中心允许误差不大于2cm。

②确定孔位:在施工轴线上确定孔位,编上桩号、孔号、序号,依据基准点测量各孔口地面高程。桩位应严格按照图纸设计测设,偏差不得大于50mm。

(2)钻机钻孔

钻机主钻杆对准孔位,用水平尺测量机体水平、立轴垂直,钻机要保证平稳牢固,如图4-1-11所示。

（3）下放喷射管

钻孔经验收合格后，方可进行高压喷射注浆，下放喷射管前应检查以下事项：

①测量喷射管长度，测量喷嘴中心线是否与喷射管方向箭一致，喷射管应标识尺度。

②将喷头置于高压水泵附近，试压管路应小于20m，试喷调为设计喷射压力。

③施工时下喷射管前进行地面气、浆试喷，水试喷，检查喷射压力和管路压力。

图4-1-11　钻机钻孔

④设计喷射压力和管路压力为施工用的标准喷射压力，更换喷嘴时重新调试。

⑤摆喷施工下喷射管前，应进行地面试喷并调准喷射方向和摆动角度。

⑥在下喷射管过程中，为防止泥砂堵塞喷嘴，可边射水、边插管，空气压力一般不超过1MPa，若压力过高，则易将孔壁射塌。

（4）搅拌制浆

搅拌机的转速和拌和能力应分别与所搅拌浆液类型和灌浆泵的排浆量相适应，并应保证均匀、连续地拌制浆液，保证高压喷射注浆的连续。本工程高压旋喷桩施工采用三重管法，采用P·O42.5级普通硅酸盐水泥，水灰比为1:1.3，对应水泥用量约为488kg/m³。在浆液使用前，检查输浆管路和压力表，保证浆液顺利通过输浆管路喷入地层，如图4-1-12、图4-4-13所示。

图4-1-12　搅拌制浆

图4-1-13　喷射作业

（5）喷射作业

当喷射管下到设计深度后，在指挥人员的指挥下，送入符合要求的水、气、浆，喷射1～3min，待注入浆液冒出后，按规定好的提升速度，自下而上边喷射边提升，直到设计高度，停送水、气、浆，提出喷射管。喷射灌浆开始时，值班人员必须时刻检查注浆的流量、气量、压力以及提升速度等施工参数是否符合设计要求，并且随时做好记录。

（6）冒浆

在旋喷过程中，往往有一定数量的土颗粒，随着一部分浆液沿着注浆管管壁冒出地面，通过对冒浆的观察，可以及时了解土层状况，判断旋喷的大致效果和参数合理性等。根据经验，冒浆（内有土粒、水及浆液）量小于注浆量20%为正常现象，超过20%或完全不冒浆时，应查明原因并及时采取相应措施。

①流量不变而压力突然下降时,应检查泄漏情况,必要时拔出注浆管,检查其封密性能。

②当出现不冒浆或断续冒浆时,若系土质松软则视为正常现象,可适当进行复喷;若系附近有空洞、暗道,则应不提升注浆管,继续注浆直至冒浆为止,或拔出注浆管待浆液凝固后,重新注浆直至冒浆为止,必要时采用速凝浆液,便于浆液在注浆管附近凝固。

③冒浆量过大的主要原因:一般是有效喷射范围与注浆不相适应,注浆量大大超过旋喷固结所需的浆量所致。

④减少冒浆的措施:a. 提高旋喷压力(喷浆量不变);b. 适当缩小喷嘴直径(旋喷压力不变);c. 加快提升和旋转速度。

(7)充填回灌

每一孔的高压喷射注浆完成后,孔内的水泥浆很快会产生析水沉淀,应及时向孔内充填灌浆,直到饱满,孔口浆面不再下沉为止。终喷后,充填灌浆是一项非常重要的工作,回灌的好与差将直接影响工程的质量,必须做好充填回灌工作。

(8)清洗结束

旋喷完毕后,泥浆泵和高压泵应用清水洗净,各管路内不得有残余浆液和其他杂物。管路拆下后采用清水冲洗,泥浆泵停止运转后,拆洗缸室和双通阀。损坏部件及时修理和更换,运转部分要涂抹黄油以利润滑和防锈。

5)小结

根据辛屯(灵山湾)站—两河站暗挖区间隧道围岩特点,对不同工况的高压旋喷桩的成桩与止水效果进行对比分析,选择合理、可靠的三重管高压旋喷桩成桩工艺。提高了成桩效率及地层加固的整体质量与止水效果(图4-1-14),缩短了工期,对类似复杂不良地质条件下地层加固与止水施工具有一定的借鉴意义。

图4-1-14 开挖后掌子面

4.1.2 袖阀管注浆技术

1)工程概况

积米崖站—灵山卫站区间1号斜井暗挖段地质情况复杂且变化很快,从地表到暗挖段上方依次为人工素填土、含淤泥中粗砂、淤泥质粉质黏土、粉黏土、含黏性土粗砾砂、强风化岩、中风化岩、微风化岩,岩土体层次明显。

根据设计图纸要求,袖阀管施工采用潜孔钻进后插管注浆施工工艺,采用P·O42.5级水泥和水玻璃进行双液预拌注浆准备,利用潜孔钻钻进至土层的预定位置后提钻,然后将袖阀管材插入孔中,将注浆芯管插入袖阀管内,利用橡胶皮碗定位和堵塞注浆段,再进行高压双液注浆从而实现固结预定地层的目的,达到一定的止水效果,保证斜井施工过程安全。

积米崖站—灵山卫站区间1号斜井暗挖段采用袖阀管地面加固固结斜井隧道上方及周边软弱围岩。注浆段位于漓江路南侧,自斜井的明暗交界开始,纵向长度约90m。注浆断面分为全断面注浆、半断面注浆两种形式,全断面注浆长度约40m,注浆断面布置见图4-1-15、图4-1-16。

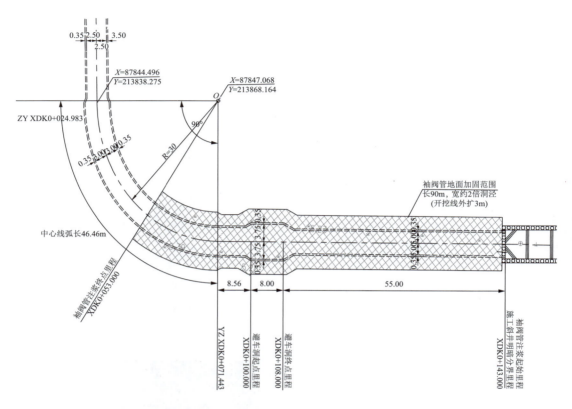

图 4-1-15　积米崖站—灵山卫站区间 1 号斜井袖阀管施工平面图（尺寸单位：m）

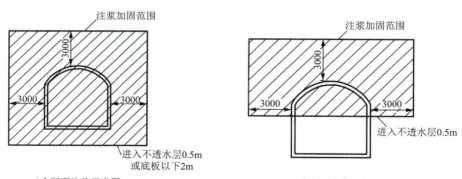

图 4-1-16　积米崖站—灵山卫站区间 1 号斜井袖阀管施工注浆示意图（尺寸单位：mm）

袖阀管施工范围内斜井标准宽度为 5m，拐弯处净宽 6m，错车道净宽 7m，袖阀管平面注浆宽度约为 2 倍洞径（开挖轮廓线外扩 3m），开挖过程平缓过渡。袖阀管平面布置间距为 1.0m×1.0m，梅花形布置。遇到树木时应避开，从两侧斜向下钻进，见图 4-1-17。

2）技术原理及特点

（1）技术原理

注浆浆液经注浆泵加压后，到达袖阀管注浆加固止水范围地层，当压力逐渐增大到一定程度，再加压浆液就会沿着地层结构产生初始劈裂流动，后续的浆液在持续压力作用下使得劈裂裂缝不断向外延伸。浆液在土体中形成条脉片状团结体从而达到提高地层强度、降低地层渗透性的目的。

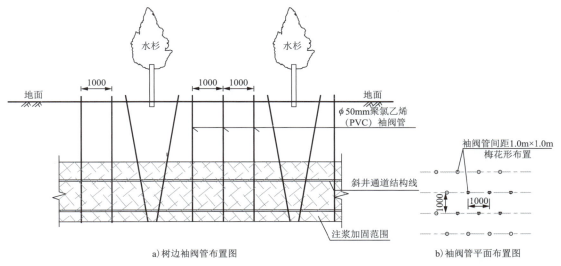

a) 树边袖阀管布置图　　　　b) 袖阀管平面布置图

图 4-1-17　积米崖站—灵山卫站区间 1 号斜井袖阀管施工平面布置及树侧布置图(尺寸单位:mm)

袖阀管由注浆管及花管、芯管构成。袖阀注浆管为每节长 333mm、内径 42mm、外径 50mm 的硬质塑料管,是由钙塑聚丙烯制造而成。注浆管内壁光滑,接头有螺扣,端头有斜口,外壁有加强筋以提高其抗折强度。注浆管分 A、B 两种,A 种注浆管(非加固范围)上未开设溢浆孔,B 种注浆管上开有 8mm 的溢浆孔 6 个,注浆管构造如图 4-1-18 所示。在 B 种注浆管有孔部位外面紧紧地套着抗爆破压力为 4.5 MPa 的橡胶套,橡胶套覆盖着溢浆孔,注浆时,浆液可以通过溢浆孔进入地层,而地层中的水和颗粒难以进入注浆管中,从而实现注浆管的单向阀作用。

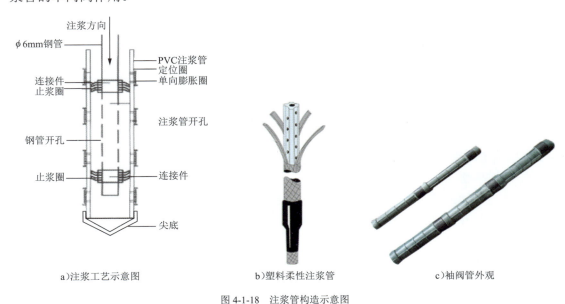

a) 注浆工艺示意图　　　　b) 塑料柔性注浆管　　　　c) 袖阀管外观

图 4-1-18　注浆管构造示意图

(2)技术特点

袖阀管注浆工法(即双套筒双柱塞注浆)能进行定深、定量、分序、分段、间歇、重复注浆,集中了劈裂注浆法、压(挤)密注浆法与渗入注浆法的优点,有以下特点:

① 一般适用于 50m 以内的地表注浆,目前已经拓展到可以在洞内进行水平注浆。

② 具有上下 2 个阻塞器,能将浆液限定在注浆区域的任一段范围内进行灌注,达到分段注浆的目的。

③ 阻塞器在光滑的袖阀管中可以自由移动,可根据需要在注浆区域内某一段反复注浆。

④ 注浆前,不必设较厚的混凝土止浆岩墙;采取较大的注浆压力时,发生冒浆和串浆的可能性小。

⑤ 根据地层特点,可在一根注浆管内采用不同的注浆材料,选用不同的注浆参数进行注浆施工。

3)施工技术

(1)施工参数

根据设计要求及机械设备相关性能,确定积米崖站—灵山卫站区间 1 号斜井袖阀管的各项施工参数,见表 4-1-2。

积米崖站—灵山卫站区间 1 号斜井袖阀管施工参数　　　表 4-1-2

参　　数		数　值
压缩空气	气压(MPa)	0.90
	气量(m³/min)	6
水泥浆	水泥用量(kg/m)	350
	水灰比	1:1
水玻璃	浓度(°Bé)	30~40
注浆压力(MPa)		0.8~1.2

① 袖阀管直径为 50mm,每小段注浆 330mm,双栓塞。

② 钻孔半径 100mm,钻孔垂直度误差小于 1%。

③ 注浆浆液为双液浆,水灰比为 1:1~1:1.2,水泥为 P•O42.5 级普通硅酸盐水泥;水泥浆与水玻璃浆的体积比为 1:0.8,硅酸水玻璃浓度为 30~40°Bé。

④ 注浆压力为 0.8~1.2MPa,各参数将根据现场试验及具体地质变化情况进行适当优化。

(2)施工流程

① 场地平整

正式进场施工前,进行管线调查后,清除施工场地地面以下的障碍物,不能清除的做好保护措施或避开,然后整平、夯实;同时合理布置施工机械、输送管路和电力线路位置,确保施工场地的"三通一平"。

② 桩位放样

施工前用全站仪测定袖阀管平面位置控制点,埋桩标记,经过复测验线合格后,用钢尺和测线实地布设桩位,并用竹签钉紧,一桩一签,保证桩孔中心移位偏差小于 50mm。

③修建排污和灰浆拌制系统,袖阀管施工过程中将会产生少量(少于10%)的返浆量,将废浆液收集至沉淀池中,处理达标后可进行无公害排放。沉淀的泥土则在随后施工中一并运走。

双液拌制系统主要设置在水泥附近,便于作业,主要由浆液拌制设备、储存设备及输送设备组成。

④潜孔钻进

a. 钻孔

潜孔锤冲击钻适用于完整、坚硬地层,具有钻进效率高、成本低的优点。钻进围岩,土(岩)层成孔直径约91mm,钻孔进入不透水层内约0.5m。土层中采用泥浆护壁钻孔法,钻进深度应达到注浆固结段高度。在钻孔过程中要做好记录,以供注浆作业参考。提钻应慢提,防止在提钻过程中侧壁垮塌将泥浆等掉入孔中。

b. 下管

钻孔成孔后,按设计要求连接好相应的注浆管,将注浆管下入注浆钻孔中,确保注浆管下到孔底,上部要高出地面,高出地面应保持50cm以上。为防止杂物进入注浆管,在管口设置管盖保护。下放袖阀管时应轻放,避免迅速下放,以免管体插到侧壁上而无法继续下放。

⑤跟管钻进工艺

a. 钻孔

针对施工段落地质较差,存在碎石层和砂层,机械在碎石层中卡钻,不易钻进成孔情况进行钻孔。成孔后由于砂层和碎石层的存在,孔保持性较差,易塌孔,因此采用锚固钻机跟管钻进成孔工艺。成孔直径为150mm,钻孔进入不透水层内约0.5m。土层中采用全液压驱动、冲击动力头式双管钻机钻进,钻杆为外管套内管的双管钻杆,钻进时内管加压注水利用冲击钻头旋转钻进,循环水从外管和内管之间流出并带出泥沙,入岩后内管继续钻进,深度应达到注浆固结段高度。在钻孔过程中要做好记录,以供注浆作业参考。

b. 下管

为防止注浆管无法插入钻孔或者插入后被挤压损坏,钻孔成孔后先取出内管保留外管在钻孔内,按设计要求连接好相应的注浆管,将注浆管下入注浆钻孔中,确保注浆管下到孔底,上部要高出地面,高出地面应保持50cm以上。为防止杂物进入注浆管,在管口设置管盖保护。注浆管下放到位后,注入套壳料,套壳料配比为水:膨润土:水泥=2:1.5:1,套壳料在搅拌机内搅拌均匀后,采用注浆泵从孔底注入。套壳料注入2d后,进行注浆作业。套壳料注满,缓慢拔出外管,如图4-1-19所示。

图 4-1-19　跟管钻进及注入套壳料

⑥清孔、注浆

a. 清孔

注浆前应逐一清孔施工,清孔时应加大清洗水压,直至清孔所溢出的水呈透明状且无杂质,确保孔底沉渣等杂物能够清出。

b. 注浆

采取分段式注浆,每段注浆长度称为注浆步距。花管长度为注浆步距长度。注浆步距一般选取 0.33~1.0m,这样可以有效降低地层不均一性对注浆效果的影响。对于砂层,注浆步距宜选用低值;对于卵石或破碎岩层,注浆步距宜选用高值。

根据成孔的先后顺序,待套壳料具有一定强度后,将 $\phi 12.7mm$ 带双塞的注浆钢管从袖阀管中下到注浆段位置,自下而上分段注浆,分段间距不得大于 2.0m;注浆压力为 0.8~1.2MPa,开环压力为 0.5MPa,在注浆泵压力表上观测;注浆量根据搅拌桶的容积、压力表和经验确定。如果增加注浆量,可采用"间歇定量分序注浆法"进行注浆;保证地面不产生裂痕和抬升。

在注浆过程中,应观察相邻注浆孔的冒浆情况,若周围孔有浆液冒出,说明注浆效果良好。若周围注浆孔没有反应,且注浆量过大,特别是在地层有土洞、溶洞存在,造成浆液流失过大时,应采用"间歇定量分序注浆法"进行注浆,以控制浆液扩散范围。

在注浆稳压状况下,注入量小于 1~2L/min 为终注标准。

(3)控制要点

袖阀管施工质量,重点在于注浆施工的成孔、套壳孔口封堵、注浆材料和注浆过程质量控制四个方面。

①成孔质量控制。首先应将钻机固定在孔位中心,为保证钻孔质量,钻机安置要平直、稳固,开孔前均应对钻机的安装垂直度进行检查,确保钻孔垂直度小于 1/100。成孔后需核验钻孔深度,孔深必须达到设计要求。成孔方法以合金钻头钻进为主,当遇杂填土中块石则采用金刚石钻头钻进。

②孔口周围封堵质量控制。孔口周围封堵的质量必须严格控制,需因地制宜加以应用,必要时增加粉煤灰等材料和水泥加水搅制,封堵材料宜以现场可取用材料的现场试验为准。

插入袖阀管时,为使套壳料的厚度均匀,应设法使袖阀管位于钻孔中心,并应避免套壳料进入袖阀管内。

③注浆材料质量控制。浆液应具有良好的流动性和流动性维持能力,以便在设计的注浆压力下获得尽可能大的扩散距离;浆液析水性要小,稳定性要高,以防在注浆过程中或注浆结束后发生颗粒沉淀和分离工,并导致浆液的可泵性、可灌注性、载体的均匀性大大降低;且要求浆液结石具有较高的不透水性和抗渗稳定性。本次施工袖阀管法注浆材料为双液浆,其水泥为 P·O42.5 级普通硅酸盐水泥。为防止水泥被地下水冲失,可根据情况在水泥浆中掺入一定数量的速凝剂。

④注浆过程质量控制。待套壳料凝固后(一般48h),在阀管内插入底部带双向密封注浆头的注浆芯管进行注浆,放芯管前需检查管两端密封橡皮圈安置是否正确,须防止其滑落。

对于浆液配合比,应重点控制水泥的含量和水玻璃的配合比。注浆开环压力约 0.5MPa,开环方法以快速法为宜,可使套壳料的碎裂程度和均匀性提高。每层注浆厚度为

333mm,注浆压力为 0.8～1.2MPa。浆液应充分拌制,搅拌时间不低于 3min,并应过筛后才能使用。注浆结束的标准为:在规定的注浆压力下,当注浆段吸浆量不大于 1.0L/min 时继续灌注 10min,即可结束注浆。

当注浆时吸浆量大于 30L/min 或出现冒浆、漏浆时,则根据实际情况采取以下措施进行处理:

 a. 减小注浆压力。

 b. 冒浆地表压砂袋、加大水玻璃浆比重或干硬性水泥砂浆封堵(封堵前在冒浆处先进行刻槽)。

 c. 间歇 10～20min 或限流注浆。

 d. 在水泥浆液中掺入 3%～5% 的速凝剂。

 e. 对吸浆量大,一次难以灌注结束的注浆段,采用复注措施直至达到结束标准。

 f. 当遇到套壳料待凝时间过长,在规定的开环压力不能开环注浆时,则在该孔旁侧重新造孔,以弥补尚未灌注的孔段。

4)实施效果

积米崖站—灵山卫站区间 1 号斜井暗挖段采用了袖阀管注浆技术对地层进行加固,注浆后的隧道开挖过程中,通过观察掌子面的加固效果,分析注浆机制,从而对注浆效果进行评定。注浆前地层为软塑状黏土,不能自稳;注浆后,隧道掌子面湿润但是无流动水,地层自稳性较好,开挖过程无坍塌;浆液在粉质黏土地层中明显形成了劈裂浆脉,如图 4-1-20 所示。开挖下来的土块,浆脉在粉质黏土薄弱地层撑开,形成板层状,并向外扩散;浆脉中无泥土杂质,如图 4-1-21 所示。

图 4-1-20 掌子面浆脉　　　　　　　　图 4-1-21 掌子面取样

地层加固的目的是隧道安全顺利进洞。在隧道地表 15m 范围布置沉降测点,测点布置断面见图 4-1-22,监测曲线见图 4-1-23。在注浆之后,隧道开挖引起的地层损失得到补偿,地表发生少量隆起,最大隆起量约 10mm;由于隧道开挖和浆土混合体自身固结原因,地表发生缓慢沉降,最大沉降速率低于 1mm/d,最大沉降值小于 8mm,最终地表高程变化范围在 ±5mm 以内,通过注浆加固,土体在隧道开挖过程中的沉降得到较好的控制。

通过分析该工程实例,可知所采用的袖阀管注浆技术施工工艺是行之有效的,选取的参数是合理的;同时说明,袖阀管注浆是一种对地层加固非常有效可靠的施工方法,对其他的地下隧道类型项目提供了大量可供参考的数据,并对类似项目建设提供现实的指导意义。

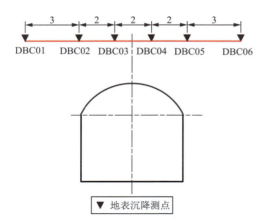

图 4-1-22　测点布置示意图(尺寸单位:m)

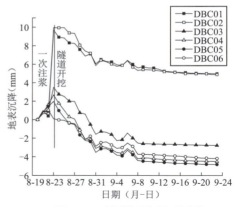

图 4-1-23　测试断面地表沉降曲线

4.1.3　地表膨胀模袋钢花管注浆技术

1)工程概况

积米崖站—灵山卫站区间暗挖段 K11+800～K12+400 为Ⅵ级围岩,距海边约 400m,所处地貌为滨海堆积区,地层由滨海沉积物、河流沉积物组成,地质情况复杂,地层含水率大。该区域早年为海岸,于 2006 年修建漓江西路时回填而成。该段隧道埋深 8～16m,隧道拱顶距第四系松散堆积层很近或直接位于第四系地层中,局部分布有块状碎裂岩(图 4-1-24),上部地层分布有强透水、富水的砂层,围岩稳定性极差,隧道洞室开挖过程中,围岩极易坍塌,易发生冒顶、涌水、突泥等事故。

图 4-1-24　拱顶为砂土状～块状碎裂岩和富水砂层

2)技术特点及适用范围

采用传统工艺进行地表注浆,浆液会向上部软弱地层流失,既浪费了浆液,又造成目标注浆区未达到注浆效果。本技术设置膨胀模袋,可有效防止浆液流失,达到预定的注浆效果。

该技术适用于城市浅埋隧道,拱顶埋深浅、地层含水率大、地层松散破碎的地质情况。尤其是采用传统地表注浆工艺难以达到注浆效果的,可采用本技术,以保证所注浆液留存于目标区域,满足加固要求,控制地表隆起在规范要求范围内。

3)施工技术

(1)注浆总体方案

综合考虑地质情况、类似工程施工经验,采用隔压膨胀模袋钢花管注浆技术,注浆管采用

ϕ42mm、t=3mm 无缝钢管,注浆加固正线隧道拱顶上方 4m 厚地层,注浆段钢花管开孔,孔间距 40cm,梅花形布置,钢花管注浆段上部包裹 3m 膨胀模袋。钻机成孔后,下注浆钢管,先对模袋注浆,模袋膨胀,挤压土层,形成止浆岩盘,在模袋内浆液凝固后对钢花管注浆。

通过试验段施工,确定各项施工工艺参数,见表 4-1-3。

施工工艺参数表　　　　　　　　　　　表 4-1-3

参数	注浆压力（MPa）	水泥浆水灰比	水泥浆:水玻璃质量比	单线隧道每米注浆量(m³)	注浆孔间距(m)
数值	0.5~1.2	1:1	1:1	35	1×1

根据隧道区域地质资料及注浆加固需求,地表注浆加固范围左右边界为隧道轮廓线以外 3m,注浆范围上边界为拱顶以上 4m,注浆范围下边界为隧道拱顶轮廓线,隧道两侧区域注浆范围下边界为拱顶以下 1.5m。若强风化岩层下边界处于拱顶以下,则注浆加固范围下边界调整为强风化岩层下边界。注浆钻孔布置以马头门加固区为例,如图 4-1-25、图 4-1-26 所示。

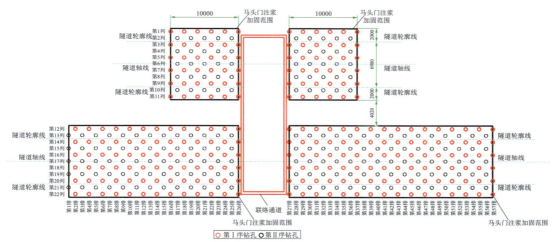

图 4-1-25　钻孔布置平面图(尺寸单位:mm)

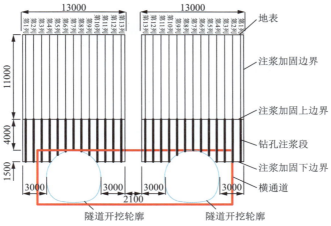

图 4-1-26　钻孔布置横断面图(尺寸单位:mm)

（2）隔压膨胀模袋技术

保证注浆加固效果的关键是确保注入的浆液留存在目标加固区域内，目标区域内的有效注浆量与注浆加固效果紧密相关。为防止浆液在钻孔浅部进入地层造成无效的浆液扩散，保证浆液在钻孔注浆段区域内注入地层，采用隔压膨胀模袋技术隔断浆液的向上扩散通道。

下管完毕后，对隔压膨胀模袋注浆，等待 8h，待模袋内浆液凝固，正式进行注浆施工（注水泥浆和水玻璃双液浆）。隔压膨胀模袋的工作原理为：隔压膨胀模袋长度为 3m，在注浆之前，向隔压膨胀模袋中注入水泥水玻璃双液浆，使模袋膨胀并压紧钻孔周边地层，通过模袋对目标注浆层以上的土体进行挤密加固，膨胀模袋与土体挤密加固区域形成止浆岩盘使浆液不能由出浆区域向上返浆。隔压膨胀模袋只允许浆液由钻孔注浆段进入地层，从而实现浆液在目标区域的有效留存，为实现浆液的有效留存提供充分保障。膨胀模袋工作原理如图 4-1-27 所示，膨胀模袋加工工艺如图 4-1-28 所示。

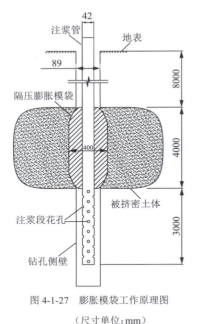

图 4-1-27　膨胀模袋工作原理图

（尺寸单位：mm）

图 4-1-28　膨胀模袋加工工艺

（3）注浆参数设计

①水泥—水玻璃双液浆的配合比为 $W/C=1:1$，$C:S=1:1$；水玻璃模数为 2.4～3.4，浓度为 35～40°Bé。水泥浆采用搅浆桶内拌制，搅浆桶直径 1.5m、高度 1.6m，在桶内做好刻度标记，先加水至标记刻度处，再加水泥至标记刻度处，搅拌时间 5min 以上，采用密度计检测

密度,浆液密度控制在 1.52g/cm³,检测合格后,将浆液放至存浆池内。水泥浆和水玻璃通过两个输送泵送至注浆管端部三通混合,注入钢花管内。

②注浆压力与注浆扩散半径:注浆压力 0.5～1.2MPa,经取芯检测,注浆扩散半径可达到 1.2m。

③注浆结束标准:以单孔注浆量和注浆压力作为控制指标,采用"量—压"双控注浆结束标准进行注浆控制。具体标准如下:

a. 当注浆量未达到设计标准但注浆压力达到设计终压,且维持 5min 以上,停止注浆。

b. 当注浆量达到单孔设计注浆量后,若注浆压力未达到设计终压,可通过调整浆液凝胶时间达到设计终压,并停止注浆。

(4)材料与设备

注浆所需主要材料与设备见表 4-1-4。

注浆主要材料与设备　　　　　　　　　　表 4-1-4

序 号	名 称	型 号	数 量
1	双液注浆泵	ZBQS	2 台
2	高压注浆管	20MPa	200m
3	水泥浆搅拌机	GS700 高速搅拌机	2 台
4	履带潜孔钻机	KY125	2 台
5	空气压缩机	GLF90	1 台
6	注浆管	ϕ50mm 钢管	21000m
7	模袋	无纺布	3500m²
8	球阀(循环使用)	ϕ50mm	200 个
9	水泥罐	60t	2 个
10	散装水泥	P·O42.5 级	3000t
11	水玻璃	36～40°Bé	4000m³

4)实施效果

积米崖站—灵山卫站区间暗挖段 K11+800～K12+400 为保证开挖安全,采用隔压膨胀模袋地表注浆技术施工后,掌子面围岩情况明显好转:注浆液脉明显,掌子面无渗水,如图 4-1-29、图 4-1-30 所示。

图 4-1-29　掌子面液脉

图 4-1-30　拱顶干燥无渗水

下面对本工程从3个方面进行总结：

（1）工效提高：注浆前，由于掌子面围岩条件差，且渗水严重，每天只能施工一个循环（0.5m）；地表注浆不会占用洞内施工时间，不会干扰掌子面施工；地表注浆时，双液浆充分填充了岩层的缝隙及岩层破碎带、砂层，提高了拱顶围岩强度，围岩渗水大大减少，改善了作业条件，左、右线两个作业面的开挖施工均由每天一个循环提高到两个循环，工效增加一倍。

（2）初期支护无水：注浆前，洞内掌子面渗水严重，地表注浆后，有效隔断了上部地层的孔隙水，初期支护表面干燥，大大减少了后期初期支护注浆堵水施工工作量，并缩短了二次衬砌施工工期。

（3）开挖安全：注浆前，洞内掌子面渗水严重，拱顶部分为强风化岩层且覆盖层较薄，强风化岩层上部为淤泥质粉质黏土和砂层，且富含地下水，若施工处理不当，一旦覆盖层失去自稳能力，易造成涌泥涌水，风险较大。采用地表注浆后，地层得到有效加固，开挖顺利，保证了工程安全、按期完成。

4.2 洞内注浆技术

4.2.1 洞内帷幕注浆加固技术

1）工程概况

灵山卫站—学院路站区间小里程端140m范围内主要穿越富水中、粗砂层、粉质黏土层及中风化凝灰岩层，隧道拱顶埋深10～16m，隧道上覆或穿越含有黏性土粗砾砂的第四系表土层与破碎的强风化凝灰岩地层，风险评估等级为Ⅱ级。由地质资料及注浆钻孔揭露地层可知，地下水极其丰富，随着掌子面后续开挖，掌子面揭露富水中、粗砂层逐渐增加，隧道施工风险急剧增加，极易引发洞内突水喷砂、围岩失稳、塌方等灾害，如图4-2-1、图4-2-2所示。

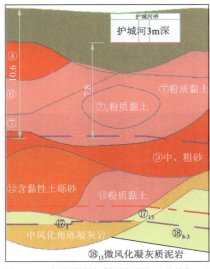

图4-2-1 左线隧道地质纵断面图（尺寸单位：m）

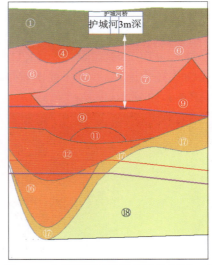

图4-2-2 右线隧道地质纵断面图（尺寸单位：m）

2）工程重难点

灵山卫站—学院路站区间小里程端140m范围为全断面富水砂层，经勘探掌子面为砂层、淤泥、粉质黏土层等不良地质，含水量较大，有溪状水流出，形成空洞，随时会有塌方、突泥、突沙现象发生，且于ZSK14+227.500～ZSK14+230.500段横穿护城河（图4-2-3、图4-2-4），如何保证施工安全及施工进度是本工程的重难点。通过帷幕注浆将能凝固的浆液按设计的浓度通过特设的注浆钻孔，压送到规定的岩土层中，填补岩土体中的裂缝或孔隙，改善注浆岩体的物理力学性质，最终顺利完成灵山卫站—学院路站区间小里程端140m范围注浆加固。

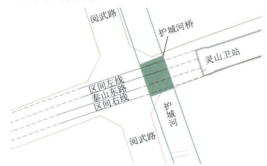 

图 4-2-3　护城河位置平面图　　　　　图 4-2-4　护城河位置示意图

3）施工技术

（1）帷幕注浆技术原理

帷幕注浆技术是用液压或气压将能凝固的浆液按设计的浓度通过特设的注浆钻孔，压送到目标岩土层中，填补岩土体中的裂缝或孔隙，旨在改善注浆介质的物理力学性质，以满足各类工程的需要。按其功能不同可分为防渗注浆和加固注浆，防渗注浆是为增强各种基础抗渗能力而被广泛采用的一种方法，它是在具有合理孔距的钻孔中，注入浆液，使各孔中注浆体相互搭接以形成一道类似帷幕的混凝土防渗墙，以此截断水流，从而达到加固止水、防渗堵漏的目的，也称为帷幕注浆。帷幕注浆加固范围如图4-2-5所示。

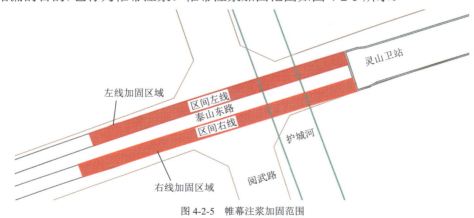

图 4-2-5　帷幕注浆加固范围

（2）工艺介绍

钻孔方式采用梅花形，5序钻孔布置，每序孔均能保证3m的加固范围，每序孔之间的注浆范围能够相互咬合，确保注浆加固无死角，如图 4-2-6、图 4-2-7 所示。

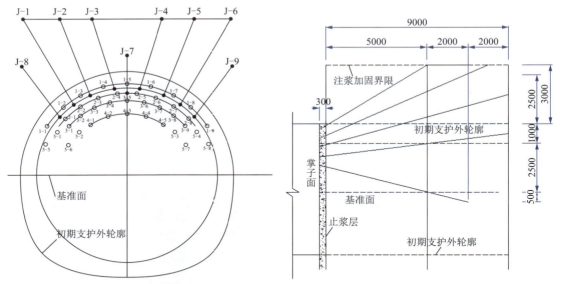

图 4-2-6　钻孔及检查补充孔布置平面图　　　　图 4-2-7　钻孔及检查孔注浆剖面图（尺寸单位：mm）

为实现对隧道掌子面以及隧道开挖轮廓线外 3m 的注浆加固，洞内注浆治理工程采用 5 序次注浆，1、2、3 序孔对隧道拱顶以及开挖轮廓线周边进行加固，4、5 序孔进行砂—岩界面及掌子面补强，注浆钻孔 1 序孔 5m，2 序孔 8m，3、4、5 序孔 9m；1 序孔为一次性成孔注浆，2、3、4、5 序孔采用前进式分段注浆，分为 2 个注浆段长，浅部段采用钢花管注浆，深部段注浆时利用既有钢花管采用模袋对浅部注浆段隔压，用聚氯乙烯（PVC）花管对深部进行注浆加固，实现砂层区域的均匀有效加固。本工艺设 9 个检查孔，以便检验注浆效果。

2～5 序注浆孔采用 $\phi 89mm$ 模袋套管注浆。以 3 序孔为例：在掌子面开 $\phi 89mm$ 钻孔至 5m，下 5m 套管，其中套管 2～5m 段打花孔，第一次注浆加固掌子面前方 0～5m 范围；然后采用 $\phi 75mm$ 钻头复钻至 9m，下放 8m 长 $\phi 42mm$ 聚氯乙烯（PVC）注浆管，其中 2～5m 为模袋（二次注浆前注浆进行隔压），5～8m 为花管段，第二次注浆加固掌子面前方 5～9m，封孔结束钻孔注浆。帷幕注浆流程如图 4-2-8 所示。

图 4-2-8　帷幕注浆流程图

（3）具体施工步骤

①施工准备

施工前，移除绿化带植被及施工场地障碍物，硬化地表，建立地面制浆站；同时合理布置施工机械、输送管路和电力线路位置，确保施工场地的"三通一平"；修建排污系统将废浆液引入沉淀池中，沉淀后的清水根据场地条件可进行无公害排放。

②放线布孔

测量人员根据治理区域确定正线里程及中心线位置，在掌子面上布设钻孔位置并做好标记。在地表标记掌子面位置，为监控注浆可能造成地面的裂缝或抬升，在每一个注浆治理区域及超前 12m 设立 3m×3m 地面沉降观察点,并做好标记。

③钻机造孔

钻孔采用履带式钻机,钻机就位后,对钻机进行调整,确保钻孔角度满足设计和规范要求。

④注浆加固

注浆材料采用 P•O42.5 级水泥浆及水泥—水玻璃双液浆,水灰比为 1:1,水泥和水玻璃配合比为 1:1,初凝时间为 40～50s。浆液配合比可根据现场注浆过程实时反馈调节;水玻璃模数为 2.4～3.4,浓度为 35～40°Bé。注浆压力为 1～1.5MPa,注浆过程中应密切注意地表隆起情况,根据实际情况进行调整。

注浆过程中,要充分做好钻孔涌水情况记录、注浆数据记录以及注浆后涌水记录,以便后续方案的调整;同时,做好注浆期间的围岩变形实时监测工作,保证注浆作用下结构安全,也为确定合理的注浆压力提供依据。

(4)注浆效果检查

为确保注浆效果,需对地表注浆效果进行检查,若注浆存在加固薄弱区应进行相应补充注浆。注浆效果检查手段主要采用以下三种:

①洞内检查孔探查:在隧道开挖之前对注浆加固区域进行超前孔探测,通过检查孔出水量、钻出岩屑类型、塌孔情况判断前方围岩及注浆加固效果,如图 4-2-9～图 4-2-12 所示。

图 4-2-9 帷幕注浆加固图 1

图 4-2-10 帷幕注浆加固图 2

图 4-2-11 开挖断面帷幕注浆加固效果检查

图 4-2-12 开挖断面帷幕注浆加固效果

②地质雷达探测:对于富水性强的区段,采用地质雷达探测前方注浆区域含水状态,若含水量较多则进行补充注浆。

③钻孔电视探查:选取特征性检查孔进行钻孔电视探查,获得钻孔内部岩性随钻孔深度变化情况、出水位置等地质信息,评估注浆加固效果。

4）小结

不良地质在暗挖隧道施工中存在较高的风险性，对施工造成了一定的困难，在施工中需要注浆加固后进行开挖。通过对富水砂层的注浆及破碎带注浆试验，获得了满足薄弱区注浆加固质量要求的最大安全注浆终压参数，通过注浆材料及其混合浆液的初凝时间试验，获得了浆液配合比及其安全注浆初凝时间。洞内帷幕注浆加固，起到了良好的注浆加固作用，浆液在砂层中扩散，使砂层有效挤密黏结且浆液在砂层中形成了劈裂作用，开挖过程中安全可控，起到了较好的加固止水效果。在砂层等不良地质中该技术具有一定指导意义。

4.2.2　全断面深孔系统注浆止水施工技术

1）工程概况

井冈山路站—积米崖站区间设计里程范围为 YSK7+809.3～YSK11+565.3，长约 3756.0m，见图 4-2-13。本区间以 18.0m 线间距出井冈山路站，在里程 YSK9+525 左侧设区间风井及联络通道（2 号竖井），在里程 YSK11+419 右侧处设临时施工竖井及联络通道（3 号竖井），并在里程 YSK10+600 右侧设施工斜井及联络通道，以 13.5m 间距进入积米崖站，区间拟采用矿山法施工，竖井采用明挖法施工，斜井采用明挖法+矿山法施工。本区间隧道底板高程 −31.0～−10.5m，底板埋深 16.0～36.9m。

图 4-2-13　井冈山路站—积米崖站区间位置图

本区间隧道上覆为第四系人工填土、粉细砂、粉质黏土、中、粗砂及含黏性土砾砂，厚 6.6～18.6m，下伏燕山晚期花岗斑岩、闪长岩及白垩系角砾凝灰岩。本区间揭露的中风化带呈碎裂状～块状，多个结构面见构造蚀变现象。隧道洞身主要位于基岩中风化～微风化带，围岩等级为Ⅱ～Ⅳ$_2$级。Y（Z）SK11+245 至积米崖站段局部洞顶位于淤泥质粉质黏土、粉质黏土中，围岩等级为Ⅵ级。受区域构造影响，节理密集带及砂土状、块状碎裂岩较发育，围岩等级为Ⅳ$_2$～Ⅵ级。

地下水类型主要为第四系孔隙水及基岩风化裂隙水,水量较大;在局部发育节理密集带及构造碎裂岩地段,地下水类型主要为基岩构造裂隙水,受岩体构造裂隙发育程度及汇水条件影响,其水量及围岩透水性差异较大。

2)渗水情况说明及分类

治理区段内主要以Ⅳ级围岩为主,有少量Ⅲ级围岩区段,地质显示,渗水揭露围岩主要位于微风化粗粒花岗岩中,穿过段节理裂隙较发育,同时该段地下水发育丰富,经过水质分析,确定有海水补给。根据现场勘察情况分析,渗漏水主要为基岩裂隙水,且部分裂隙与上部海水连通,仰拱渗漏水主要由围岩裂隙或初期支护背后越流引起,如图4-2-14~图4-2-16所示。

图 4-2-14 洞内渗漏水

图 4-2-15 仰拱渗漏水

图 4-2-16 侧墙渗漏水

3)地层加固治理设计及施工工艺

(1)渗漏水原因分析

根据地质资料分析及现场勘察,渗漏水主要原因为该区域地下水丰富,围岩节理裂隙较为发育,且与海水连通。地下水通过初期支护背后及围岩裂隙涌出,涌水量大。

(2)渗漏水治理思路

①用地质雷达对隧道进行全方位探测,研判富水区域、地下水的补给范围和方式,对其进行针对性注浆。

②判别治理区域内出水点分布及出水量大小,并在治理区域上端头环形注浆,封闭上游涌水。

③从相对高程较高的位置向较低的位置,循序推进。

④经分析,围岩裂隙是主要导水通道,针对围岩裂隙的封堵,采用径向群孔注浆,即对同一环的6个注浆孔同时进行注浆,有效地防止串浆,提高注浆效率。

⑤经过上一步注浆,如不能将水完全止住,需要对初期支护背后及浅层裂隙进行充填注浆,切断初期支护背后的水力联系,增强初期支护的抗渗能力。

⑥最后,针对难以根治的出水点,使用超细水泥进行针对性治理。

(3)深层围岩裂隙注浆

①钻孔布置

如图4-2-17所示,将注浆孔均匀分布在隧道同一断面内,终孔位置距离初期支护垂直距离 3.5m，注浆孔角度根据现场围岩产状确定，为实现深层围岩裂隙注浆，在孔深 0.8m 位置安装橡胶止浆塞（图 4-2-18），防止孔口跑浆，确保浆液注入较深的围岩裂隙。深层围岩裂隙钻孔注浆参数见表 4-2-1。

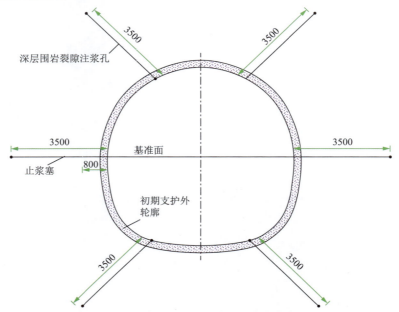

图 4-2-17　深层围岩裂隙注浆孔横剖面图（尺寸单位：mm）

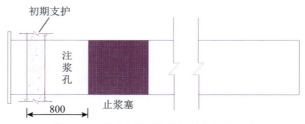

图 4-2-18　注浆孔剖面示意图（尺寸单位：mm）

深层围岩裂隙钻孔注浆参数表　　　表 4-2-1

参数	注浆孔直径	每环钻孔数	环间距	注浆管长度	注浆压力	孔深
数值	42mm	6 个	3m	1.5～2m	0.5～1.5MPa	3.5m

如图 4-2-19 所示，相邻注浆断面距离为 3m，该距离可根据现场情况调整。

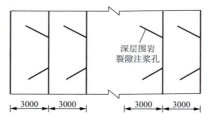

图 4-2-19　注浆断面平面图（尺寸单位：mm）

为防止浆液向未注浆的钻孔串浆,同时提高打孔效率,在治理区域内设置4个工作断面,施工顺序依次为断面1-1、断面2-2、断面3-3、断面4-4,如图4-2-20所示。

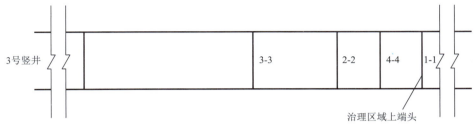

图4-2-20 注浆工作面断面图

②注浆工艺

成孔后,采用钻孔电视对钻孔进行高清摄像,明确出水位置,调整注浆管的长短,定向封堵出水点。

对注浆孔进行压水试验,确定注浆孔周围裂隙发育程度,且冲洗钻孔,提高渗透性,增加浆液注入量。

为防止注浆孔之间跑浆、串浆,提高效率,缩短工期,将采用群孔注浆,即一次对整个断面6个注浆孔进行注浆,每个注浆孔口设置压力表和流量计,监测各注浆孔的注浆情况,确保浆液扩散均匀。

如出现轻微跑浆情况,在水泥浆内掺入一定量的锯末,继续注浆,对集中跑浆点及时采用环氧树脂封堵,减少浆液浪费,提高浆液的注入率和减少对隧道环境污染。若以上两种方法不能制止跑浆,将单液浆改为双液浆,并动态调整水泥浆与水玻璃配比,实现注浆过程的动态调控。

注浆材料主要采用水灰比为1:1的水泥单液浆,通过观察周边跑浆情况,分析地层含导水构造发育及空间展布特征。注浆结束之前,注入一定量的硫铝酸盐水泥浆,提高结石体的耐海水腐蚀能力。

根据地层情况,注浆压力为0.5～1.5MPa,根据现场实际情况调整。

(4)初期支护背后及浅层裂隙注浆

①钻孔布置

若某些区域深层裂隙注浆已将渗漏水全部封堵,则该区域不再进行初期支护背后及浅层裂隙注浆。

通过深层围岩裂隙注浆后,再对初期支护背后及浅层裂隙注浆,治理剩余渗漏水。钻孔注浆参数见表4-2-2。注浆孔将均匀穿插深部围岩裂隙注浆孔,注浆孔角度根据现场围岩产状确定,孔底距初期支护1m,注浆孔横剖面图如图4-2-21所示。

初期支护背后及浅层裂隙钻孔注浆参数表　　　表4-2-2

参数	注浆孔直径	每环钻孔数	环间距	注浆管长度	注浆压力	孔深
数值	42mm	6个	3m	0.8m	0.3～0.8MPa	1m

注浆管采用φ42mm钢管,注浆管通过橡胶止浆塞封闭,橡胶止浆塞安装在初期支护上,

防止跑浆。注浆孔剖面如图 4-2-22 所示,注浆断面平面图如图 4-2-23 所示。

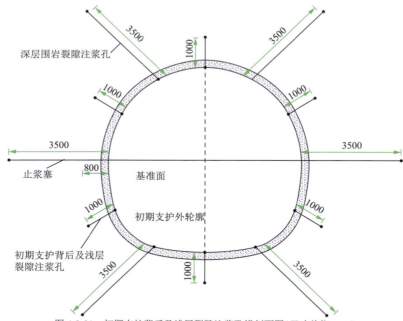

图 4-2-21　初期支护背后及浅层裂隙注浆孔横剖面图(尺寸单位:mm)

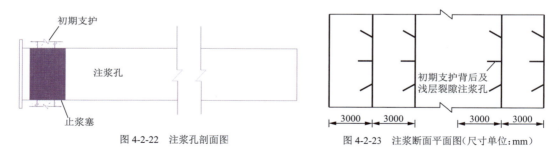

图 4-2-22　注浆孔剖面图　　　　　　图 4-2-23　注浆断面平面图(尺寸单位:mm)

②注浆工艺

成孔后,采用钻孔电视对钻孔进行高清摄像,明确出水位置,调整注浆管的长短,定向封堵出水点。

对注浆孔进行压水试验,确定注浆孔周围裂隙发育程度,且冲洗钻孔,提高渗透性,增加浆液注入量。

因初期支护背后及浅层裂隙注浆孔较短,跑浆量大,因此,将采用单孔注浆,确保注浆效果。

如若出现轻微跑浆情况,在水泥浆内掺入一定量的锯末,继续注浆,对集中跑浆点及时采用环氧树脂封堵,减少浆液浪费,提高浆液的注入率和减少对隧道环境污染。如若以上两种方法不能制止跑浆,将单液浆改为双液浆,并动态调整水泥浆与水玻璃配比,实现注浆过程的动态调控。

注浆材料主要采用水灰比为 1∶1 的水泥单液浆,通过观察周边跑浆情况,分析地层含导水构造发育及空间展布特征。注浆结束之前,注入一定量的硫铝酸盐水泥浆,提高结石体的耐海水腐蚀能力。根据地层情况,注浆压力为 0.3～0.8MPa,根据现场实际情况调整。

注浆结束后,先停注浆泵再关闭孔口闸阀,然后冲洗注浆泵及输浆管路,直至水清为止。拆卸注浆泵的缸体再次检查并冲洗,不准留有残留物。注浆结束后,按各自分工岗位将设备及废弃物清理干净并运离现场,保持清洁卫生。

对深层围岩裂隙和初期支护背后及浅层裂隙注浆结束后,对还未能治理的出水区域,可采用超细水泥进行封堵。

4)小结

通过全断面深孔系统注浆,完全封堵初期支护涌水及渗漏水,拱肩、侧壁、拱顶已无明水,同时本区段涌水基本消除,效果显著。注浆治理前后对比见图4-2-24～图4-2-29。

图4-2-24 拱肩注浆治理前

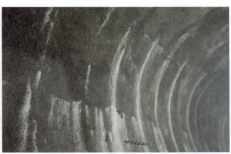

图4-2-25 拱肩注浆治理后

图4-2-26 侧壁注浆治理前

图4-2-27 侧壁注浆治理后

图4-2-28 拱顶注浆治理前

图4-2-29 拱顶注浆治理后

第5章
明挖车站及区间施工技术创新

5.1　钻孔桩+锚索+旋喷桩围护结构施工技术
5.2　吊脚桩施工技术
5.3　井冈山路站与既有基坑对接施工技术
5.4　过两河明挖"四期基坑"施工技术
5.5　地下车站清水混凝土施工技术
5.6　全套管嵌岩咬合桩技术
5.7　快速锚杆施工技术
5.8　地下车站主体与附属接口部位防水技术
5.9　深基坑自动化监测技术
5.10　泄水减压施工技术
5.11　气候控制调光玻璃（STG）的应用

5.1 钻孔桩＋锚索＋旋喷桩围护结构施工技术

本节重点介绍了明挖基坑中常见的钻孔桩＋锚索支护＋旋喷桩止水技术,采用本技术减少了施工占地面积,对周边环境的影响可降至最小。由于青岛地区地层结构为"上土下岩",钻孔桩桩体下端入岩、上端采用冠梁纵向连接,下部风化岩为腰部锚索提供较大锚拉力,并和钢腰梁连成整体与钻孔桩形成有效支护面。钻孔桩外侧采用咬合旋喷桩形成封闭止水帷幕,将基坑内外地下水隔绝形成良好的无水施工作业面。

5.1.1 工程概况

朝阳山站位于薛馆路下方偏北侧,沿薛馆路东西走向布置。车站南侧分别为公寓、大型商场,北侧为影视基地建筑群,如图 5-1-1 所示。朝阳山站为明挖车站,采用明挖顺作法施工,车站长 233.5m,标准段宽 20.7m,基坑深度为 18.91～17.11m,车站顶板埋深 3.0～3.8m。本站基坑采用钻孔桩＋锚索支护＋旋喷桩止水技术进行施工。

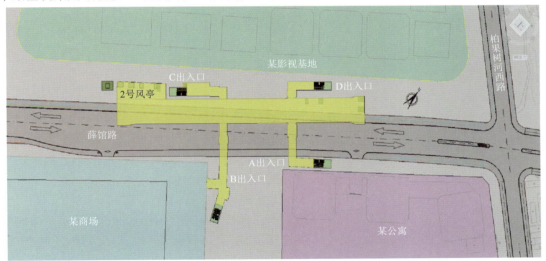

图 5-1-1　朝阳山站平面位置图

朝阳山站施工场地地层按地质年代由新到老、自上而下分别为:素填土、杂填土、粉质黏土、粗砾砂、粗砾砂、粉质黏土、粗砾砂、强风化中亚带、强风化下亚带、中等风化带、微风化带,如图 5-1-2 所示。

基坑范围内主要管线有 DN200 中压力燃气管道、DN500 中水管道、DN800 污水管道、DN1200 雨水管道、通信管道 12 孔、2×DN400 热力管道、DN1000 输水管道、DN800 雨水管道、DN600 给水管道、2.3m×2m 电力管沟。

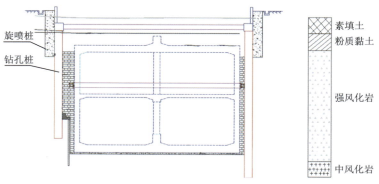

图 5-1-2 朝阳山站地层分布图

5.1.2 施工重难点

朝阳山站位于朝阳山脚下,水系丰富,车站南北两侧有建筑群,且南侧临近薛馆路调流路,控制基坑变形及基坑止水是本工程施工的重难点。控制基坑变形的关键是控制钻孔桩+锚索的施工质量,针对青岛地区上土下岩地质,钻孔桩采取冲击钻钻孔、泥浆护壁的施工方法,有效控制钻孔过程中的塌孔、扩孔现象,采用二次注浆确保锚固体牢固可靠。而旋喷桩施工质量好坏直接影响基坑止水效果,采取隔孔跳打的措施避免施工对临近桩体的影响,从而提高整体施工质量。

5.1.3 施工技术

1)钻孔桩施工技术

(1)工艺流程

钻孔桩施工流程如图 5-1-3 所示。

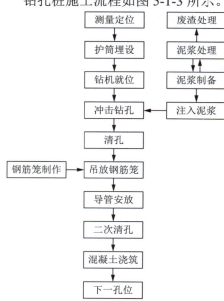

图 5-1-3 钻孔桩施工流程图

(2)施工方法

①测量定位

钻孔桩采用全站仪测放桩位控制点、施工线十字交叉定点法控制桩位。

②护筒埋设

本工程护筒直径为 1.2m,采用 5mm 厚钢板卷制焊接而成,上部开溢浆口。护筒初步安装后,按桩位四周的控制点校核护筒中心位置,确认无误后用黏土将护筒四周填实。

③钻机就位

钻机底座用枕木支垫,钻机摆放就位后对机具及机座稳固性等进行全面检查,用水平尺检查钻机摆放是否水平,吊线检查钻机摆放是否正确。

④成孔作业

为保证桩体质量,减少钻孔施工对邻海近桩体的影响,采用隔4根桩跳打方式进行钻进施工。本工程采用冲击钻机成孔,护壁泥浆采用优质黏土制备,钻渣由泥浆循环系统带至沉淀池中沉淀并定期外运。

冲进过程中,每进2m检查钻孔直径及深度。注意地层变化,在地层变化处捞取渣样并与地质剖面图核对,通过岩渣判断岩石的风化程度,确保桩端入岩深度,并做好施工记录。冲孔作业必须连续,定时对泥浆进行检测,如图5-1-4、图5-1-5所示。

图5-1-4 探孔器探孔

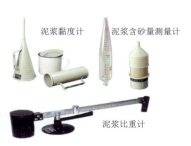

图5-1-5 泥浆三大指标测量仪器

⑤清孔

采用抽浆法清渣后加大泥浆池中泥浆比重,通过泥浆循环系统将孔内剩余的沉渣清理干净,直至满足设计和规范要求,然后将孔内泥浆相对密度稀释至1.15～1.20,准备进行下一工序施工。

⑥钢筋笼制作及安装

由于本工程钢筋笼长度不一,钢筋笼根据每孔钢筋笼的实际长度分节制作,运至现场后在孔口连接安装。钢筋笼安装后,采取可靠措施将钢筋笼固定,防止混凝土浇筑过程中钢筋笼上浮和偏移。根据设计要求在部分桩内设置测斜管(图5-1-6),用于监测基坑变形。

图5-1-6 测斜管安装

⑦水下混凝土浇筑

清孔完成后再次检查孔底沉渣厚度。桩孔合格后立即下放钢筋笼和导管,导管在浇筑前应进行密封及耐压试验、长度测量标码等工作。首批混凝土采用桩机吊料斗浇筑,浇筑过程中根据各节导管长度推算和控制埋管深度。为保证桩顶混凝土质量,混凝土顶高程应高出设计桩顶高程 0.5～1.0m，如图 5-1-7 所示。

2）锚索施工技术

（1）施工流程

锚索施工流程如图 5-1-8 所示。

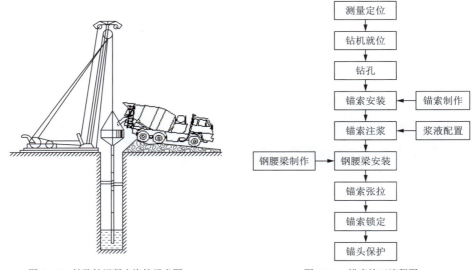

图 5-1-7　钻孔桩混凝土浇筑示意图

图 5-1-8　锚索施工流程图

（2）施工方法

①测量定位

锚索钻孔采用全站仪定位，并做好标记。

②锚索钻孔

锚索钻孔是控制施工质量的关键，现场必须严格按设计图纸给定的孔径、倾角、孔深进行施工。终孔后采用高压风循环冲洗并对孔口进行暂时封堵，防止碎屑、杂物进入孔口。

③锚索制作

锚索制作共分自由段制作、锚固段制作、二次注浆管制作三部分，如图 5-1-9 所示。

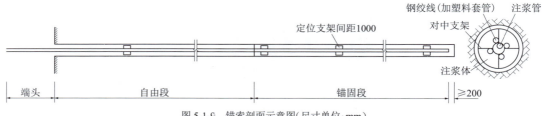

图 5-1-9　锚索剖面示意图（尺寸单位：mm）

a. 下料

锚索钢绞线下料长度为设计长度和孔外预留张拉长度之和，以保证锚索张拉锁定时的要求。

b. 自由段制作

保护套管：在锚索自由段套装聚乙烯软管，使自由段不与水泥浆及孔壁间发生粘连，以保证钢绞线自由段能自由伸缩，自由段套管两端 20cm 范围内用黄油填充，外绕工程胶布固定。

c. 锚固段制作

钢绞线束每间隔 1m 设置一个隔离架,并用扎丝将钢绞线与支架扎紧。

d. 注浆管的制作

二次注浆管采用 PVC 管制作。将 PVC 管沿锚索轴线方向从定位支架的中间孔洞从自由段向底端穿进,在锚索底部三分之一范围内在 PVC 管上打孔,用作二次注浆时出浆孔眼,并用胶布将孔眼密封以防止一次注浆时水泥浆进入二次注浆管内。

e. 锚索安装

锚索安装前先探孔,钻孔深度符合设计要求后进行锚索安装。将锚索体的底端放入孔内,人工依次向孔内缓慢均匀推进。

f. 锚索注浆

锚索注浆采用二次注浆工艺,一次注浆完成后,进行二次压力注浆。一次注浆采用底部压力注浆法,注浆应连续进行,待浆液从孔口溢出后即可停止注浆,并将孔口用止浆塞封住。二次注浆使水泥浆从 PVC 管的孔眼向原水泥浆体和土体内高压渗透,以达到密实注浆体的效果。

g. 钢腰梁制作、安装

本工程基坑腰梁结构形式为双拼工字钢,如图 5-1-10 所示。

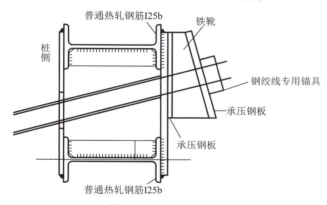

图 5-1-10 锚索腰梁断面图

h. 锚索的张拉

待锚孔注浆体强度达到设计强度要求后进行锚索的张拉(图 5-1-11),锚索张拉时应避免相近锚索互相影响。

张拉时,注浆体强度不小于 20MPa。锚索锁定前先张拉至设计预应力的 1.1 倍,保持 15min,然后卸荷至零,再重新张拉至锁定荷载进行锁定作业,即张拉程序为:0 → 15%δ_{con} → 110%δ_{con}(持荷 15min)→锁定值。

i. 锚索锁定

夹片及千斤顶安装好后启动油泵开始张拉,待千斤顶与锚具压紧后,张拉至锁定数值后回油,拆下千斤顶。

j. 锚头保护

在预应力锚索锁定后 48h 内没有出现明显的应力松弛现象,即可进行封锚。预应力张拉完成后,钢绞线外留长度 50mm,切除多余部分。最后装上保护罩并填充油脂进行封锚,如图 5-1-12 所示。

图 5-1-11 锚索张拉

图 5-1-12 锚索支护体系

3)旋喷桩施工技术

(1)施工流程

旋喷桩施工流程如图 5-1-13 所示。

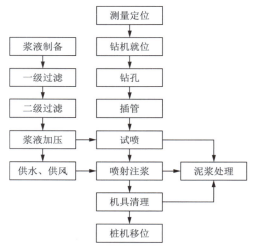
图 5-1-13 旋喷桩施工流程图

(2)施工方法

本工程采用三管旋喷桩止水,为保证施工质量,在施工前进行试桩以校验施工工艺参数是否合理。

①测量定位

旋喷桩定位前对施工场地进行整平,然后采用全站仪放点,用竹签做标记。

②钻机就位

钻机安放在做好标记的孔位上并调整旋喷管架垂直度。

③钻孔

本工程旋喷桩桩径 1m,桩间距 75cm,为保证桩体质量采用隔 4 根桩跳打方式施工,如图 5-1-14 所示。

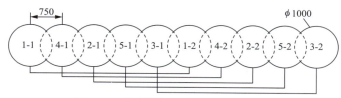

图 5-1-14　旋喷桩施工顺序图(尺寸单位:mm)

④插管

使用地质钻机钻孔完毕,拔出岩芯管,并将三重喷射注浆管插入预定深度。在插管过程中,为防止泥砂堵塞喷嘴,可边射水边插管,水压力一般不超过 1MPa,如压力过高,易将孔壁射塌。

⑤喷射作业

当喷射注浆管插入预定深度后,由下至上进行喷射注浆。在桩底部边旋转边喷射 1min 后,再进行边旋转、边提升、边喷射。喷射时应先达到预定的喷射压力、喷浆量后再逐渐提升注浆管。中间发生故障时应停止提升和旋转,以防桩体中断。同时立即进行检查排除故障,如发现浆液喷射不足影响桩体直径时,应进行复喷。

喷射时,技术人员必须时刻注意检查浆液初凝时间、注浆流量、风量、压力、旋转提升速度等参数是否符合设计要求,并且随时做好记录,绘制作业过程曲线。

⑥机具清理

喷到桩高后,迅速拔出注浆管,把注浆管等机具设备冲洗干净,管内机内不得残存水泥浆。通常把浆液换成水,在地面上喷射,以便把泥浆泵、注浆管和软管内的浆液全部排出。

⑦桩机移位

移动机具将钻机等机具设备移到新孔位上,进行下一根桩的施工。

5.1.4　小结

钻孔桩+锚索+旋喷桩的支护、止水技术针对本站土岩结合的地质在基坑变形及基坑止水上取得了良好效果。朝阳山站四周建筑群环绕,保证开挖过程中基坑的稳定性尤为重要,钻孔桩+锚索支护组合刚柔并济,将基坑变形控制在允许的范围内,旋喷桩在基坑四周形成的止水帷幕有效地将基坑内外地下水隔绝,整个开挖过程基坑一直处于稳定状态,为后续主体结构施工提供安全稳定、无水的作业环境。

5.2　吊脚桩施工技术

5.2.1　工程概况

两河站位于东岳路与两河路交口东侧,车站沿东岳路东西向布置。两河站有效站台中心里程为 YSK21+608.265,起点里程右线为 YSK21+543.865,终点里程为 YSK21+746.865,车站主体长 203.0m。本站主体围护结构采用桩径 1000mm 钻孔灌注桩。其中 16 根 D 型桩施工范围,由于开挖区域下层是微风化花岗岩,围护桩体未打到基坑底部,支护设计为钻孔灌注桩+锁脚梁+钢管桩组成的"吊脚桩",如图 5-2-1 所示。

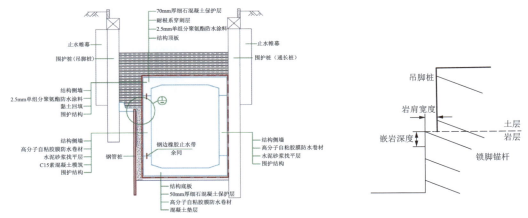

图 5-2-1　吊脚桩结构示意图

5.2.2　施工重难点

由于桩体下端嵌入的是中风化或微风化花岗岩,考虑到经济及施工因素,其嵌入岩石的深度是有限的,但基坑底面则在基岩以下数米。当基坑开挖到基底时,支护桩桩脚则似吊在空中,俗称"吊脚桩"。

(1) 钻孔灌注桩终孔判定以桩底高程和嵌岩深度两个指标进行控制。如不满足嵌岩深度,不仅仅需要调整桩长,锁脚梁高度及钢管桩也应做系统调整或其他补强支护措施。

(2) 优化锁脚梁混凝土配合比,使之早期强度较高,尽早满足设计张拉要求,为后续施工创造条件。

5.2.3　施工技术

在吊脚桩的施工过程中,为满足施工安全的要求和经济成本的限制,灌注桩只需嵌入岩体一定深度,满足相关的安全系数即可。除一般的钻孔灌注桩施工工艺,其在施工时又分为钻孔灌注桩施工、钢管桩施工、锁脚梁施工、锁脚锚索施工及锚杆施工等。

1) 钻孔灌注桩施工

钻孔灌注桩施工时主要采用旋挖钻机成孔,为保证淤泥层不塌孔,采用 6m、8m 长护筒,振动锤打入后拔出。为保证施工安全,减小对已施工桩的振动破坏,必须间隔跳打施工,如图 5-2-2～图 5-2-5 所示。

图 5-2-2　旋挖钻机钻进施工

图 5-2-3　钢筋笼安装

图 5-2-4　灌注混凝土

图 5-2-5　钻孔桩施工后开挖效果

2）钢管柱施工

土方开挖至岩肩线上后打设钢管桩，钢管桩孔径 150mm，间距 750mm；钢管直径 108mm，壁厚 5mm，深度至嵌固基底 1500mm。钢管桩施工完成后注入 P·O42.5 级普通硅酸盐水泥浆，如图 5-2-6 所示。

图 5-2-6　钢管桩施工

3）锁脚梁施工

锁脚梁施工时底高程上 30cm 采用机械配合人工开挖，保证锁脚梁基底岩层不被破坏，同时保证平整度，采用一次立模浇筑施工，如图 5-2-7 所示。

图 5-2-7　锁脚梁施工

4）锁脚锚索施工

当基坑开挖至岩层顶下部时，桩端将暴露在基岩之外，应该对预留岩肩施工，其排桩支护也应调整为锚杆竖肋。在基坑支护的设计过程中要充分考虑两种状态的要求，钻机在钻进过程中必须精心操作，以防止钻进过程中发生钻孔坍塌或掉落块等现象，确保锚索顺利施工，如图 5-2-8 所示。

图 5-2-8 锁脚锚索施工

5)锚杆施工

锚杆间距为 1500mm,从桩顶 1m 以下按 2m 的间距设置,同时按此间距布置 18 号槽钢作为腰梁,使钢管桩和锚杆连成一个整体。锚杆钻孔直径 110mm,锚杆主筋直径 25mm,孔深 6m。

5.2.4 小结

基坑开挖范围内存在两种工程性状相差较大的岩土介质,综合考虑到施工及经济因素,围护桩体不宜打到基坑底部,采用"吊脚桩"支护形式。该技术适用于青岛地层,不但能够有效地控制基坑变形,保护基坑安全,而且避免了在硬岩中机械成孔困难、爆破施工等施工隐患,同时造价明显低于传统的连续墙、嵌岩桩等围护形式,是降低工程造价的有效措施。

5.3 井冈山路站与既有基坑对接施工技术

5.3.1 工程概况

1)周围环境

井冈山路站是青岛地铁 13 号线与 1 号线的 T 形换乘站,位于长江中路与井冈山路交叉口。13 号线车站位于井冈山路下方,1 号线车站位于长江中路下方,均为地下岛式双线车站。井冈山路现状道路宽约 21m,双向 4 车道,沿线道路繁忙;长江中路现状道路宽度约 37m,双向 8 车道。场区东侧为大型超市,西侧为某集团基坑(停工状态),基坑长 192m,宽 120m,深 14m,水深约 8m,存水量约 160000m³,东北侧为大型超市,西北侧为大型购物商城。井冈山路站施工前周边环境如图 5-3-1 所示。

图 5-3-1 井冈山路站施工前周边环境

2)车站概况

井冈山路站为地下三层双柱三跨箱形结构,负三层为车站站台层,负二层为部分设备用房及物业预留层,负一层为站厅层及物业预留层;车站为岛式站台,站台长度 80m,站台宽 15.5m,车站总长 242.4m,标准段宽度 24.4m,车站埋深 3.5～3.7m。井冈山路站共设置 6 个出入口和 4 组风亭,均采用明挖顺作法施工。井冈山路站平面示意图如图 5-3-2 所示。

图 5-3-2 井冈山路站平面示意图

3)井冈山路站基坑围护结构概况

井冈山路站主体围护基坑长 242.4m,宽约 28.9m,基坑深度为 24.5m,基坑底主要位于微风化层。车站主体围护结构在既有某公司办公楼基坑一侧采用放坡开挖+土钉墙形式,其他部分采用钻孔桩+预应力锚索(支撑)+岩石锚杆的形式,主体围护桩采用 ϕ1000mm 钻孔灌注桩,嵌固深度为中风化层 2.5m,微风化层 1.5m。由于场地内碎裂岩发育,若达到设计深度后岩层仍然较破碎,则穿透碎裂岩层,并嵌入整体性较好的中风化层 2.5m、微风化层 1.5m。冠梁截面尺寸为 1.1m×0.8m(局部 1.1m×1.0m),桩间布置锚索。基坑下部采用岩石锚杆的形式,边坡支护用 100mm 厚喷射混凝土并挂钢筋网片(ϕ8mm@150mm×150mm);车站底部抗浮采用抗拔桩结构。

5.3.2 施工重难点

本技术针对地铁明挖车站与既有基坑对接施工中所面临的富水区上软下硬地质条件、既有基坑积水和既有基坑支护体系破除、地铁车站基坑爆破开挖等面临的复杂问题,包含既有基坑反压回填、既有基坑降水、既有基坑支护体系拆除、地铁车站基坑钻孔灌注桩及高压旋喷桩施工、既有基坑围护结构爆破效应及控制等工艺流程等为本工程的重难点。

5.3.3 施工技术

1)施工流程

首先通过对既有基坑进行回填反压来平衡围护结构的内外土压力,并及时排出既有基坑内部的积水,来减小破除既有基坑支护体系的难度,随后通过拆除既有基坑锚索、破除既有基坑桩体,来实现地铁明挖车站与既有基坑的对接施工,并对地铁车站采用钻孔灌注桩支护体系及旋喷桩措施进行止水,利用预应力锚索和锁脚锚索进行支撑来维持地铁明挖车站的稳定性。

施工流程主要分 5 部分,具体如下:

(1)既有基坑反压回填:地面测量→场地准备→填料运输→抛填施工→碾压→整平至设计高程→抽水,如图 5-3-3、图 5-3-4 所示。

图 5-3-3 基坑原状

图 5-3-4 基坑反压回填完毕

(2) 既有基坑桩体破除：土方逐层开挖→高程测量→无齿锯环切既有基坑钻孔桩→切除桩破除外运。

(3) 车站基坑钻孔桩施工：测放桩位→钻进成孔→钢筋笼安装→混凝土浇筑→桩基检测。

(4) 车站高压旋喷桩施工：测放桩位→钻机就位→插入高喷管→高喷作业→回灌水泥浆。

(5) 车站基坑爆破开挖施工：爆破参数设计→炮孔布置→安放炸药→爆破→实时监测。

2) 操作要点

(1) 既有基坑反压回填及积水抽排施工操作要点

保证反压回填导致的水位上升速度和抽排水速度基本一致，回填完后再集中分层抽排水，过程中加强基坑监测，避免因抽水而导致基坑的失稳，如图 5-3-5 所示。

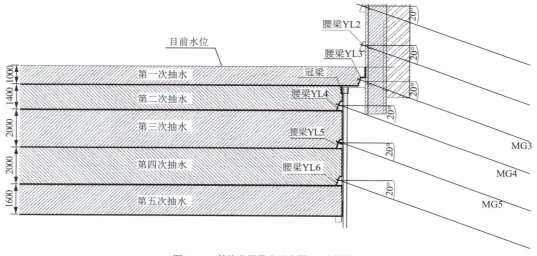

图 5-3-5 基坑分层降水示意图（尺寸单位：mm）

(2) 既有基坑围护体系拆除施工操作要点

既有废弃基坑抽水完毕后，进行车站主体结构土方开挖，同时围护体系随主体结构土方开挖逐层拆除。拆除前应先放张预应力锚索，再逐层采用绳锯根据主体基坑一次开挖深度切除桩基。

(3) 车站基坑钻孔灌注桩及高压旋喷桩围护体系施工操作要点

既有基坑围护结构拆除后既与车站基坑形成一个整体基坑,采取钻孔灌注桩和高压旋喷桩对整个基坑进行围护体系及止水加固处理,保证基坑的安全和止水效果,如图 5-3-6、图 5-3-7 所示。

图 5-3-6　钻孔灌注桩施工

图 5-3-7　高压旋喷桩止水帷幕施工

(4) 车站基坑爆破开挖施工操作要点

车站基坑处于上土下岩的地层环境中,上部土层采用机械开挖方法,下部岩层采用爆破开挖方法进行施工,而车站基坑周围环境复杂,临近既有基坑、建筑物等。为保护既有基坑及建筑物的安全,免受爆破影响,需通过控制单段最大药量等爆破参数来减弱爆破振动的影响,如图 5-3-8 ～图 5-3-10 所示。爆破参数见表 5-3-1。

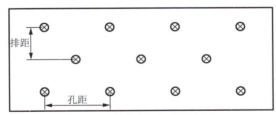

图 5-3-8　梅花形炮孔平面布置图

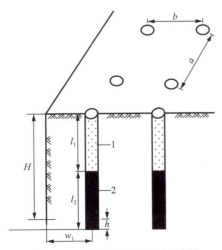

图 5-3-9　台阶要素及钻孔形式示意图

图 5-3-10　机械钻孔

1-填塞;2-炸药;H-台阶高度;h-超深;w_1-底盘抵抗线;
l_1-填塞长度;l_2-装药长度;a-孔距;b-排距

台阶爆破参数表   表 5-3-1

台阶高度 H（m）	超深 h（m）	孔距 a（m）	排距 b（m）	单孔装药量 Q（kg）
1.0	0.3	0.8	0.7	0.2
1.5	0.3	1.1	1.0	0.6
2.0	0.3	1.2	1.1	0.9
2.5	0.3	1.3	1.2	1.3
3.0	0.3	1.4	1.3	1.5

5.3.4 小结

此技术建立了针对城市密集建筑区富水环境下地铁明挖车站与既有基坑对接施工工法的流程，提高了施工技术水平，提供了施工安全保障，具有重要的安全意义及推广价值。新技术的研究和应用，对于推进地铁明挖车站与既有基坑对接施工的相关技术起到了积极作用，为类似复杂条件下富水环境的地铁车站与既有基坑对接施工工艺积累了宝贵的经验。

5.4 过两河明挖"四期基坑"施工技术

5.4.1 工程概况

两河段明挖区间位于两河站—隐珠站区间经两河处（图 5-4-1），采用单洞单线矩形断面，起止里程为 YSK21+812.000～YSK21+972.000，基坑长 226m，宽 19.9～24.5m，基坑最深 17.1m，最浅 13.3m。为满足两河河道畅通、两河路管迁调流和房屋拆迁需要，将两河段明挖区间分四期施工，一期里程范围为 YSK21+920.000～YSK21+972.000，二期里程范围为 YSK21+812.000～YSK21+880.000，三期里程范围为 YSK21+880.000～YSK21+920.000，四期里程范围为 YSK21+746.865～YSK21+812.000。

图 5-4-1　两北区间两河明挖段地理位置

明挖区间穿越两河处河槽底宽约 72m，根据施工工期计划，基坑占用两河河道为非汛期（即全年除 6 月—9 月外），现场需要设置围堰，分两期进行施工，确保河道畅通。明挖区间一期基坑施工期间占用两河路，因此采用倒边施工以满足两河路的交通调流，两北区间两河明挖段平面见图 5-4-2。

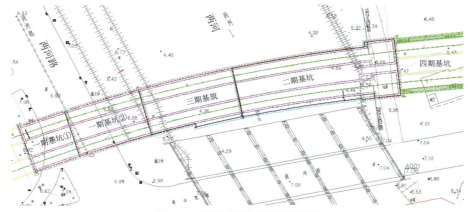

图 5-4-2 两北区间两河明挖段平面图

一期基坑长 52m，深度约为 15.1m，宽度约为 20.3m，场地平整至高程 7m；二期基坑长 68m，深度为 13.8～15.2m，宽度为 19.9～24.5m，场地平整至高程 5m，部分 6m；三期基坑长 40m，深度约为 13.5m，宽度约为 19.9m，场地平整至高程 5m；四期基坑长 65m，深度为 13.3～17.1m，宽度约为 20.7m，场地平整至高程 6.5m。围护结构均采用钻孔灌注桩＋2 道钢管内支撑＋旋喷桩止水帷幕形式。

5.4.2 施工重难点

（1）征地拆迁及交通疏解

本工程租用土地、绿化苗木及相关通信、电力、给排水、燃气等市政管线迁改，道路交通改道及交通疏解涉及面广、制约关系复杂、不可预见因素多，根据现场实际情况本工程分为四期施工，共 5 个基坑开挖，后续基坑需要在前序基坑回填完成后方可进行开挖施工，如何组织安排，各工序高效连接，确保不影响项目总体工期是本工程的重难点。

（2）渣土运输

本工程共有 5 个基坑，最小的平面尺寸为 20m×20m，并带有双排钢支撑体系，水平及垂直运输受到场地严重制约，是本工程施工的重难点。

5.4.3 施工技术

1）基坑开挖与围护施工步序

基坑开挖分四期共 5 个基坑施工，具体施工步序如下：

（1）占用两河路西半幅道路，进行一期基坑①围护结构及基坑开挖施工，此期间两河路东半幅开通。

（2）进行一期基坑①主体结构及基坑回填施工，恢复两河路西半幅道路交通。

（3）占用两河路东半幅道路，进行一期基坑②围护结构及基坑开挖施工。

（4）进行一期基坑②主体结构及基坑回填施工，恢复两河路道路交通。

（5）占用两河东侧河道，进行二期基坑围护结构施工。

（6）进行二期基坑主体结构及基坑回填施工，恢复两河东侧河道。

（7）占用两河西侧河道,进行三期基坑围护结构施工。

（8）进行三期基坑主体结构及基坑回填施工,恢复两河河道。

（9）进行四期基坑施工。

2）总体开挖方法

一期的两个基坑和三期基坑开挖采用"竖向分层,垂直提升"的方法施工,二期和四期基坑开挖采用"拉槽放坡"的方法施工,基坑开挖过程中随挖随按设计安装钢支撑系统。各层土体的开挖按照先中间后两侧,对称、平衡的施工原则,并严格按要求的顺序进行。基坑开挖时要加强监测,根据监测结果不断进行施工参数的调整和优化,及时支护和施作主体结构,以减少围护结构的变形,确保周边环境稳定。

土方开挖严格遵循先探后挖的原则,检查开挖深度范围内接缝是否有漏水情况。发现围护结构接缝出现渗漏水问题,及时进行封堵处理。探挖前做好应急抢险准备工作,避免在探水过程中发生突涌水现象。下层土方开挖在钢支撑安装并按设计要求施加预应力撑紧后,方可继续挖土。基坑纵向放坡开挖,随挖随刷坡,严格控制纵坡的稳定性。

开挖前对基坑采取排水措施,坑内水排入排水沟并设置集水井经水泵抽至地面,经场内三级沉淀池排入市政排水管道,基坑四周设置挡水墙,防止地表水冲刷坡面和基坑外排水再回流渗入坑内。尽量缩短围护结构暴露的时间,土方开挖满足混凝土结构施工条件后,后续工作立即展开。

存土点不得选在建筑物、地下管线附近,基坑两侧 10m 范围内不得存土,基坑周围堆载不得大于 20kPa,端头不超过 30kPa。为减少地基的扰动,土方开挖距基底设计高程 30cm 时改为小型机械配合人工清底。另外本工程底板下、集水井等特殊位置,由机械开挖、人工修整而成。

3）开挖步骤

（1）一期两个基坑和三期基坑开挖遵循"竖向分层、由上而下、先支撑后开挖"的原则,分 3 个基坑进行开挖。

①开挖第一层土方至冠梁底部下 20cm 处,凿除桩头,施作冠梁、挡土墙及边坡喷锚,安装第一道钢支撑。

②开挖台阶高度 2.7m,及时进行挂网喷射混凝土。

③开挖台阶高度 2.7m,开挖至第二道钢支撑下 20cm,安装钢支撑。

④开挖高度 2.7m 直至挖到距离基坑底 30cm 处。

⑤人工配合小型机具开挖,严禁超挖。开挖完成后及时组织相关单位进行地基验槽,验槽完成后施作垫层。

（2）二期基坑开挖采用"由西向东,纵向放坡,部分垂直提升"的方法施工。

①自西向东,采用挖掘机放坡拉槽开挖,两侧预留工作平台,自卸车向外运输,安装西侧第一层部分钢支撑。

②西端头挖到第二道钢支撑以下,安装部分第二道钢支撑,采用挖掘机放坡拉槽开挖,两侧预留工作平台,自卸车向外运输。

③西侧挖到底板设计高程以上 30cm,采用小型机械配合人工清底,东侧继续采用上述方法开挖。

④拉槽放坡开挖至坡度不能满足自卸车出渣要求,转为垂直提升,基坑内配备 1 台挖掘机,基坑外配备 1 台长臂挖掘机进行土石方开挖。

⑤垂直提升,基坑内配备 1 台挖掘机,基坑外配备 1 台长臂挖掘机进行土石方开挖。

⑥基坑开挖完成。

(3)四期基坑开挖遵循"竖向分层、由上而下、先支撑后开挖"的原则,开挖过程中注意留置核心土。

①开挖至第一道钢支撑下 0.5m,安装第一道钢支撑。

②分层开挖,每层 2m,进行锚喷支护。

③开挖至第二道钢支撑下 0.5m,安装第二道钢支撑。

④分层开挖,每层 2m,预留双线间核心土,进行锚喷支护。

⑤开挖至基底上 0.3m,采用人工配合小型机具清底。

⑥开挖完成。

5.4.4 小结

深基坑"倒边分期"开挖工艺适宜在交通条件错综复杂,制约严重的施工条件下施工。它既能保证道路交通的基本畅通,又能确保河流的正常过水,可为类似工程提供参考。

5.5 地下车站清水混凝土施工技术

5.5.1 工程概况

青岛地铁 13 号线工程两河站和灵山卫站采用清水混凝土施工,下面分别简述。

1)两河站

立柱的混凝土设计强度等级为 C50,电通量不超过 1200C。倒角柱长 1300mm,宽 750mm,倒角半径 150mm,高 4~5m。

侧墙的混凝土设计强度等级为 C45,抗渗等级 P10,电通量不超过 1200C。侧墙厚 700mm,高 4.95m,浇筑长度约为 80m,在墙上需预留广告牌、广告灯箱等并配有横向装饰缝,间距 800~900mm。

2)灵山卫站

明挖混凝土框柱的设计强度等级为 C50,电通量不超过 1200C。编号 6~12 轴的框柱为 850mm×1600mm 椭圆形结构,4、5、6~14 轴的框柱为 800mm×1300mm 矩形柱,高 3~4m。

侧墙混凝土设计强度等级为 C40,抗渗等级为 P10,电通量不大于 1200C。侧墙厚 700mm,浇筑高度 4.95m,长度为 86.45m,设置梯形明缝。

顶板、顶纵梁混凝土设计强度等级 C40,抗渗等级为 P10,电通量不大于 1200C。顶板厚 800mm,宽 20.7m,浇筑长度 86.45m;顶板界面为矩形,尺寸为 2000mm×1150mm,顶板与顶梁采用圆角过渡。

中板混凝土设计强度等级为 C35,中梁混凝土设计强度等级为 C40,抗渗等级为 P10,电通量不大于 1200C。中板厚 400mm,宽 20.7m,浇筑长度 86.45m;中梁界面为矩形,尺寸为

1000mm×1400mm，中梁、中板采用圆角过渡。

5.5.2 施工重难点

1）构件特点

清水混凝土结构中存在大量的圆弧形结构、不同形式的装饰缝以及较多的预埋件，因此清水混凝土外观质量控制存在较大难度。

2）清水混凝土工作环境

（1）侧墙施工时涉及动照、消防、广告等专业，管线、插座及灯箱等预埋件多，预埋件的处理方式以及清水混凝土工艺参数对外观质量影响显著。

（2）地下站靠近海域，地下海水丰富，因此对混凝土耐久性、抗渗性要求较高。当混凝土面湿度大，并且温度较高时，混凝土表面易发霉，需从混凝土自防水、外包防水等各方面进行合理防潮、防水设计，因此，清水混凝土除需外观质量良好外，还需兼顾大量预埋件设计，及防水、耐久性问题，存在一定的技术难度。

5.5.3 施工技术

1）钢筋工艺

清水混凝土钢筋加工与普通混凝土相同，钢筋的绑扎方式和锈蚀情况会影响混凝土的外观质量。清水混凝土的钢筋质量主要控制要点有：

（1）钢筋安装前保证钢筋表面洁净，受污染的钢筋不得使用，钢筋经除锈以及去污染后其截面面积及性质应符合设计要求。

（2）绑扎丝选用20～22号且无绣的火烧丝，每一竖向筋与水平筋交叉点均绑扎，绑扎丝拧头拧紧应不小于两圈，且成八字形紧固，绑扎丝头均应朝向界面中心，避免深入保护层中外露于混凝土表面，影响外观。

（3）采用同相应混凝土构件强度等级，并且颜色接近的素混凝土垫块来控制主筋保护层厚度。保护层垫块安装应稳固，与模板接触为点接触或线接触。

（4）模板安装完成之后，钢筋接头焊接时，应有避免焊接火花、热焊渣烧伤模板的措施，且应及时清理留置在模板上的焊渣，避免造成梁、板底面形成锈斑。

（5）侧墙紧贴着主筋外侧安装防裂网片，钢筋网片规格为$\phi 8mm@150mm$。

（6）部分分项工程已绑扎钢筋，出现严重锈蚀的钢筋，全部拆除后换成未生锈的钢筋。

（7）中板和顶板钢筋绑扎时，为防止钢筋的锈迹和杂质掉落在面板上，所有钢筋均采用全新钢筋，施工人员穿戴鞋套施工，并且在不进行施工时采用防雨油布对工作面进行覆盖。

（8）长时间外露钢筋采用塑料管进行保护或涂刷水泥净浆防锈，并用防水油布覆盖。

2）模板工艺

（1）立柱模板

①模板选型

框柱均有弧形段，根据造型采用定制的定型不锈钢模板。

②模板打磨和脱模剂涂刷

不锈钢模板使用前需对模板进行打磨，使模板面整洁光滑，并在模板上涂刷专用油性脱模剂。

③止浆

钢模板拼装后,对焊缝进行玻璃胶封堵,确保不漏浆;在模板拼缝处粘贴 2mm 厚止浆条,对拼缝进行止浆;钢模板安装前,对框柱地面进行砂浆找平,形成 5mm 厚台口,并进行打磨,使台口平整,并在钢模板的底部粘贴 3mm 厚的止浆条,对底部进行止浆。

④安装及拆除

先安装单侧柱模板,单侧模板安装完成后用钢管临时固定,再安装另一侧模板,安装过程中要保证轴线位置的准确以及对接螺栓孔的一致。为了保证拆模时混凝土表面不出现掉皮现象,混凝土拆模时间不低于 2d,冬期施工时不低于 3d。

(2)侧墙模板

①板材选择

侧墙模板采用芬兰进口的维萨(WISA)模板,该模板有如下特点:

a. 模板厚度在 12～21mm 之间可选,保证模板的整体刚度,防止整体形变。

b. 模板达到抗候抗沸标准,可在大体积混凝土中使用。

c. 采用高温热压的方法,将深棕色的酚醛树脂膜覆在模板的两面,酚醛树脂覆膜坚固光滑的表面能使脱模非常容易,并且达到清水混凝土浇筑效果,同时确保模板的周转次数。

②侧墙大面模板设计和拼装

侧墙大面为钢木组合模板,为保证模板的平整度,板面采用双层模板拼装,面板材料为 18mm 维萨(WISA)模板,衬板为国产普通模板,在双层模板的背面钉入自攻螺钉加固。单块大模板长 3m 高 4.5m,单块大模板拼装时在模板拼缝间粘贴 2mm 厚止浆条,单块大模板与钢支架体系连接时,在固定好的木方上面弹线,根据弹线位置放置工字形槽钢(背愣),用连接螺杆将模板背楞与单侧支架部分连成一个整体,如图 5-5-1 所示。

图 5-5-1　模板组装

③侧墙预留槽模板设计和拼装

预留槽的面板采用维萨(WISA)板制作,对于广告灯箱、艺术品位等尺寸较大的预留槽,模板内部使用木方支撑,防止变形;对于消防栓等尺寸较小的预留槽,制作成模板相互支撑方式。在小块模板拼缝处粘贴 2mm 厚止浆条,并在拼缝处打上玻璃胶止浆。

预留槽的下方混凝土浇筑时,容易因气泡难以排出产生孔洞等缺陷。在预留槽模板的下方以及侧边粘贴透水模板布,以减少下方混凝土的缺陷,改进下方混凝土外观。

④装饰条安装

装饰缝的预留条采用木条或硬质的塑料条,不得采用柔软的橡胶条,以保证装饰线条顺直。按弹线位置放好装饰条，使用气钉枪将明缝条固定在模板表面。固定明缝条时要时刻注意明缝条位置与弹线位置的重合，保证明缝条的水平。木条底部预先打入玻璃胶或粘贴1mm厚止浆条进行止浆，如图5-5-2所示。

图5-5-2 装饰条实物和安装效果

⑤侧墙模板安装和加固

采用螺杆与模板斜撑系统连接对模板进行加固，埋件系统及连接见图5-5-3，在台口内预埋与地面呈45°、间距300mm的螺杆，通过紧固螺杆与压梁使模板与台口贴合，从而对模板进行加固。

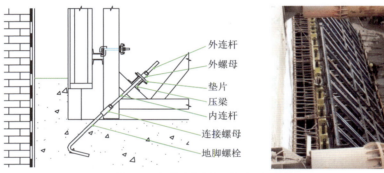

图5-5-3 埋件系统连接示意图及安装效果

⑥侧墙模板拆除

a. 墙体模板拆除时间常温季节不得低于2d，冬期不少于3d，侧模拆除时，混凝土强度需大于2.5MPa。

b. 拆模后，及时用毛巾清理浮浆，当毛巾无法清除硬化的混凝土时，用铲刀进行清理，清理完毕用水清洗模板。

c. 如面板表面受到损伤，对于较小的刮痕，用适当的聚氨酯油漆或铁腻子修补；对于较大较深的伤痕，用铁腻子或环氧树脂补平并打磨光洁。

（3）梁模板

两河站和灵山卫站两个地下站的梁均存在圆弧形，但两河站的梁过渡到顶板连接段弧度较小，采用木模板制作；灵山卫站的梁过渡段弧度较大，需采用不锈钢钢模板制作。

①梁倒角设计

在木模板倒角处粘贴同设计尺寸的塑料条制作梁体的倒角，塑料条与木模板间粘贴2mm止浆条，并在模板拼缝处打玻璃胶止浆。

②梁模板拼装

梁由平直段和圆弧段组成。平直段由单块模板切割后拼接而成，圆弧段采用木模板弯曲并拼装而成，模板拼缝处粘贴 2mm 止浆条，并打玻璃胶止浆。两侧梁体的平直段模板上设置对拉孔进行对拉加固，圆弧模板制作相应的木梁进行支撑。

(4) 板模板

① 板支撑体系

中板和顶板采用满堂支架，支撑板的模板采用双层板，其中面板为 18mm 厚维萨（WISA）模板，衬板采用 20mm 厚国产模板。

② 面板拼装

梁模板安装完成后开始安装板模板，安装时，先从梁边开始铺钉模板，模板边与梁接头处采用 45°角拼接，不得有凹凸现象。模板的拼缝应尽量布置在木方上方，衬板与面板的拼缝错开，面板拼接时，在面板拼缝下贴 1mm 厚止浆条，在面板间粘贴 2mm 厚止浆条，并挤紧，使拼缝小于 1mm，并在拼缝处打玻璃胶进行止浆。面板拼接时，保持整个板的拼缝在一条线上，无错缝，从衬板钉入自攻螺钉对面板进行加固，自攻螺钉钉入维萨（WISA）面板内部 1/2 处，注意不要钉穿面板。

面板拼接和安装完成后涂刷专用水性脱模剂，水性脱模剂需稀释后使用，稀释比例为1:2。钢筋绑扎前，用干净的土工布铺在底模上，施工人员穿戴鞋套进入底模，避免绑扎钢筋过程中对面板产生污染。

3) 混凝土浇筑

(1) 混凝土浇筑一般要求

① 混凝土拌合物从搅拌结束到施工现场使用不宜超过 120min，在浇筑过程中严禁随意加水。混凝土拌合物运输到施工现场，逐车检查坍落度，现场浇筑不同构件的混凝土坍落度，见表 5-5-1。

不同部位浇筑混凝土性能指标 表 5-5-1

工程部位	坍落度(mm)			倒筒时间(s)	含气量(%)	现场混凝土初凝时间(h)	常压泌水率(%)
	初始	1h 后	2h 后				
柱	200±20	≥180	≥160	≤25	1～3	≥3	0
墙体	200±20	≥180	≥160	≤25	1～3	≥5	0
梁、板	200±20	≥180	≥160	≤30	1～3	≥5	0

② 泵车润管后，将润管料排尽，待出泵混凝土性能稳定后进行混凝土浇筑，润管料禁止打入构件中。

③ 浇筑前清理模板底部的积水，将积水清除。

④ 浇筑过程中由于突发情况，造成混凝土浇筑时间过长，坍落度损失不能满足浇筑要求，而后续混凝土供应来不及时，根据坍落度情况加入一定量的外加剂，调节坍落度满足施工要求，不得随意加水。

⑤ 控制混凝土出厂时间，现场技术员应计算混凝土的搅拌、运输总时间，和现场剩余混凝土浇筑需要的时间，根据现场情况通知进行下一罐的搅拌，尽量减少罐车等待浇筑的时间。从搅拌生产到浇筑完毕，不宜超过 1.5h，最长 2h。分层浇筑间隔时间应满足：气温高于25℃时≤30min，气温低于 25℃时≤45min。

⑥清水混凝土浇筑时下料高度宜≤50cm,当模板高度较高时,需布设下料管,下料管应当满足混凝土可以顺利下料,下料管不堵塞。当浇筑柱子等截面较小、钢筋较密的结构时,下料管应尽可能地插到底部。

⑦混凝土布料点应分散布置、循环推进,间距应控制在2～3m一个点,不可随意布料或在一个点连续布料,使混凝土顶面边缘稍高于中间,防止边缘低,造成浮浆多、离析和泌水。

⑧柱子和墙身布置一台汽车泵浇筑,梁和板布置两台汽车泵浇筑。

⑨振捣棒选择:结合使用高频及普通振捣棒。普通振捣棒按有关规定进行,在钢筋密集处使用高频振捣棒进行振捣,高频振捣棒技术参数见表5-5-2。

高频振捣棒技术参数　　　　　　　　　　表5-5-2

振捣设备	振捣时间(s)	提棒速率(cm/s)	振捣点间距(cm)	与模板间距(cm)
高频振捣棒	20～40	3～5	30～50	10～15

⑩振捣原则:快插,迅速地将振捣器垂直没入混凝土中,短时间内达到最深点,防止顶部混凝土先被振捣密实,导致上下部分混凝土分层离析;慢拔,以一定速率慢慢垂直提拔,以便在振捣器后方不产生残留孔穴。

⑪振捣时间:振捣时间应明确由固定振捣和慢拔振捣时间两部分组成,固定振捣时间宜控制在25～30s,慢拔振捣时间宜控制在3.0～5.0cm/s,振捣一个点需要35～40s。

⑫振捣间距:振捣间距应控制在不大于50cm,宜为30cm,距模板面10～15cm。

⑬振捣标识:事先在振捣棒底部往上60cm用铅丝或醒目的胶带做标记,如图5-5-4所示。

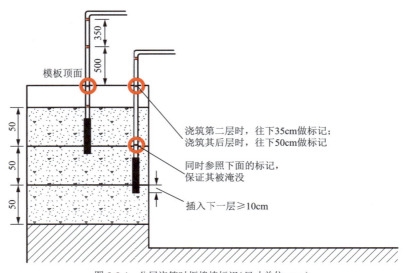

图5-5-4　分层浇筑时振捣棒标识(尺寸单位:mm)

⑭振捣完成后清理浮浆层,并准备一定量的大粒径碎石撒在上表面,振入顶部混凝土中。

⑮二次振捣:顶部混凝土在初凝前进行二次振捣防止松顶。二次振捣时间根据现场混

凝土状态而定,一般为 1～3h,遇夏季高温时适当缩短二次振捣时间,二次振捣时振捣棒也需至少插入下层 20～30cm。

⑯混凝土浇筑完成后,应用力拍打进行收面,严禁洒水;二次振捣后应进行二次抹面;混凝土终凝前应进行第三次抹面。

(2)立柱混凝土

①混凝土拌制

框柱混凝土强度等级为 C50,新拌混凝土性能指标见表 5-5-3。

新拌混凝土性能指标 表 5-5-3

工程部位	坍落度(mm)	扩展度(mm)	含气量(%)	保坍时间(h)	现场凝结时间(h)
框柱	200±20	400±50	2.0±0.5	1.5～2.0	6～8

②布料和振捣

在立柱截面中心布设 160mm 下料管,下料管底部随混凝土浇筑而提高,下料管底部与混凝土浇筑面高度不得超过 50cm,最大不超过 1m,设置振捣标识,立柱分层浇筑高度小于 50cm。

两河站柱子截面为圆角矩形,在 4 个圆角位置各设置 1 个振捣点,在短边加设 1 个振捣点,长边加设 2 个振捣点,共计 10 个振捣点;灵山卫站柱子截面为椭圆形,①～⑦振捣点设置见图 5-5-5。混凝土振捣点应分层错位。

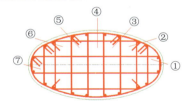

图 5-5-5 椭圆柱①～⑦振捣点位置

浇筑到顶部时,清除表面浮浆,根据混凝土状态,在浇筑完成后 1～3h 内对混凝土顶部进行二次振捣,并作收面处理。

③混凝土养护

拆模后采用带膜土工布包裹养护,绒面向里,并用胶带或收紧器对边角进行密封,防止透风。气温较低时,混凝土浇筑后,模板外侧即包裹一层保温被进行保温,降低混凝土表面裂缝风险。

(3)侧墙混凝土施工

①混凝土拌制:两河站和灵山卫站侧墙混凝土强度等级分别为 C40 和 C45。

②布料和振捣:下料管底部距离上一次混凝土浇筑面高度小于 1m。下料管间距 2～3m,阴阳角处距模板面 40～60cm 处布设下料点。

③每两个下料管间设置一个振捣棒,振捣间距 30cm,墙体两侧振捣点错位布置,上下分层浇筑振捣点也错位布置。采用尺量控制振捣间距,采用秒表记录振捣时间。

④以 0.5m 为一层进行浇筑,根据分段浇筑长度 8～11m,计算每层入模混凝土控制在 2.8～3.8m³,每车混凝土浇筑 10～12m³,分 3～4 层入模。广告位、消防栓位、艺术品位等

洞口的浇筑从两侧同时浇筑,避免洞口模板偏位或压力不均匀产生变形。

⑤浇筑到顶部时,清除表面浮浆,根据混凝土状态,在浇筑完成后 1～3h 内对混凝土顶部进行二次振捣,并作收面处理。收面完成后的混凝土表面洒入 1～2cm 的清水进行养护。

4)成品保护

(1)施工期保护

①污染防护

a. 保护剂涂刷后,立柱采用带膜土工布继续包裹进行保护,侧墙在顶上布设防水油布以防止钢筋锈水等污染物污染,如图 5-5-6 所示。

图 5-5-6　框柱及侧墙防锈水措施

b. 浇筑顶板时,水泥浆易挂浆污染下部的立柱和侧墙。立柱的上口用透明胶带将保护材料与框柱间的缝隙封死,防止漏浆沿着柱子流下,污染清水柱。梁体布设模板时,与柱子间粘贴 2～3mm 厚的止浆条,并在拼缝处打玻璃胶止浆。

②成品保护

相邻段的模板施工时,应避免模板连接件或加固件对已浇筑墙身棱角或表面的碰撞;不得在成品结构上乱涂乱画,在邻近地方起吊重物时,应系好缆风绳,防止重物晃动时碰撞结构棱角或表面;如果不得已在成品结构周围使用腐蚀性的化学品,应做好其防飞溅或洒落措施。

(2)保护剂涂刷

①保护剂质量要求

a. 具有卓越的耐候性,保证涂膜 15～20 年不受损害。

b. 极好的憎水性,可以防止水分进入涂膜,防止融雪剂(去冰盐)等以水为介质的混凝土破坏和水为介质的化学腐蚀。

c. 优异的防护性能,混凝土本身为碱性物质,中性化破坏是混凝土最大的危害。

d. 自清洁功能,氟硅涂层有极低的表面能,表面灰尘可通过雨水自洁,具有极好的疏水性(最大吸水率小于 5%),不会粘尘结垢,防污性好。

②涂刷工艺

保护剂涂刷主要包括工具和材料准备、基面处理、保护剂底漆涂刷、保护剂中涂层涂刷、保护剂面漆涂刷和验收等工序。墙身拆模后表面平整光滑,无裂缝产生,色差较小,外观质量满足相关清水混凝土技术规范和设计要求。

5）清水混凝土效果

清水混凝土站点成品效果良好，外观无明显气泡，色泽均匀，表面平整，棱角方正，线条通顺，满足清水混凝土的设计要求。展示混凝土最本质的美感，体现出"素面朝天"的工程品位，如图 5-5-7、图 5-5-8 所示。

图 5-5-7 两河站混凝土成品

图 5-5-8 灵山卫站混凝土成品

6）小结

（1）本节开展了地下站清水混凝土侧墙、立柱、梁和板施工技术研究，制订了轨道交通地下车站清水混凝土施工的钢筋工艺、模板工艺、混凝土工艺和成品保护剂工艺等成套施工技术方案。

（2）制订的成套施工技术，解决了各种构件复杂清水混凝土的施工技术难题，并在施工过程中进行了良好的组织和质量控制，混凝土的力学性能和耐久性能等各项性能均满足相关规范要求，外观无明显气泡，色泽均匀，表面平整，棱角方正，线条通顺，满足清水混凝土的设计要求。展示混凝土最本质的美感，体现出"素面朝天"的工程品位。

5.6 全套管嵌岩咬合桩技术

5.6.1 工程概况

灵山卫站位于东岳东路与阅武路十字路口东侧,沿东岳东路东西走向布置。车站共设2座出入口,1座风道,均采用明挖施工。

该区域地层由上到下为素填土层、含淤泥中粗砂、粉质黏土、中粗砂、含黏性土砾砂、强风化凝灰岩、中风化凝灰岩、微风化凝灰岩。其中,部分区域中粗砂层厚度达10m,渗透性强;地下水存在天然的侧向径流;周边厂矿企业开采地下水,加剧了砂层内地下水的侧向径流,如图5-6-1、图5-6-2所示。

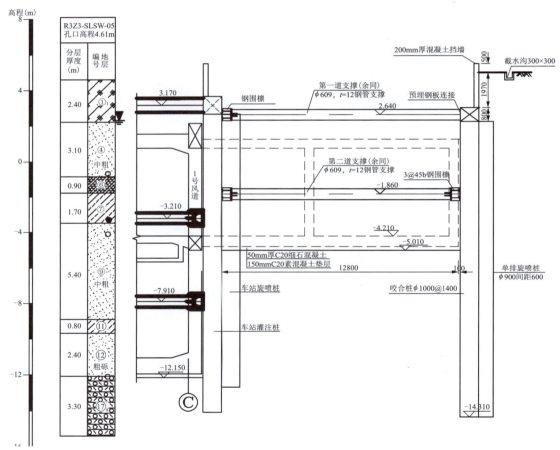

图5-6-1 出入口标准断面设计图(尺寸单位:mm)

为了应对该区域特殊的地质条件,出入口及风道基坑采用咬合桩技术,桩直径为1m,间距0.7m,桩顶高程均为+2.24m,桩底高程根据地质情况在-15.91～-12.28m之间,桩底入岩深度为1.5m。

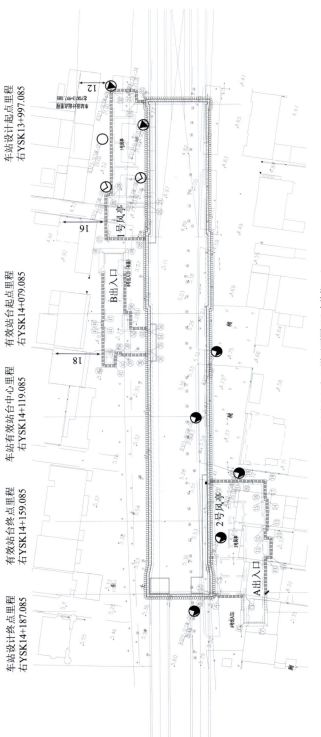

图 5-6-2 灵山卫站出入口与风道平面图(尺寸单位：m)

5.6.2 技术特点

咬合桩技术具有以下特点：

（1）质量可靠

桩位及桩身垂直度偏差小，止水效果好。适用于抛石填海区、淤泥层、黏性土层、粉砂层、卵石层和风化岩层等特殊地层的深基坑支护。

（2）施工场地清洁、施工噪声小

成桩的整个过程及钢筋笼安装、混凝土灌注都是在套管内进行，因此不需要泥浆进行护壁，现场不需要设置泥浆及泥浆循环系统，无须外运泥浆，同时孔壁稳定。

主要施工设备采用液压工作站，施工中对液压工作站采用隔声棚进行防护，大大降低对周边居民的影响。

（3）施工速度快

采用一套设备可集取土、成孔、护壁、吊放钢筋笼、灌注混凝土等作业工序于一体，效率高工序辅助费用低。单套设备占用场地小，可根据工程的规模、工期要求尽量多地投入设备，加快工程进度。

5.6.3 咬合桩施工

1）施工流程

咬合桩是指采用机械磨孔、套管下压、套管内抓斗取土，在桩与桩之间相互咬合排列的基坑围护结构形式。为便于切割咬合，桩的排列方式一般设计为一个素混凝土桩或异形钢筋混凝土桩和一个钢筋混凝土桩间隔布置。其施工流程介绍如下。

（1）导墙施工流程

为了提高套筒咬合桩孔口的定位精度并提高就位效率，应在桩顶上部施工混凝土导墙，如图5-6-3所示。

（2）单桩施工流程

①钻机就位：待导墙有足够的强度后，移动导管钻机，使套管钻机抱管器中心对应定位在导墙孔位中心。

②取土成孔：先压入第一节套管（每节套管长7～8m），压入深度2.5～3.0m，然后用抓斗从套管内取土，一边抓土，一边下压套管，要始终保持套管底口超前于取土面且深度不小于2.5m；第一节套管全部压入土中后（地面以上要保留1.2～1.5m，以便于接管）检测成孔垂直度，如不合格则进行纠偏调整，如合格则安装第二节套管下压直到设计孔底高程。

③吊放钢筋笼：如为钢筋混凝土桩，成孔检查合格后进行安放钢筋笼工作。安装钢筋笼时应采取有效措施保证钢筋笼高程。

④灌注混凝土：如孔内有水时需用水下混凝土灌注法施工；如孔内无水时则采用干孔灌注法施工。

⑤拔管成桩：一边浇筑混凝土一边拔管，始终保持套管底低于混凝土面2.5m以上，如图5-6-4所示。

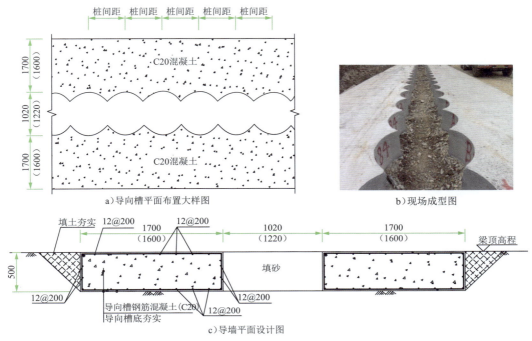

图 5-6-3 导墙平面设计图及现场成型图（尺寸单位：mm）

（3）排桩施工流程

施工时先施工1号桩即一序桩（素混凝土桩），然后施工2号桩（砂桩），接着施工3号桩（素混凝土桩），最后施工4号桩即二序桩（钢筋混凝土桩），如此一个施工循环结束。在钻孔桩施工过程中，应严格按照咬合桩施工顺序图（图5-6-5）所示顺序进行跳钻施工，并注意相邻桩体之间的相互影响。由于分段施工，存在接头的问题，采取在接头位置打砂桩（2号桩）的方法。等其他桩施工完成后，在砂桩处再进行钻孔作业并灌注成桩，保证接头的咬合符合设计要求，砂桩的位置选择在钢筋混凝土桩位处。

图 5-6-4 取土成孔现场图

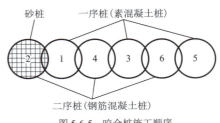

图 5-6-5 咬合桩施工顺序

2）施工设备和主要施工参数

咬合桩施工设备分两部分，主机为液压扭转式套管桩机，该桩机有两个液压卡盘，上卡盘可升降转动，能旋转、提升及下压套管，起成孔时磨进、成桩时提套管的作用。配套使用的为履带吊机，履带吊行走机构与套管桩机相接，成为整体，可整体行走、定位、移动，履带吊在成孔时提降抓斗，抓出套管内土方，成桩时吊装钢筋笼、提升导管，主要施工设备见表5-6-1。

主要施工设备一览表 表 5-6-1

序号	名称	规格型号	数量
1	液压扭转钻机	MZ1000	1台
2	钢扩筒	ϕ1m,壁厚3cm	1套
3	履带式起重机	50t	1台
4	柴油发电机组	120kW	2台
5	液压工作站		1套
6	导管	ϕ30cm	2套
7	冲锤	5t	1组

3)控制要点

全套管嵌岩咬合桩的实现是以有效切割素混凝土桩(以下简称素桩)混凝土为标志的。超缓凝混凝土的初凝时间,决定了钻孔咬合桩施工的成败。在被切割桩的混凝土尚未完成初凝阶段实现了两者的结合,以达到止水、抗渗的效果。

超缓凝混凝土是咬合桩施工工艺所需的特殊材料,这种混凝土主要用于素桩,其作用是延长素桩混凝土的初凝时间,以使相邻钢筋混凝土桩的成孔能够在素桩混凝土初凝之前完成,这样便给套管钻机切割素桩混凝土创造了条件,因此超缓凝混凝土是咬合桩施工的关键。为了满足咬合桩的施工工艺需要,超缓凝混凝土必须达到以下技术参数的要求:素桩混凝土缓凝时间≥60h,混凝土坍落度140~180mm,混凝土的3d强度值不大于3MPa。本工程咬合桩中的素混凝土桩采用C25缓凝混凝土。

5.6.4 小结

整个施工过程中基坑一直处于安全受控状态,土方开挖后可见咬合桩桩身垂直度好,基坑变形和渗漏水均满足设计和规范要求,施工总体效果良好,如图5-6-6所示。

图 5-6-6 全套管嵌岩咬合桩

5.7 快速锚杆施工技术

在地铁明挖车站、基坑施工过程中,桩锚支护是常用的支护方式之一,个别工点受各种因素制约,存在工期紧张的情况,保证锚杆快速施工是加快施工的关键。锚索从成孔到灌浆浆液满足设计强度要求周期较长,本工程通过对锚索工艺改进和注浆材料优化,形成有效的地下工程锚索快速施工技术,可为类似工程提供借鉴。

5.7.1 工程概况

井冈山路站是青岛地铁13号线和1号线的换乘站,换乘方式为T形换乘,并同期修建。井冈山路站共设置五个出入口,采用明挖法施工,基坑深8~18m。

C出入口及4号风亭根据出入口结构形式、场地条件及工程地质条件、周边环境特征,结合深基坑施工设计经验,采用钻孔桩+钢支撑(局部采用预应力锚索)的围护形式。钻孔灌注桩规格为ϕ800mm@1500mm,桩顶冠梁尺寸为1000mm×800mm和

1200mm×800mm，钻孔灌注桩外设旋喷桩止水帷幕（基坑东侧为桩间旋喷），旋喷桩规格为 ϕ1000mm@750mm，插入强风化岩 0.5m。

D 出入口、消防出入口、1 号物业开发出入口及 3 号风亭围护基坑长 159.5m，宽约 29.6m，基坑深度为 17.8m，基坑底主要位于中风化层。根据出入口结构形式、场地条件及地质情况、周边环境特征，结合深基坑施工设计经验，主要采用"吊脚桩"的围护，上部基坑采用钻孔桩+预应力锚索，下部基坑采用钢管桩+岩石喷锚基坑，部分采用钻孔灌注桩+预应力锚索。钻孔灌注桩规格为 ϕ800mm@1500mm，桩顶冠梁尺寸为 0.8m×1.0m（高 × 宽），钻孔灌注桩外设旋喷桩止水帷幕，旋喷桩规格为 ϕ1000mm@750mm，插入强风化岩 0.5m。

C 出入口共设置 5 道锚索，长度为 12～26m；D 出入口共设置 4 道锚索，长度为 11～19m。

5.7.2 技术特点

锚索快速施工技术通过对锚索工艺改进和注浆材料优化，达到缩短施工周期的目的。

1）新型高强度锚固剂

新型高强快速锚固剂通过 A 材、B 材两种材料混合使用达到预期效果，不仅具有凝结时间可控、早期强度高、微膨胀、抗冻、抗渗、低碱度和耐腐蚀等基本特性，同时可以根据不同的地层条件（岩性、地层含水率、土体松散程度等）进行 A 材、B 材的合理配比（不同地层条件对应不同配比参数），克服了目前锚索注浆施工忽略地层条件的"盲式注浆"。

2）新型预应力锚索研制

结合不同地层特性研发新型锚索，包括预制内锚头新型锚索、预应力挤压锚新型锚索、复合分散型锚索等多种形式。在新型预应力锚索锚固段端头设置中空花管，花管内装入新型高强快速锚固剂，增强端头锚固性能，如图 5-7-1 所示。锚索伸出花管底部端头部分设置挤压锚，挤压锚通过锚具挤压机施工，挤压机顶杆推动挤压元件、锚索穿过挤压模锥孔。

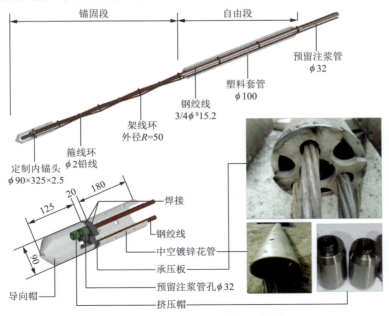

图 5-7-1　新型预应力锚索结构示意图（尺寸单位：mm）

与传统锚索相比,新型锚索具有以下优势:①提高承载体耐久性;②整体防腐效果较好;③提高锚固力,与传统压力型锚索相比,增加了预制锚头长度的锚固力,有效提高了单个锚头的锚固力;④抗压性能好。

5.7.3 施工方法

1)钻孔

(1)钻孔前,根据设计要求和地质条件,定出孔位,做出标记。

(2)作业场地要平坦、坚实、有排水沟,场地宽阔大于 6m。

(3)钻机就位后,应保持平稳,使立轴与钻杆倾角一致,并在同一轴线上。

(4)钻进用的钻具,采用地质部门使用的普通岩芯钻探的钻头和管材系列。锚索钻孔采用直径为 150mm 的专用钻机钻成孔,成孔深度比设计长度超钻 50cm。钻孔设备可根据土层条件选择专门锚杆钻机或地质钻机。

(5)根据地层条件选择无岩芯钻进。

(6)在钻进过程中,应精心操作,精神集中,合理掌握钻进参数,合理掌握钻进速度,防止埋钻、卡钻等各种孔内事故。一旦发生孔内事故,应争取一切时间尽快处理,并备齐必要的事故打捞工具。

(7)钻孔完毕后,用清水把钻孔底沉渣清理干净。

2)锚索的组装与安放

(1)按照要求加工新型锚索,为使锚索处于钻孔中心,应在锚索杆件上安设定中架或隔离架(间距 1.0~1.5m)。

(2)锚索钢丝平直、顺直、除油除锈。杆体自由段应用塑料布或塑料管包扎,与锚固体连接处用铅丝绑扎。

(3)安放锚索杆体时,应防止杆体扭曲、压弯,注浆管宜随锚索一同放入孔内,管段距孔底为 50~100mm,杆体放入角度与钻孔倾角保持一致,安好后使杆体始终处于钻孔中心。

(4)若发现孔壁坍塌,应重新透孔、清孔,直至能顺利送入锚索为止。

3)注浆

(1)锚固段注浆进行一次灌注特种固化剂浆液,注浆压力不大于上覆压力的 2 倍,也不大于 2.0MPa;特种固化剂的水固比为 0.50~0.55。

(2)浆液应搅拌均匀,过筛,随搅随用,浆液应在初凝前用完,注浆管路应经常保持畅通。

(3)常压注浆采用注浆泵将浆液经压浆管输送至孔底,再由孔底返出孔口,待孔口溢出浆液或排气管停止排气时,可停止注浆。

(4)浆液硬化后不能充满锚固体时,应进行补浆,注浆量不得小于计算量,其充盈系数为 1.1~1.3。

(5)注浆时,宜边灌注边拔出注浆管。但注意管口应始终处于浆面以下,注浆时应随时活动注浆管,待浆液溢出孔口时全部拔出。

(6)拔出管套,注意钢筋有无被带出的情况,否则应再压进去直至不带出为止,再继续拔管。

（7）注浆完毕应将外露的钢筋清洗干净并保护好。

4）张拉与锁定

（1）锚索张拉前至少先施加一级荷载（即1/10的锚拉力），使各部紧固伏贴和杆体完全平直，保证张拉数据准确。

（2）锚固体强度设计值为310kN，锚固体强度达到90%的设计强度时，方可进行张拉，施加预应力，符合要求后锁定。

（3）锚杆锁定后，若发现有明显预应力损失，应进行补偿张拉。

5.7.4 实施效果

快速锚杆施工技术所用的锚索形式和注浆材料所达到的效果能够在37h内完全满足设计强度要求，可以说是锚索施工工艺的一次技术性革新。其实施效果主要表现在：

（1）加快施工进度、缩短工期，保障施工安全

快速锚杆施工技术有效解决了施工工期紧张的问题，使得锚索能够在注浆完成24h内满足张拉要求，将工期减少为传统工期的2/3；同时，预应力损失值较之于传统锚索大大降低，在基坑施工期间支护体系受力状态良好，支护性能得到充分发挥，围护桩体水平位移变化量显著减小，可以保证基坑围岩的长期稳定，保障施工单位安全生产。

（2）降低工程施工成本，提高经济效益

快速锚杆施工技术有效解决了施工工期延长造成的经济损失问题，节省了人工、机械租赁、水电等成本的支出。

5.8 地下车站主体与附属接口部位防水技术

5.8.1 工程背景

地下车站主体与附属接口的防水处理是施工过程中的重点、难点。因受征地、交通导改等因素限制，车站主体结构与出入口不能同期实施，且间隔时间较长，此部位的施工缝及变形缝处按传统做法防水质量不易控制。为有序地推动地铁建设，确保地铁开通后正常运营，通过本工程地下车站主体与附属接口部位防水技术（图5-8-1）实践，提出相应防水加强措施，显著改善了防水效果。

5.8.2 加强措施

1）引入喷涂速凝橡胶沥青防水涂料

在变形缝和施工缝位置两侧1m范围内增设一层2mm厚喷涂速凝橡胶沥青防水涂料，以加强防水效果，如图5-8-2、图5-8-3所示。

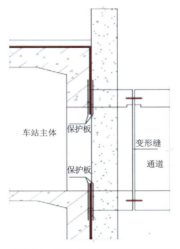

图5-8-1 车站主体与附属接缝大样图

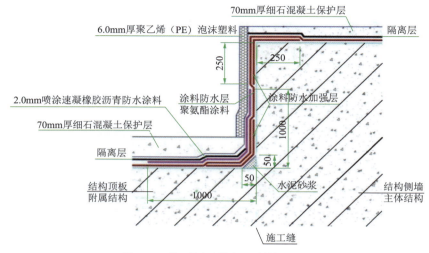

图 5-8-2　施工缝防水做法（尺寸单位：mm）

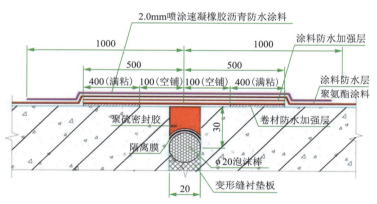

图 5-8-3　变形缝防水做法（尺寸单位：mm）

2）增设不锈钢接水盒

主体与附属接口部位施工缝和变形缝顶板及侧墙增设不锈钢接水盒，底板在装修层高度范围内增设 20cm 宽排水沟，将渗漏水引排至两侧离壁沟，如图 5-8-4～图 5-8-6 所示。

图 5-8-4　施工缝增设接水盒做法（尺寸单位：mm）

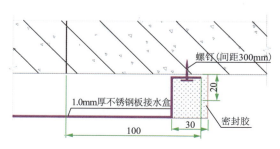

图 5-8-5　不锈钢板接水盒大样图（尺寸单位：mm）

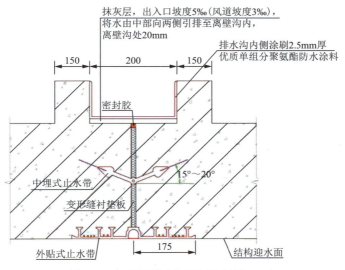

图 5-8-6 变形缝处排水沟做法（尺寸单位：mm）

3）肥槽和顶板回填优化设计

本工程根据基坑围护结构与主体之间的位置关系，综合考虑防水效果和施工难易程度，对肥槽回填材料进行优化设计。主要回填做法如下：

采用通长桩时，当围护桩与结构墙密贴时，采用喷射混凝土或喷射混凝土结合抹面的方式；当肥槽宽度≤0.5m 时，采用 C15 素混凝土回填。

采用吊脚桩或放坡开挖时，当肥槽宽度＞0.5m，且≤1.5m 时，采用黏土回填。当肥槽宽度＞1.5m 时，黏土回填宽度为 1m，顶板上部黏土回填厚度为 1.5m。肥槽回填如图 5-8-7 所示。

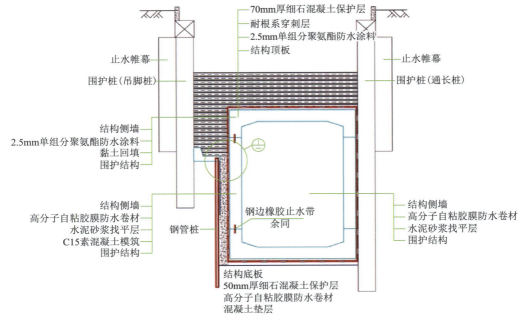

图 5-8-7 基坑肥槽回填示意图

5.8.3 实施效果

通过采用以上措施,车站运营后,对完成后的车站主体及附属施工缝和变形缝处进行现场观测,无明显渗漏水,满足设计要求。对于青岛地区后期地铁建设具有指导意义,同时对完善地下车站防水设计及施工方案,具有重要的参考价值。

5.9 深基坑自动化监测技术

5.9.1 自动化监测的目的及范围

1)监测目的

基坑工程安全监控系统是基坑围护结构安全控制、维护决策系统的支撑条件之一。

建立基坑安全监测系统的目的在于保证基坑围护结构的可靠性,监测基坑围护结构的承载能力,及时了解开挖施工过程对地面建(构)筑物、地下管线等的影响程度。

通过基坑工程中的多项参数监控,对于基坑围护结构的重要参数的变化可以有较为详细地掌握,从而及时有效地反馈基坑围护结构以及受其影响区域结构物的安全状况。

2)自动化监测范围

自动化监测范围为明挖车站基坑、区间明挖段及斜井的围护桩水平位移、支撑轴力、沿线爆破振动速度和施工环境噪声,具体监测范围见表5-9-1。

自动化监测范围　　　　表5-9-1

序号	监测工点	序号	监测工点
1	井冈山路站	8	积米崖站—灵山卫站区间大里程端
2	井冈山路站—积米崖站区间施工斜井	9	学院路站
3	积米崖站	10	朝阳山站
4	积米崖站—灵山卫站区间1号施工斜井	11	朝阳山站—辛屯(灵山湾)站区间施工斜井
5	积米崖站—灵山卫站区间小里程端	12	辛屯(灵山湾)站
6	灵山卫站	13	辛屯(灵山湾)站—两河站区间2号施工斜井
7	灵山卫停车场	14	两河站

5.9.2 自动化监测特点及平台建设

传统监测的主要技术参数均由人工定期用传统仪器到现场进行测量,由于安全监测工作量大,受天气、人工、现场条件等许多因素的影响,故存在一定的系统误差和人为误差。同时,人工监测还存在不能及时监测各项技术参数,难以及时掌握工程的各项安全技术指标等缺点,这些都影响工程的安全生产和管理水平。

基坑围护结构及重要建(构)筑物自动化监测系统的实施,便于各级安全监管部门快速掌握与工程安全密切相关的技术指标的最新动态,有利于及时掌握工程的运行状况和安全状况。

自动化监测系统的预期目标是:保障车站基坑、区间及周边建(构)筑物的安全,充分发挥项目工程效益,更好地为安全生产服务。

1）自动化监测特点（表 5-9-2）

自动化监测特点 表 5-9-2

项 目	自动化监测特点
实效性	不受天气影响实时监测，在恶劣环境下仍保证数据稳定
连续性	进行长期不间断的 24h 在线测试，能够反映细微的变化趋势
准确性	基本上克服了人的主观造成的误差
可量化	以科学的数据来监测，以量化为基础，提供海量的数据
便捷性	随时查看，后台操作，实现自动化、远程化、可回查、可复制性强
安全性	安全稳定、主观误差小

自动化监测具有以下优点：

（1）能够实现远程自动化监控，无须人员多次进入施工现场。

（2）系统实现无线传输，无须长距离布设线缆、光缆。

（3）实现测试数据信息化管理，相关人员可以通过不同权限登入以太网或者利用手机取得现场结构安全数据及安全评估信息。

（4）通过传感器得到丰富的荷载效应等数据，通过系统分析，并与计算结果进行对比，可以得出结构的实际状态变化发展趋势，了解双结构的安全状况。

（5）当结构出现异常信息时，系统自动进行预报警，并通过短信方式将信息及时转达给相关管理人员，并提示后台及时对结构当前状态进行安全评估。

2）自动化监测平台建设

自动化监测平台系统设计为全智能系统，自动化监测平台建设包括系统设计、传感器安装、数据采集、数据传输、安全评价等，如图 5-9-1 所示。安全评价及管理决策均由实施者提供给结构管理者，提供翔实数据报告给项目相关管理者，并对结构当前状态进行全面评估。项目管理者可以随时通过用户名、密码登录服务器实时查询数据，并可对系统设计和后续更新提出意见和建议。

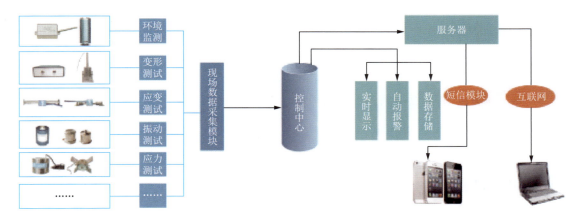

图 5-9-1 自动化监测系统总体示意图

5.9.3 系统可实现的功能

(1) 全天候实时监测能力。

(2) 对工程进行预警。

(3) 实现基础资料管理及历史资料存储。

(4) 实现与相关部门数据互连,满足权限管理功能。

(5) 系统采用无线传输,保证系统稳定运行。

(6) 全天候稳定连续反应各监测项在各种工况下的响应。

(7) 监测成果可实现多种终端查询方式。实现测试数据信息化管理,相关人员可以通过不同权限登入以太网或者利用手机取得现场结构安全数据及安全评估信息,使用个人电脑(PC)终端、移动终端(平板电脑、手机)即可在有网络条件下随时随地查看各个监测项数据,使管理更高效、便捷。

(8) 在线监测系统自诊断功能。

(9) 提供人性化软件界面,见图 5-9-2。

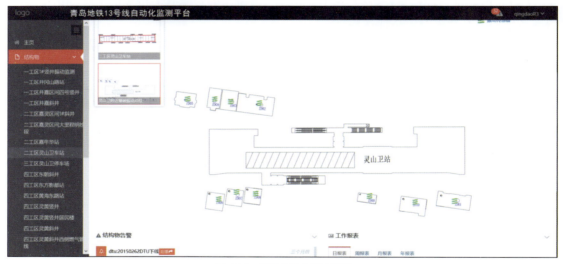

图 5-9-2 监测首页功能导航图

(10) 提供远程云计算服务。系统设计为全智能系统,系统设计、传感器安装、数据采集、数据传输、安全评价等模块。项目管理者可以随时通过用户名、密码登录服务器实时查询数据,并可对系统设计和后续更新提出意见和建议。

5.9.4 自动化监测内容及方法

1) 围护结构内部水平位移在线监测

采用固定式测斜仪进行实时监测,如图 5-9-3 所示。

2) 支撑轴力在线监测

对混凝土支撑和预应力钢支撑进行轴力监测,如图 5-9-4、图 5-9-5 所示。

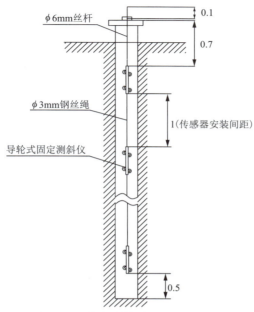

图 5-9-3 固定式测斜仪安装图(尺寸单位:m)

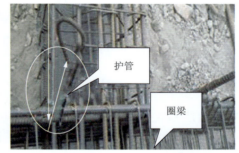

图 5-9-4 钢筋计线缆防护

图 5-9-5 轴力计现场安装

3)爆破振动速度监测

采用固定式爆破振动仪可以实现每次爆破必测,振动传感器整体安装如图 5-9-6 所示。

4)施工环境噪声监测

针对施工环境周边敏感建(构)筑物噪声,采用噪声自动监测仪进行监测,见图 5-9-7。

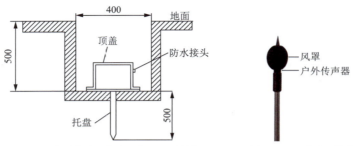

图 5-9-6　振动传感器整体安装图(尺寸单位:mm)　　图 5-9-7　噪声监测传感器

5.9.5　资料的收集管理和信息反馈

（1）可实现多重、分级预报警。

（2）可实现各类监测报表自动推送。

（3）可实现施工期基坑、区间、建筑物的信息化管理。

（4）恶劣天气及复杂现场环境下可确保人员及系统安全。

（5）可实现多种终端查询，将现场设备的远程安装、配置、调试、故障排查、升级等各种操作集成，实现真正的远程管理。且后台兼容多种终端、系统接入能力，使用 PC 终端、移动终端（平板电脑、手机）即可在有网络条件下随时随地查看各个监测项数据，使管理更高效、便捷。

（6）可实现信息化指导施工。

5.9.6　结果分析及成果要求

将所有监测数据传输至远程云计算中心，远程云计算中心可将海量监测数据进行整理计算分析，并将分析结果以云平台的形式展现给用户。云平台有人性化登入界面、系统预报警、监测数据历史曲线查看、监测列表数据及报表导出、监测数据自动对比和监测日报及自动导出推送等功能。

5.9.7　应用效果

自动化监测在施工过程中起到了关键作用，使地铁能够高效、快速地获取施工各工点监测信息；云平台可处理分析数据，及时获取预警信息，并且参与地铁施工的各单位能够实现信息的共享，及时采取措施规避风险和减小事故发生的概率，为地铁安全施工保驾护航。

5.10　泄水减压施工技术

5.10.1　工程概况

灵山卫停车场规划用地面积约 9.6hm²，建筑占地面积约 7.16hm²。原址为公共绿地及公用设施用地，周边以居住和商业用地为主，高程约 7.56～23.42m，地形起伏较大。

由于地形及整个线路因素的限制,灵山卫停车场部分生产用房及咽喉区设置于地下,运用库及部分咽喉区(与运用库相连接部分)顶部为六层建筑,其他部分为城市绿化和运动公园区。

灵山卫停车场地下部分为框架结构,以高程 8.620m 确定为 ±0.000 的设计高程,盖上地面高程为 17.500 ~ 24.300m。本停车场地下部分东西向长约 550m,南北向宽 28 ~ 128m,层高为 8 ~ 10m,设置 3 条南北向伸缩缝;基坑开挖采用明挖法施工,基坑底高程为 6.000m,基坑深度为 7 ~ 17.4m,基坑支护采用桩锚支护体系和放坡 + 土钉墙支护体系,结构抗浮采用泄水减压抗浮方案,抗浮设防水位高程为 9.500m。

5.10.2 泄水减压方案

1)泄水减压施工方案

根据《灵山卫停车场泄水抗浮方案基坑涌水量专题水文地质勘察报告》,灵山卫停车场在极端情况下泄水抗浮临时涌水量为 486.87m³/d(即 20.3m³/h);正常情况下永久涌水量为 108 m³/d(即 4.5m³/h);基底基本处于强风化、中风化、微风化岩层中,局部位于粉质黏土层。基底以下都属弱透水层,基坑内的地下水补给来源主要是侧向径流以及大气降水。

因此,为了有效通过泄水减压系统降低地下水位,解决结构抗浮问题,在基坑肥槽内设置环形排水管网,用以拦截地下水并将地下水自东向西排入室外人工湖,从而消除地下水压力对结构的影响,达到结构抗浮的目的,见图 5-10-1、图 5-10-2。

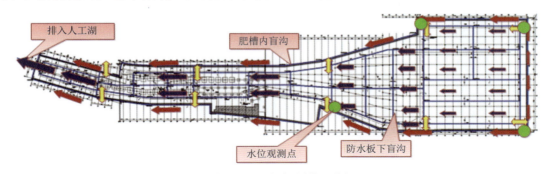

图 5-10-1 泄水减压系统平面图

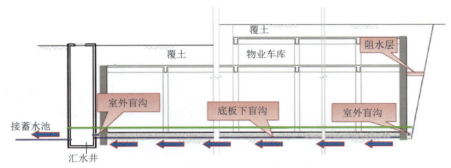

图 5-10-2 泄水减压系统剖面示意图

在粉质黏土区域泄水减压施工工序为:清理盲沟沟底→铺设下层土工布反滤层→铺设砂反滤层→铺设上层土工布反滤层→铺设管底碎石→铺设盲管→铺设上层碎石→铺设隔

浆层→施工垫层、防水层、防水保护层、基础等。

在风化岩区域泄水减压施工工序为:清理盲沟沟底(保证沟底平整,避免划破土工布,必要时可用砂垫层找平) 铺设土工布反滤层 铺设管底碎石 铺设盲管 铺设上层碎石 铺设隔浆层 施工垫层、防水层、防水保护层、基础等。

风化岩地质盲沟做法如图 5-10-3 所示,粉质黏土地质盲沟做法如图 5-10-4 所示。

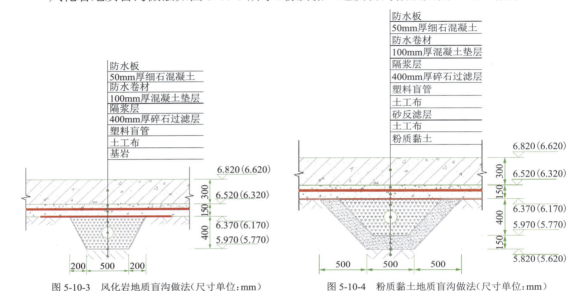

图 5-10-3　风化岩地质盲沟做法(尺寸单位:mm)　　　图 5-10-4　粉质黏土地质盲沟做法(尺寸单位:mm)

2)泄水减压施工步骤

(1)清理盲沟沟底

机械开挖盲沟完成后,坑壁较为粗糙,采取人工方式进行坑壁的修顺修直,并对坑底夯实处理,并合理安排施工步骤,减少基坑底部暴露时间,见图 5-10-5。

(2)铺设土工布反滤层

在铺设土工布前用人工将盲沟内尖锐棱角部分修整平整,避免在施工中刺穿土工布。

反滤层采用土工布($450g/m^2$),渗透系数不小于 0.1cm/s,铺设时必须将坑壁坑底铺设完全,不能存在暴露土体或与土体贴合不密实的现象,并向盲沟顶边沿两侧各延伸 0.5m,见图 5-10-6、图 5-10-7。

图 5-10-5　盲沟开挖

图 5-10-6　土工布铺设

土工布接缝处采用搭接或缝合处理,搭接长度不小于 0.2m,缝合长度不小于 0.1m;用于缝合的线为最小张力超过 60N 的树脂材料,并有与土工布相当或超出的抗化学腐蚀和抗紫外线能力。

土工布铺设结束后,对所有土工布表面进行目测以确定所有损坏的地方,做上标记并进行修补,用来补洞或补裂缝的补丁材料和土工布一致,且补丁延伸到受损土工布范围外至少 0.2m。

(3)铺设盲管

盲管铺设前需复核盲沟位置及深度是否符合设计要求,复核满足要求后方可进行盲管铺设工作。

对盲沟沟底进行清理,清除浮土等杂物,且不得有积水,在盲管外覆反滤层,材料采用土工布(150g/m²),渗透系数不小于 0.1cm/s。

铺设盲管时,保证盲管平顺地放于碎石反滤层中央,铺设盲管前进行质量外观检验,合格后方能用于施工;盲管接头部位用固定钉连接牢固,在接头部位用土工布缠绕并缝合,如图 5-10-8 ~ 图 5-10-11 所示。

图 5-10-7　铺设砂反滤层

图 5-10-8　铺设盲管

图 5-10-9　接头处理

图 5-10-10　接头缝合

(4)回填碎石(粉质黏土地质先铺 15cm 厚砂反滤层)

基坑回填前,应将基坑内积水、杂物清理干净,符合回填的虚土应压实,并经隐蔽工程验收合格后方可回填。

在已铺设好的土工布上回填级配碎(砾)石,大小粒径拌和均匀,要求粒径为 2 ~ 4cm,含泥量不大于 1.5%,泥块含量不大于 0.5%,以达到排水的效果(粉质黏土地层的砂反滤层由粒径为 2 ~ 5mm 砂组成,含泥量不大于 5%,泥块含量不大于 2%)。

盲沟碎石回填应保证密实度不小于0.95,回填时不得采用机械回填,应人工分层回填,应采取措施防止盲管损坏变形,若施工中盲管破损变形,应及时修复或更换,见图5-10-12。

图5-10-11　十字接头

图5-10-12　铺设碎石

盲管铺设完成后,盲沟上部不得通行施工车辆;若必须通行,应在盲沟上部加铺钢板以保护盲管不被压坏。

(5) 铺设隔浆层

在碎石层上部铺设隔浆层,以保证基础垫层浇筑质量,隔浆层材料采用PE聚乙烯彩色条纹红蓝白编织布(150g/m²)。隔浆层应完全覆盖盲沟并向盲沟上边沿两侧分别延伸不少于0.6m,保证完全覆盖盲沟及土工布,并采取措施将其固定牢固,保证在施工垫层期间隔离层不破损、不移位,见图5-10-13。

(6) 以上步骤施工完成后,即可进行垫层、防水层、防水保护层、基础等施工,垫层混凝土摊铺过程中应注意对隔浆层的保护,如图5-10-14所示。

图5-10-13　铺设隔浆层

图5-10-14　浇筑混凝土垫层

5.10.3　施工注意事项

(1) 施工时注意对土工布加强保护,防止机械、工具刺破损坏土工布。

(2) 垫层混凝土摊铺过程中应注意对隔浆层的保护,并保证隔浆层不皱褶,能够全面覆盖盲沟。

(3) 施工期间不得利用泄水减压盲沟作为施工期间基坑降排水通道,以避免造成泄水减压系统堵塞。

(4) 盲沟阶段施工完成后,注意对盲沟接茬处进行成品保护,并安置护栏,防止破坏。

(5) 施工人员应佩戴安全帽、穿反光衣,同时应在现场技术人员指定区域施工。

5.10.4 小结

灵山卫停车场采用"泄水减压"施工技术,极大降低地下水对结构主体浮力,提高停车场主体结构稳定性,自建成以来,"泄水减压"系统工作良好,排水畅通。本工程形成成套的地下停车场抗浮设计技术后,提高地下工程的应用范围,并可推广到其他轨道交通项目及大型地下停车库、地下商业城、地下枢纽工程上,对类似工程均有借鉴意义,满足各城市建设中地下水位较高、上部荷载较小、抗浮问题比较突出的大型地下工程建设模式的需要,拥有广阔的发展前景。

5.11 气候控制调光玻璃(STG)的应用

5.11.1 工程概况

青岛地铁 13 号线地下车站出入口(图 5-11-1)由钢结构框架 + 玻璃幕墙构成,屋面选用 6mm+1.14STG 调光膜 +6mm+14A+8mm 气候控制调节中空钢化夹胶玻璃,内侧选用钢化夹胶玻璃,立面采用 6mm+1.14STG 调光膜 +6mm 气候控制调节夹胶钢化玻璃。

图 5-11-1 地下站出入口 STG 气候调节玻璃

5.11.2 气候控制调光玻璃(STG)的特点

气候控制调光玻璃是一款具有生命力的玻璃,它能够感受气候变化,即光照强弱和温度高低,并根据这种变化自主调节颜色深浅,调节阳光的透过量以达到舒适节能的目的。在温度低、光照弱的冬季或清晨,气候控制调光玻璃呈现浅色透明,尽可能使太阳光进入室内;温度高、光照强的夏季或中午,气候控制调光玻璃颜色自主加深变暗,减少太阳光进入室内。

气候控制调光玻璃集合建筑外遮阳功能一体与建筑与周围环境完美融合。这款具有生命力的智能玻璃是由气候控制调光膜(STI)和普通玻璃"三明治"夹合制备的。气候控制调光玻璃是一款复合功能型、生态智能型的节能环保玻璃,解决能耗的同时兼顾安全及环境的健康和舒适。从智能玻璃遮阳采光一体化、隔热保温双重效果的角度出发,气候控制调光玻璃的智能节能化是节能发展的新方案,是玻璃节能发展的里程碑,是未来玻璃节能的发展方向。气候控制调光玻璃(STG)的性能原理如图 5-11-2 所示。

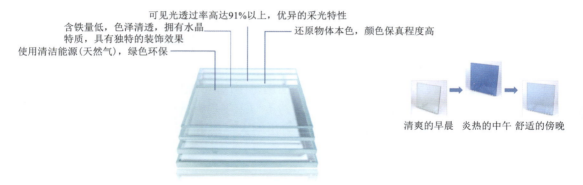

图 5-11-2　气候控制调光玻璃(STG)的性能原理示意图

5.11.3　气候控制调光玻璃（STG）的功能

气候控制调光玻璃（STG）的功能如图 5-11-3 所示。

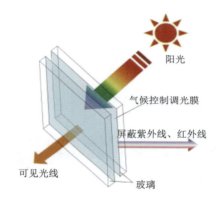

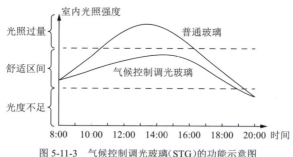

图 5-11-3　气候控制调光玻璃(STG)的功能示意图

（1）节能性

气候控制调光玻璃为建筑节能提供了新的方案：具备光热响应能力，降低空调负荷及耗能、替代部分内外遮阳材料、减少照明时间，每平方米每小时可节电 0.2kWh，节能效果达 30% 以上。

（2）舒适性

①可智慧调节光线进入室内，有效屏蔽 99.5% 以上的紫外线，根据气候变化控制红外线

的入射量,提供冷光源,增加体感的舒适,呵护皮肤、家居。

②动态调节可见光的入射量,维持室内光线恒定,提升视觉舒适感。

③颜色虽然随温度升高变暗变深,但玻璃雾度始终低于 2%,始终保持可视状态。

(3)美观性

气候控制调光玻璃颜色随外界环境变化,自主颜色深浅变化,是一款专为建筑设计的"变色镜",根据气候变化为建筑披上多彩的外衣。气候控制调光玻璃现有多种颜色,建设单位可根据需要自主选择玻璃颜色,让建筑丰富多彩,增加艺术效果。

(4)安全性

气候控制调光玻璃是一种夹层玻璃,满足安全玻璃的要求;经过耐辐射试验的测试,寿命长达 30 年。

第6章
高架车站及区间施工技术创新

6.1 墩柱施工技术
6.2 跨风河桥挂篮悬浇法施工技术
6.3 现浇梁施工技术
6.4 先张法U形梁制运架成套技术
6.5 高架车站清水混凝土施工技术
6.6 其他高架区间施工技术

6.1 墩柱施工技术

6.1.1 工程概况

本工程高架区间长约 51.39km，墩柱有 3 种形式，分别为标准墩、Y 形墩、门式墩。

6.1.2 工程特点

因高架区间线路多以与既有规划道路平行或小夹角敷设，考虑最大程度降低对道路的影响，减少占用土地面积，故选择墩柱以圆端形标准墩为主，此墩柱上下截面相同，分为 2.2m×1.9m（D1 型）、2.6m×2.3m（D2 型）、3.0m×2.7m（D3 型）三种断面。

6.1.3 施工技术

1）施工方法

桥墩施工采用定型外架作为操作平台及施工通道，模板采用定型钢模，钢筋在钢筋加工厂采用固定胎座加工成型，使用平板车运至现场，事先预埋，分节吊装，节段连接使用直螺纹套筒。混凝土养护采用外套塑料膜，墩顶滴水养护，见图 6-1-1～图 6-1-4。

图 6-1-1 桥墩现场施工

图 6-1-2 桥墩养护

图 6-1-3 Y 形桥墩现场施工

图 6-1-4 Y 形墩成品

门式墩采用满堂支架法施工,为保证道路通行需要,设置至少保证双车道宽度的门洞,门洞采用钢管桩＋工字钢组合的支撑结构。底膜采用 15mm 优质竹胶板,侧模采用定型钢模板,钢模板由专业厂家制作。钢筋骨架在钢筋加工厂采用固定胎座加工成型,平板车运至现场,进行吊装。预应力管道采用镀锌金属波纹管,单端张拉,真空辅助压浆,见图 6-1-5、图 6-1-6。

图 6-1-5　门式墩支架搭设

图 6-1-6　门式墩浇筑

2）常见质量问题预防措施

（1）混凝土表面色差

①模板安装前必须清理干净,无垃圾、锈蚀,采用优质脱模剂分离模板,涂刷均匀,严禁使用废机油。

②严格控制好混凝土等原材料的质量,必须使用同一批次的原材料。

③严格控制浇筑时间,优化运料路线,做到连续浇筑,避免冷缝的出现。

④模板拼接缝用泡沫胶封闭,避免浇筑混凝土时浆液漏出。

⑤拆模之后及时养护混凝土,同时注意加强保护。

（2）混凝土保护层厚度控制

①施工前应认真研究设计图纸,严格按照设计保护层厚度选择相应外形尺寸的保护层垫块,同时垫块数量和放置间距应满足规范要求。

②保护层垫块放置时要与钢筋绑扎牢固,方向正确,施工时,随时检查垫块情况,发现倾倒、翘起,及时调整。

③选择强度不小于结构混凝土强度的保护层垫块,施工过程中发现破碎、脱落的垫块应及时补放。

（3）气泡、蜂窝及麻面

①认真设计、严格控制混凝土配合比,经常检查,做到计量准确,保证混凝土拌和均匀,坍落度适合。

②浇筑时应分层下料,分层振捣,防止漏振。

③模板缝应堵塞严密,浇筑过程中应随时检查模板支撑情况防止漏浆。

④结构物底部应加强振捣,在下部浇筑完稍加间歇沉实后再浇筑上部混凝土,避免出现"烂根"现象。

6.1.4　小结

因线路邻近道路,墩柱施工过程中需加强文明施工要求,通过加强对模板清洗、混凝土外观等方面质量控制,使成品墩柱内实外美,保证工程质量。

6.2 跨风河桥挂篮悬浇法施工技术

6.2.1 工程概况

跨风河桥(46+65+65+46)m连续梁长222m,其中3个中墩位于风河中,2个边墩位于大堤之上,上部结构为单箱单室、变高度、变截面箱梁,顶宽9.84m,底宽5.84m,共3个0号段,42段悬浇梁,边跨现浇段2段,合龙段4段,如图6-2-1所示。箱梁采用直腹板,梁高按二次抛物线变化,梁高从2.2m变为4m,抛物线方程如下:$h=0.002068371x^2+2.2$(m),$0 \leqslant x \leqslant 29.50$m。本连续梁采用挂篮悬臂浇筑法施工,根据该桥特点及各种挂篮的优点,选用菱形挂篮。

图6-2-1 连续梁立面图

6.2.2 挂篮系统构造、施工原理及施工特点

1)挂篮系统构造、施工原理

挂篮主要由承重(主桁)系统、模板系统、走行系统、吊挂系统、锚固系统组成,如图6-2-2、图6-2-3所示。

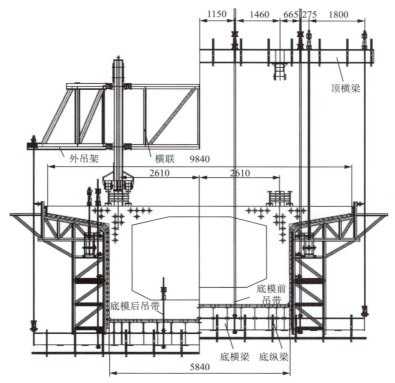

图6-2-2 挂篮立面图(尺寸单位:mm)

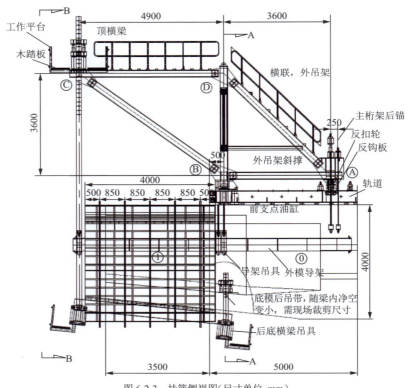

图 6-2-3 挂篮侧视图(尺寸单位:mm)

2)菱形挂篮施工特点

(1)自重轻,利用系数高,是目前国内利用系数最高的挂篮。加工、运输、安装方便,操作简单,适用性强。

(2)挂篮的外侧模和底模均为整体模板,模板拼缝少。结构简洁,受力明确,整体刚度较大,外侧模和底模均为桁架支撑不易变形,可保证梁体混凝土的外观质量。

(3)挂篮设计为菱形,吊点位于梁面以上,前端及中部工作面开阔操作空间大,便于施工。中空式结构,受风面积小,抗风能力强,可安装雨棚、暖棚,适合全天候作业。

(4)走行装置构造简单,主桁架、外模和底模可一次走行到位。尾部采用精轧螺纹钢锚固,操作方便,定位准确,走行平稳,劳动强度低,安全性能好。

(5)桁架纵向安装尺寸小,只需有 10m 的起步长度即可安装两套挂篮,避免了挂篮的连接和解体作业。

6.2.3 施工技术

1)0 号块施工

(1)临时固接支座施工

根据设计在盖梁预埋临时固接钢筋,将临时固接预埋钢筋与 0 号块钢筋整体绑扎。临时支座,可采用强度等级不小于 C40 钢筋混凝土块或在上下两块钢筋混凝土块中间夹垫厚度约 10cm 硫磺砂浆结构层。

（2）0号块支架及模板

0号块长10m，采用钢管立柱+工字钢支架现浇法施工，立柱采用ϕ426mm钢管立柱，在墩身大、小里程方向各设两排，每排5根，立柱间设型钢剪刀撑和平联连接。模板采用定型钢侧模结合竹胶板底模和内模。

（3）0号块钢筋、混凝土和预应力施工

钢筋、混凝土和预应力施工参照第6.3.2节现浇箱梁施工技术相关内容。支架及混凝土施工如图6-2-4～图6-2-7所示。

图6-2-4 支架搭设

图6-2-5 支座安装

图6-2-6 混凝土浇筑

图6-2-7 混凝土振捣

2）挂篮拼装

挂篮结构构件运达施工现场后，利用吊车吊至已浇梁段顶面，在已浇好的0号梁段顶面拼装，如图6-2-8、图6-2-9所示。

图6-2-8 挂篮拼装中

图6-2-9 挂篮拼装完成

挂篮拼装工艺流程为：轨道安装、锚固→主桁架安装→后锚杆锚固→主桁前、后横梁桁片安装→主桁上、下平联安装→悬吊系统安装→底平台安装→外模系统安装→内模系统安装→全面检查及走行试验→静载试验及验收。

(1) 主桁结构拼装

①在箱梁 0 号块顶板面轨道位置处进行砂浆找平,测量放样并用墨线弹出箱梁中线、轨道中线和轨道端头位置线。

②起吊轨道,对中安放,连接锚固梁,安装轨道锚固筋。

③利用连续梁 0 号块顶面做工作平台,组拼主桁架成菱形体,安装横联。起吊安装主桁架片就位,并采取临时固定措施,保证两主桁架片稳定。

④安装主桁架后节点处的分配梁、千斤顶、后锚杆等,将主桁架后节点与分配梁连接并通过锚固筋与顶板预留孔锚固。

⑤安装吊杆、吊带以及提升装置等。

(2) 工作平台、模板结构安装

①底模系统所有构件在地面拼装、调试,然后整体吊装到梁底,将顶横梁与底横梁采用吊点连接。

②在箱梁 0 号段底板预留孔附近,以砂浆找平,安装卸载千斤顶,将底模系统中的后底横梁锚固于 0 号梁段底板。

③利用外模前、后吊杆将外模滑梁吊起。在桥下将外侧模桁架连接成一个整体,将桁架整体吊装,悬挂在外模滑梁上。将外侧模逐块安装在外模桁架上检查并调整外侧模位置。

(3) 浇筑梁段模板系统的尺寸参数变化

①外侧模板、桁架一次拼装就绪。

②模板长度适应各梁段长度,由梁端模板位置控制梁段浇筑长度。

③梁段高度变化通过调整底模高程和倾斜角度来实现。

3) 挂篮预压

为了检验挂篮强度、刚度和稳定性,验证挂篮的安全性,获取挂篮在荷载作用下的变形数据及规律,同时,消除挂篮的非弹性变形,需对挂篮进行预压荷载试验。挂篮预压试验在 1 号梁段位置进行,试验载荷按重量最大的梁段模拟。

挂篮采用砂袋进行预压,加载系数取 1.2。预压荷载分为三级进行加载,各级荷载大小分别为最大荷载的 60%、80%、100%。加载时,纵向从混凝土结构中间开始向两端进行对称布载;横向从混凝土结构中线向两侧进行对称布载。每级加载完毕 1h 后,测量挂篮变形值,全部预压荷载施加完毕后,每间隔 1h 应监测一次并记录各监测点的高程,当最后两次测量变形之差小于 2mm 时,即视为稳定并可进行卸载。

4) 悬臂浇筑与养护

悬臂浇筑采用独立挂篮在桥墩两侧对称、平衡的逐段向跨中悬臂浇筑混凝土梁体,并逐段施加预应力,共 6 套挂篮,外模板采用定型钢模,内模采用木模,如图 6-2-10~图 6-2-13 所示。

(1) 模板施工:挂篮模板安装完毕,全面检查安装质量和挂篮中线,检查各部位纵向、横向高程并测核挂篮各部位变形值,模板调整符合要求后方可浇筑梁段混凝土。

(2) 钢筋施工:参照第 6.3.2 节现浇箱梁施工技术相关内容。

图 6-2-10　悬臂施工

图 6-2-11　混凝土浇筑

图 6-2-12　钢筋绑扎

图 6-2-13　混凝土浇筑

（3）混凝土施工：浇筑方向应从梁段前端开始，在根部与已浇梁段连接。桥墩两侧梁段混凝土对称、平衡施工，其他参照第 6.3.2 节相关内容。

（4）预应力施工。

①预应力筋张拉顺序按先纵向、再竖向进行张拉。竖向预应力筋张拉滞后纵向预应力筋张拉不宜大于 3 个悬浇梁段。

②竖向预应力筋应左右对称单端张拉，从已施工段开始张拉。竖向预应力采用两次张拉方式，即在第一次张拉完成后 1d 后进行第二次张拉。

③其他参照第 6.3.2 节相关内容。

5）挂篮的行走

在每一梁段混凝土浇筑及预应力张拉完毕后，挂篮将移至下一梁段位置进行施工，直到悬臂浇筑梁段施工完毕。挂篮前移时工作步骤如下：

（1）当前梁段预应力张拉，压浆完成后，进行脱模（脱开底模、外侧模及内模）。

（2）挂篮后节点进行锚固转换，将上拔力转给后锚小车（反扣轮行走系统）。

（3）拆除底模后锚杆并采用精轧螺纹钢筋将后底横梁悬吊在外滑梁上，外滑梁后吊杆锚固于已成梁体顶板。

（4）轨道前移至预定位置。

（5）主桁架前支座处设有拉环（施工现场自行焊接）并采用手拉葫芦进行牵引使用。挂篮行走时，要及时通过顶板预留孔安装内外模滑梁悬吊点，保证结构稳定，挂篮移动应缓慢、匀速、同步进行，移动速度不宜大于 0.1m/min，就位时中线偏差不应大于 5mm，采取划线吊垂球或经纬仪定线的方法，随时掌握行走过程中挂篮中线与箱梁轴线的偏差，如有偏差，使用千斤顶逐渐纠正。为安全起见,挂篮尾部用钢丝绳与竖向钢筋临时连接,随挂篮前移缓慢放松。底模、侧模、主桁架系统及内模同时向前移动,直至下一浇筑位置。

(6)挂篮就位后,进行锚固转换,将上拔力由锚固小车传给主桁架后锚杆。

(7)安装底模后吊带。

(8)调整模板位置及高程。

(9)待梁段底板及腹板钢筋绑扎完毕后,将内模拖动到位,调整高程后,即可安装梁段顶板钢筋。

(10)梁段混凝土浇筑及预应力张拉完毕后,进行下一个挂篮移动循环。

6)合龙

合龙段采用悬吊支架现浇法施工。先进行边跨合龙段施工,再进行中跨合龙段施工。合龙段外模及悬吊系统利用挂篮模板系统改造,合龙段内模采用木模,内模支撑系统为扣件钢管。合龙段施工采用劲性骨架作为临时刚接措施,劲性骨架施工及混凝土浇筑安排在一天中温度最低时进行。

(1)工艺流程

合龙段吊架系统安装→合龙口悬臂端中线、高程测量检查校正→底腹板钢筋绑扎及预应力管道安装→内模安装→顶板钢筋绑扎→劲性骨架安装、锁定合龙段→解除一侧临时固结及锁定→边浇筑混凝土,边卸载配重→混凝土养护→预应力张拉→解除劲性骨架→孔道压浆、封锚→拆除合龙吊架。

(2)施工准备

在距合龙口 2~3 个梁段施工时,开始贯通测量控制,保证合龙口的两悬臂端中线、高程偏差控制在允许范围内。合龙段施工前,对两悬臂端的中线、高程进行测量检查,两悬臂端中线和高程相对偏差应不大于 15mm。

(3)合龙施工

①合龙段吊架、模板安装:合龙段外模及悬吊系统采用悬浇段侧模及底模系统(底纵梁、底横梁和底模)。相邻两侧梁段浇筑时预留吊装孔,预留孔采用 $\phi50mm$ 聚氯乙烯管(PVC管)预留,距悬臂端 150cm,吊架两端分别固定于已浇筑梁段上,采用 $\phi32mm$ 精轧螺纹钢穿过箱梁预留孔锚固于梁体之上。

②钢筋制作安装:参照 6.3.2 现浇箱梁施工技术相关内容。

③配重设置:配重设计以 T 构中墩支座中心取弯矩保持平衡为原则,分别在悬臂段中心位置放置水箱,水重为合龙段重量之半。浇筑合龙段时,按浇筑混凝土方量与水箱水的重量比例进行放水,混凝土浇完时,水池中的水恰好放完。浇筑时,随时提供已浇混凝土方量,由专人负责监督放水工作。

④劲性骨架施工如图 6-2-14、图 6-2-15 所示。

a. 合龙段采用劲性骨架作为临时刚接措施。按照设计位置准确预埋各预埋件,预埋时应充分估计正常的施工误差及悬臂梁的挠度变化情况,使两侧相对应骨架的轴线尽量保持在一条水平直线上。

b. 设置在底板上的劲性骨架先对一端进行焊接固接,另一端预先把位置调整好,并临时定位托住,暂不进行焊接固接。待两端悬臂配重设置完成和悬浇梁高程调整到位并经过检查合格以后,选择合适的温度(恒温时)时间段进行劲性骨架锁定。

图 6-2-14 劲性骨架

图 6-2-15 合龙段吊架

c. 合龙段劲性骨架施工必须安排在一天中温度最低时进行,各部位焊接均为满焊,焊缝高度不得小于 10mm。锁定完毕后需仔细检查锁定质量是否满足要求,再对两端头的悬臂梁高程进行复测检查是否正确。

⑤混凝土浇筑及养护。

a. 劲性骨架施工完成后立即浇筑合龙段混凝土,在一天中气温最低的时段内快速、连续地浇筑完成,且浇筑时间不得超过 4h。浇筑完成后加强保湿保温养护,控制梁体内外温差,将合龙段及两悬臂端部 1m 范围进行覆盖洒水,降低日照温差的影响。

b. 其他参照第 6.3.2 节相关内容。

⑥预应力施工:参照第 6.3.2 节相关内容。

⑦临时固接及临时锁定解除。

a. 合龙口临时锁定后,应立即将合龙口一侧的梁墩固结及支座临时锁固约束解除,使梁的一侧能在合龙口劲性骨架连接下沿支座自由伸缩。

b. 合龙口劲性骨架在合龙梁段纵向预应力孔道压浆前拆除。

6.2.4 小结

风河桥混凝土观感质量较好,线形平顺,混凝土强度、钢筋保护层厚度等指标经检测验收,均符合规范规定,满足设计要求。

浇筑较大跨径的悬臂梁桥时,采用挂篮施工,就地分段进行悬臂作业,不需要架设支架和使用大型吊机,较其他方法,具有结构轻、拼制简单方便、无压重等优点。菱形挂篮是挂篮的一种结构形式,其主构架为菱形,具有结构刚度大、施工变形小、移动方便等特点。

6.3 现浇梁施工技术

6.3.1 工程概况

1)现浇箱梁工程概况

本工程现浇箱梁主要设置在跨越等级道路、河道和进出站道岔区。除跨风河连续梁采用挂篮悬浇外,其余连续梁桥均采用支架现浇法施工,典型截面见图 6-3-1。

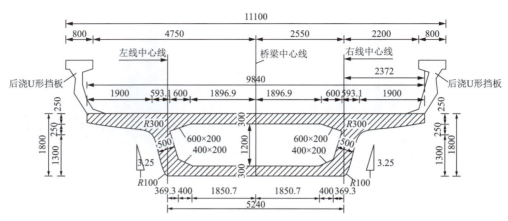

图 6-3-1 单箱单室截面图(尺寸单位:mm)

大珠山站——一期终点区间(35+40+40+35)m 四线连续箱梁,梁体采用单箱四室等高度箱形截面,梁高 2.1m,箱梁顶宽 19.7m,底宽 15.3m,典型截面见图 6-3-2。

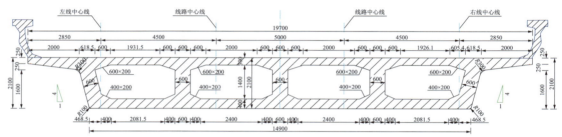

图 6-3-2 单箱四室典型截面图(尺寸单位:mm)

2)现浇 U 形梁施工概况

跨灵山湾路桥为(30+40+30.95)m 双线连续 U 形梁,采用变高度连续梁体系。连续 U 形梁中支点梁高 3.2m,跨中梁高 1.84m;梁顶全宽 10.7m,梁底宽度随梁高变化由 9.146m 渐变为 7.0m;U 形梁设置三道腹板,边腹板及中腹板厚度均为 0.4m,底板厚 0.3m,梁端为锚固钢束需要设计为 0.4m,中支点左右各 12m 范围内设置后浇混凝土段,如图 6-3-3、图 6-3-4 所示。

设计采用支架分段现浇施工,先施工两端 A 号梁段,再施工中间 B 号梁段,最后施工 C 号段后浇带。

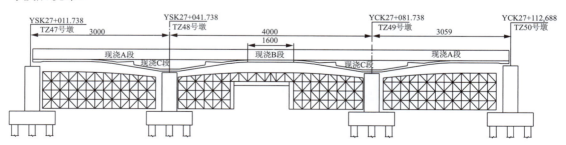

图 6-3-3 连续 U 形梁立面图(尺寸单位:mm)

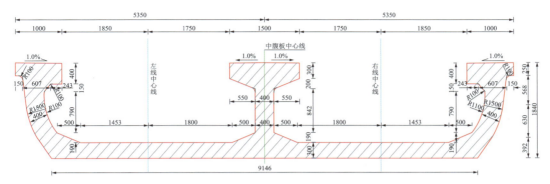

图 6-3-4 跨中断面图(尺寸单位:mm)

6.3.2 现浇箱梁施工技术

1) 支架搭设

现浇连续箱梁采用满堂支架法施工,门洞支架采用钢管配合型钢进行搭设,其余部分采用盘扣式支架搭设。

(1) 地基处理

支架搭设位置部分处于大珠山中路路中,为沥青混凝土路面,基础条件良好,墩柱承台基坑开挖位置,分层回填压实,铺筑 20cm 厚碎石加 15cm 厚 C20 混凝土硬化,如图 6-3-5 所示。待硬化完成后进行承载力试验,验证承载效果。

支架基础部分位于绿化带内,对基础开挖位置进行清表,把树根、杂草等有机物处理,腐殖土挖出、表层清理后,分层回填压实。碾压完成后应做

图 6-3-5 支架基础处理

承载力试验,验证处理效果是否符合要求。土层回填压实后铺设 20cm 厚碎石垫层加 15cm 厚 C20 混凝土硬化,并设坡以便排水,在场地周围设置 30cm×30cm 排水沟,用 M7.5 砂浆抹面,防止地表水侵入。

(2) 支架设计及搭设

① 支架设置

承插型盘扣式支架立杆采用 Q345 热镀锌钢管,规格为 $\phi 60mm \times 3.2mm$,横杆采用 Q235 热镀锌钢管,规格为 $\phi 48mm \times 2.5mm$;斜杆采用 Q235 热镀锌钢管,规格为 $\phi 42mm \times 2.5mm$;可调底托、顶托采用 Q235 冷镀锌钢板,规格为 $\phi 48mm \times 5.0mm$。

支架立杆搭设位置按设计方案放线确定,按先立杆后水平杆再斜杆的顺序搭设,形成基本的架体单元,以此扩展搭成整体支架体系,如图 6-3-6、图 6-3-7 所示。

② 门洞设置

门洞支架基础采用 C30 混凝土条形基础,宽 1m,高 0.8m。在条形基础上布置 $\phi 426mm$ 钢管,钢管顶部设置双拼 I36a 工字钢作为横梁,横梁上布置 I56a 工字钢为纵梁,如图 6-3-8、图 6-3-9 所示。

图 6-3-6　支架搭设

图 6-3-7　支架搭设完成

图 6-3-8　门洞搭设

图 6-3-9　门洞

门洞设置示廓灯,在纵梁下方搭设竹胶板,竹胶板下方铺设防坠网,防止坠物对通行车辆行人造成危害。

(3)支架预压

①采用砂袋模拟梁体各部位重量进行加载,预压荷载设定为上部荷载的 120%,分三级进行加载,大小分别为最大荷载的 60%、80%、100%。

②加载时,纵向从跨中向支墩处进行对称布载;横向从梁体中心线向两侧进行对称布载。每级加载完毕后停止下一级加载,12h 后对支架进行一次沉降观测,当沉降量平均值小于 2mm 时,可进行下一级加载。预压荷载全部加载完毕后,每间隔 24h 观测并记录各监测点的变形值。当各监测点最初的 24h 沉降量平均值小于 1mm,各监测点最初的 72h 沉降量平均值小于 5mm 时,判定为支架预压合格,即可终止预压,进行卸载。

预压荷载卸除时,按预压加载时的分级逐步卸载,纵向从两端向中间对称、均衡、同步进行,横向从两侧向梁体中心线对称、均衡、同步进行。

③根据沉降观测值计算沉降量、弹性变形量和非弹性变形量,确定施工预拱度,调整底模高程。

2)支座安装

(1)模板安装前,进行永久支座安装。安装前,复核支座类型,调整预偏量,在支承垫石上放好每个支座的十字线并测出顶面高程,对支座地脚螺栓预留孔的孔径、深度、垂直度进行检查并清除干净。

(2)支座采用套筒和锚固螺栓的连接方式,在垫石部位预留孔,预留孔直径为锚栓直径加60mm,深度为锚栓长度加50mm,预留孔中心及对角线位置偏差不得超过10mm。

(3)采用重力灌浆方式,灌注支座下部及锚栓孔间隙处,灌浆过程中应从支座中心部位向周围注浆,直至从模板与支座底板周边间隙观察到灌浆材料全部灌满为止。

3)模板安装

连续梁外模主要以定型钢模板为主,内模板采用竹胶板木模,竹胶板厚15mm,内模板背肋为10cm×10cm方木,底模次龙骨采用20cm木工梁。内模采用ϕ48mm扣件钢管系统进行支撑。模板施工如图6-3-10～图6-3-13所示。

图6-3-10 模板拼缝图

图6-3-11 内模场内加工

图6-3-12 模板拉线定位

图6-3-13 模板清理

模板应拼接平顺、严密、方向统一、表面平整,模板接缝对称一致,应位于背部支撑骨架上,成一条直线,设置双面胶条以防止漏浆,并按要求设置预拱度。

4)钢筋加工与绑扎

钢筋在加工场内下料,批量加工钢筋半成品,运输到位后,利用吊车吊至施工作业面,绑扎成形。

(1)钢筋安装前,应先按设计画出下层钢筋位置,安装底板钢筋及保护层垫块,上下钢筋间设置架立筋,垫起焊牢,防止人踩变形。

(2)钢筋的交叉点应靠紧焊牢。采用绑扎时,相邻绑扎点的铁丝扣,绑扎方向应呈八字形,扎丝扣头应弯入内侧,不得伸入钢筋保护层中。

(3)钢筋骨架外侧绑扎混凝土垫块,垫块以梅花形布置,并相互错开、分散布置。梁体底面和侧面垫块不少于4个/m^2,扎丝头不得伸入保护层内。钢筋安装如图6-3-14～图6-3-17所示。

图 6-3-14　钢筋绑扎

图 6-3-15　垫块安装

图 6-3-16　钢筋定位架

图 6-3-17　钢筋画点定位

5）混凝土浇筑

（1）施工前准备

①交通调流准备

施工前，编制临时交通调流方案，向交警部门申请办理道路临时封闭手续。封闭期间，区间两端使用移动式围挡封闭，并设开口方便混凝土罐车出入，在封闭前端设置明显警示、调流标志，安排人员指挥交通。

②现场准备

准备混凝土浇筑所需的各类机具（均有备用），机具均在浇筑前进行检查，同时配有专职人员，随时检修，保证浇筑期间水、电、照明等不中断，浇筑连续。

（2）混凝土搅拌及输送

混凝土由拌和站供应，采用自动称量、自动上料，电子磅秤定时标定，称量准确，确保混凝土生产质量。

①混凝土拌制前的准备

备料量按照单次浇筑设计工程量的 120% 进行备料，确保所浇筑的箱梁有足够的原材料供应。拌和混凝土前 2h 测定砂石料的实际含水率，调整施工配合比。

②混凝土搅拌

拌和时，先向搅拌机投入细骨料、水泥、矿物掺和粉煤灰，搅拌 10s →再加入所需用水量和外加剂，搅拌 30s →再加入粗骨料，搅拌 60s →在卸料过程中搅拌 30s。

③混凝土运输

使用混凝土罐车运输混凝土，运输过程中不停搅拌，按 2～4r/min 的慢速进行控制。混凝土喂入混凝土输送泵前，将罐车高速旋转 20～30s，再进行浇筑。

④混凝土泵送

混凝土在搅拌后 60min 内要泵送完毕,并在初凝前浇筑完毕。在交通拥堵和气候炎热等情况下,对输送管采取覆盖并洒水措施进行降温,防止混凝土坍落度损失过大导致堵管。

(3) 混凝土浇筑

箱梁混凝土浇筑总体思路:箱梁浇筑配备 2 台 45m、1 台 37m 汽车泵,45m 泵布设在待浇箱梁两个中墩西侧,37m 泵分别在边墩两端围挡内机动作业。

①顶板设置下料孔、施工人孔

下料孔设置在顶板底模上,宽 16cm,沿轴线布置,底板浇筑完成时,顶板底模还原。

在箱梁顶板轴线附近预留施工人孔,尺寸 1.2m×0.8m,纵桥向设置在距离中横梁 2.5m 处,中跨 2 个,边跨各 1 个。在预留人孔时,注意避开预应力管道,并预留出搭接钢筋。

②混凝土布料

浇筑原则为"斜向分段、水平分层",纵向顺序为先中墩墩顶附近,后向两侧跨中推进;横向顺序为先倒角、再部分底板、再腹板、补平底板、最后顶板。泵车分别从墩顶开始下料,在跨中位置汇拢。混凝土浇筑应对称布料、连续浇筑,并以水平分层的工艺左右腹板对称进行。混凝土分段和分层浇筑顺序如图 6-3-18、图 6-3-19 所示。

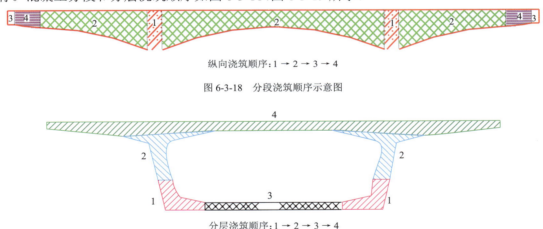

图 6-3-18　分段浇筑顺序示意图

图 6-3-19　分层浇筑顺序示意图

浇筑时斜向分段斜度不大于 35°,水平分层厚度不得大于 30cm,两层混凝土的间隔不超过 30min。浇筑时间应尽量缩短,炎热天气避开中午、下午的高温时间,尽量选择在低温或傍晚进行混凝土的浇筑。混凝土浇筑时,模板温度控制在 5～35℃,混凝土入模温度控制在 5～30℃。

③底板浇筑

底板浇筑时从腹板及内模顶板的布料孔下料,用插入式振捣器振捣;先浇筑图示中 1 倒角位置,再通过内模预留孔补浇图示中 3 位置。

在浇筑腹板过程中,浇筑速度过快、混凝土坍落度过大以及振捣棒插入下一层混凝土过深,均容易引起已浇腹板坍塌,导致底板翻浆,故需严格控制混凝土的浇筑速度、分层厚度,振捣器插入下层深度控制在 5～10cm。翻浆应急处理措施:暂停此处腹板浇筑振捣,将翻浆抬高的混凝土运到其他待浇区。底板浇筑完成后及时进行收面处理,以保证箱梁底板平整度。

④腹板浇筑

浇筑时均匀对称布料,保证各分层厚度为30cm。若出现底板翻浆时,先延长底板浇筑长度,待该位置能承受浇筑腹板混凝土和施工产生的压力后再进行腹板混凝土浇筑。

⑤顶板浇筑

腹板和底板浇筑完后,进行顶板浇筑,先浇筑翼板,然后浇筑中间部分,依次推进浇筑。浇筑控制梁顶面高程和顶板坡度,随后用抹刀进行第一次收面,在初凝前定浆后,用抹刀进行第二次收面。

⑥振捣方式

采用插入式振捣棒施振,直径以50mm为主,以35mm为辅。由于端头、倒角、齿块、预应力锚固端等部位钢筋密集,为防止钢筋过密出现漏振,使用$\phi 35mm$振捣棒施振。

(4)收面

箱梁顶板浇筑完毕后,立即安排人工抹面,严格控制箱梁顶面高程,具体措施:浇筑混凝土前,箱梁顶面采用钢筋高程控制条控制收面高程,在混凝土振捣过后进行刮平、压实。

收面采用二次收面工艺。振捣完成后,待表面无泌水情况下,立刻进行提浆粗平和精平,收面人员采用木抹子在混凝土表面反复压抹,将混凝土表面水泥浆抹出,在混凝土初凝前(手指压上去不下陷,但有指印时),采用钢抹子进行二次抹面。二次收面后,应对预埋连接钢筋范围内的梁面进行拉毛处理。

(5)养护

混凝土收面完成以后,及时进行混凝土的养护。箱梁内侧采用封闭人孔和腹板端部,通过箱梁混凝土自身散发的水蒸气进行养护,箱梁顶面覆盖土工布并洒水保湿养护。

6)预应力施工

(1)预应力管道安装(图6-3-20、图6-3-21)

①预应力波纹管采用内径为$\phi 90mm$的镀锌金属波纹管,锚垫板采用圆形锚垫板。预应力管道定位筋间距不大于50cm,孔道位置允许偏差应不大于4mm。

②锚垫板用螺栓固定在槽口模板上,通过测量定位将槽口模板和锚垫板一并固定在梁体端头。预应力管道安装时所有预应力张拉端槽口、锚垫板均应与预应力钢束垂直,锚端螺旋筋穿过喇叭口紧靠锚垫板。

③预应力筋采用圆盘锯冷切割,严禁使用电弧焊或气焊切割。

图6-3-20 波纹管安装定位　　　　　图6-3-21 钢绞线包裹防护

(2)预应力张拉

张拉时混凝土强度及弹性模量达到设计强度的100%,且龄期不小于7d。张拉步骤为:$0 \to 10\%\sigma_{con}$(控制应力的10%)$\to 20\%\sigma_{con} \to$控制应力$\sigma_{con} \to$持荷5min$\to$锚固;张拉以应力和伸长值"双控",以应力控制为主,伸长值校核。纵向预应力应两端同步且左右对称张拉,最大不平衡束不得超过1束。张拉顺序为先腹板再顶板后底板,从里向外左右对称进行,如图6-3-22、图6-3-23所示。

图 6-3-22 张拉施工

图 6-3-23 伸长值量测

(3)压浆

张拉完成后,应在48h内进行孔道压浆,压浆采用真空辅助压浆工艺。压浆原材料采用铁路桥梁专用压浆料。压浆顺序按照先中间后两边、先下后上的原则进行。浆体与水料比为0.3,浆体出机流动度范围为(18±4)s,水泥浆搅拌结束到压入管道的时间间隔不应超过40min。同一孔道压浆应连续进行,一次完成,压浆的最大压力不宜超过0.6MPa。关闭出浆口后,应保持0.5MPa且不少于5min的稳压期,如图6-3-24、图6-3-25所示。

图 6-3-24 流动度检测

图 6-3-25 孔道压浆

(4)封锚

①终张后24h后,确认无滑丝、断丝后,切割多余钢绞线,外露量3~4cm。锚垫板清理干净,锚具、锚垫板表面及外露钢绞线用防水涂料进行防水处理,锚穴周边混凝土全面凿毛。

②封锚混凝土浇筑完成以后,在封锚区域表面涂满1.5mm厚的聚氨酯防水涂料。

6.3.3 现浇 U 形梁施工技术

1)支架搭设

连续U形梁采用满堂支架法现浇施工,选用承插型盘扣式支架,跨中为满足既有道路通行需要,采用钢管配合型钢搭设双门洞支架。地基处理及支架设计、搭设、预压方法同现浇连续箱梁一致，详见第 6.3.2 节。

设计架体宽 13.5m、梁底最高处离地面 11m，两边各留 1.2m 人行通道，支架具体参数见表 6-3-1。

支架参数表　　　　　　　　　　　　　　　　　　　　　　　表 6-3-1

参 数		数 值
标准段参数	底板下立杆纵距	1.5m
	底板下立杆横距	1.5m
	腹板下立杆纵距	1.5m
	腹板下立杆横距	0.9m
桥墩段参数	底板下立杆纵距	0.9 m、1.2m
	底板下立杆横距	1.5m
	腹板下立杆纵距	0.9m、1.2 m
	腹板下立杆横距	0.9m
通用参数	水平杆步距	1.5m
	水平杆伸出长度	0.35m
	面板	竹胶板，厚度为 15mm
	次楞	20cm 木工字梁，间距：底板下 0.3m，腹板下 0.2m
	主楞	ϕ16mm 工字钢

2）支座安装

支座安装工艺与现浇连续箱梁一致，详见第 6.3.2 节相关内容。

3）模板

根据 U 形梁变截面尺寸，优化模板配置工艺，底模采用竹胶板，外侧模及边腹板内模采用定制钢模板（图 6-3-26），中腹板模板采用竹胶板。钢模按照标准段、变径段和调节段分节，除调节段外，每节长度为 4m 或 3m。

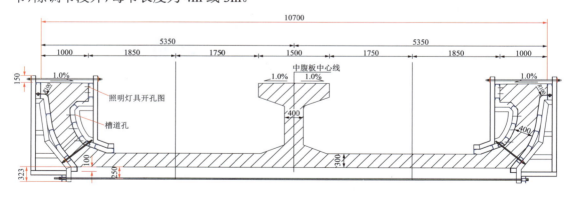

图 6-3-26　钢模板结构断面（尺寸单位：mm）

钢模板采用高分子脱模剂，通过在腹板内倒角部位粘贴透水模板布解决了倒角部位气泡容易聚集、难排出的问题。

4)钢筋

钢筋在加工场内下料,批量加工钢筋半成品,运输到位后,利用吊车吊至施工作业面,绑扎成形,如图 6-3-27、图 6-3-28 所示。

图 6-3-27　钢筋绑扎

图 6-3-28　预埋件安装

5)混凝土浇筑及养护

(1)施工前准备

施工前,编制临时交通调流方案,完善交警部门道路临时封闭手续。配备充足劳动力、各类机具、安全设施,机具、水、电、照明均在浇筑前进行检查,安排专业人员负责跟修,以确保连续浇筑。

(2)施工配合比

根据设计要求,U 形梁采用 C60 高性能纤维混凝土,弹性模量 36.5GPa,混凝土重度采用 26.5kN/m³。

(3)混凝土拌和、运输及浇筑

混凝土均由拌和站供应,采用自动称量、自动上料,电子磅秤定时标定,称量准确,以确保混凝土生产质量合格。

①混凝土拌制前的准备

混凝土使用强制式搅拌机拌制,自动称量、自动上料,电子秤定期校准,精确称重。按浇筑方量的 120% 存备原材料,包括砂石料、水泥、粉煤灰、矿粉、外加剂等,确保各类材料供应充足。

②混凝土搅拌

搅拌时,先投入细骨料、水泥、粉煤灰、纤维,搅拌 10s → 再加入粗骨料,搅拌 30s → 再加入所需用水量,搅拌 60s → 加入外加剂,搅拌 60s,在卸料过程中搅拌 30s。混凝土拌和中,应严格控制拌和时间,保证搅拌完成后的混凝土拌合物均匀,颜色一致,和易性好,不得有离析和泌水现象。

③混凝土运输

混凝土由混凝土罐车运至现场,使用汽车泵泵管输送到工作面。混凝土从加水搅拌到输送入模时间控制在 1h 以内。罐车在运送混凝土过程中以 2~4r/min 的慢速不停搅拌,入泵前高速旋转 20~30s。

④混凝土浇筑

混凝土浇筑总体思路为:配备 2 台 45m、1 台 37m 汽车泵,45m 泵布设在待浇箱梁两个中墩西侧,37m 泵分别在边墩两端围挡内机动作业。

a. 浇筑总的原则为"斜向分段、水平分层、对称浇筑"。A 号段先浇筑中墩墩顶位置,再同时向两端跨中推进,B 号段由两端接缝处向跨中聚拢;横截面顺序:倒角→部分底板→腹板→补平底板→顶板,如图 6-3-29、图 6-3-30 所示。

图 6-3-29　分段浇筑顺序示意图　　　　　图 6-3-30　分层浇筑顺序示意图

浇筑时斜向分段的长度为 4～6m,斜向分段斜度不大于 35°,水平分层厚度不得大于 30cm,先后两层混凝土的间隔不超过 30min。混凝土浇筑时,模板温度控制在 5～35℃,混凝土拌合物入模温度控制在 5～30℃。

b. 底板浇筑

在腹板浇筑过程中,分层过厚、浇筑速度太快、坍落度过大、振捣棒下插太深,均容易导致已浇腹板塌陷流离,底板面翻浆上抬,故应严格控制混凝土的浇筑速度、分层厚度,且将振捣器插入下层深度控制在 5～10cm。翻浆应急处理措施:暂停此处腹板浇筑振捣,将翻浆抬高的混凝土运到其他待浇区。

c. 腹板浇筑

腹板每层浇筑厚度不大于 30cm,3 处腹板对称布料。如果出现底板翻浆,先加长底板浇筑长度,待底板及倒角混凝土能承力时再继续浇筑腹板混凝土。

d. 振捣方式

振捣采用插入式振捣棒施振,直径以 50mm 为主,以 35mm 为辅。由于端头、倒角、齿块、预应力锚固端等部位钢筋密集,为防止钢筋过密出现漏振,使用 $\phi 35mm$ 振捣棒施振。

⑤收面

收面采用二次收面工艺。振捣完成后,待表面无泌水情况下,立刻进行提浆粗平和精平,收面人员采用木抹子在混凝土表面反复压抹,将混凝土表面水泥浆抹出,在混凝土初凝前(手指压上去不下陷,但有指印时),采用钢抹子进行二次抹面。二次收面后,应对预埋连接钢筋范围内的梁面进行拉毛处理,如图 6-3-31 所示。

⑥养护

混凝土收面完成以后,应及时对底板、腹板及拆模后的内腹板外露面覆盖土工布,并洒水保持湿润养护,如图 6-3-32 所示。

图 6-3-31　混凝土收面

图 6-3-32　混凝土养护

6）预应力施工

预应力施工工艺与现浇箱梁相同，详见第 6.3.2 节相关内容。

6.3.4 小结

各现浇梁混凝土观感质量较好，线形平顺，混凝土强度、钢筋保护层厚度等指标经检测验收，均符合规范规定，满足设计要求。现浇梁施工要点总结如下：

（1）采用的承插型盘扣支架与传统支架相比，具有承载力更高，更美观整洁，搭拆、验收更简便，工效更高的优点。

（2）通过降低水胶比、控制复掺掺合料掺量、掺加纤维的方法不断优化混凝土的性能，以满足 C60 梁强度、弹性模量、耐久性、抗裂、工作性能、外观质量等各项要求。

（3）施工中严格按照确定的浇筑顺序、浇筑方式，采用高分子脱模剂、内倒角部位粘贴透水模板布的方法能极大改善混凝土的外观质量。

（4）连续梁混凝土浇筑属于定点、定量施工，特别是涉路施工，必须结合现场条件周全策划，合理配置资源，使每道工序衔接合理，连续不断地进行浇筑。

6.4 先张法 U 形梁制运架成套技术

6.4.1 工程概述

13 号线高架段线路全长 51.39km，高架区间标准梁采用先张法预应力混凝土简支 U 形梁，共 3310 榀。全线路设置 U 形梁预制场 3 处，将高架区间架梁分为 3 个区段。预制场 U 形梁制梁任务划分见表 6-4-1。标准跨度分 30m、25m 两种，梁型分梁宽 5.32m（5.0m 线间距直线梁）、5.52m（5.0m 线间距曲线梁、5.1m 线间距曲线梁）两种。

预制场任务划分表　　　　　　　表 6-4-1

梁　场	施工范围	U 形梁预制数量（榀）
1 号梁场	高架起点—张家楼站区间、张家楼站—古镇口站区间（部分）	1386
2 号梁场	张家楼站—古镇口站区间（部分）、古镇口站—琅琊站区间、古镇口车辆基地出入段线	992
3 号梁场	琅琊站—董家口火车站区间	932

6.4.2 施工难点

"一串三"先张法 U 形梁施工具有以下难点：

（1）U 形梁设计耐久性高，故对混凝土配制要求较高，混凝土需低收缩、低徐变、抗裂性好，且具备较高的早期强度和弹性模量。

（2）U 形梁断面种类繁多，模具设计难度大，施工组织较难。

（3）U 形梁结构设计新颖，钢筋的配筋率较高，局部钢筋密集，绑扎难度大，混凝土下料、振捣困难，对混凝土工作性要求极高。

（4）U 形梁设计为开口薄壁结构，预制及安装时梁体抗扭刚度差，梁体荷载大部分由预应力承担,对预应力施工要求质量很高;同时,先张法施工工艺对梁场布置方式、预应力张拉技术和质量控制、模具结构设计和现场组装等工艺技术都有较高的要求。

(5)梁体外表面要求为清水混凝土效果,对混凝土外观质量要求较高。

6.4.3 梁场预制平面布置

以 2 号梁场(图 6-4-1 ~ 图 6-4-5)为例,2 号梁场位于黄岛区琅琊台镇滨海大道附近,占地约为 236 亩。梁场配置 12 条生产线,36 个制梁台座,月正常生产能力为 120 榀,最大生产能力为 140 榀,设置存梁台座 215 个。

图 6-4-1 梁场俯瞰图

图 6-4-2 制梁区

图 6-4-3 存梁区

图 6-4-4 钢筋加工厂

图 6-4-5 搅拌站

6.4.4 U 形梁预制工艺流程

U 形梁施工主要包括模板工程、钢筋工程、预应力工程、混凝土工程、移梁作业等,预制工艺流程见图 6-4-6。

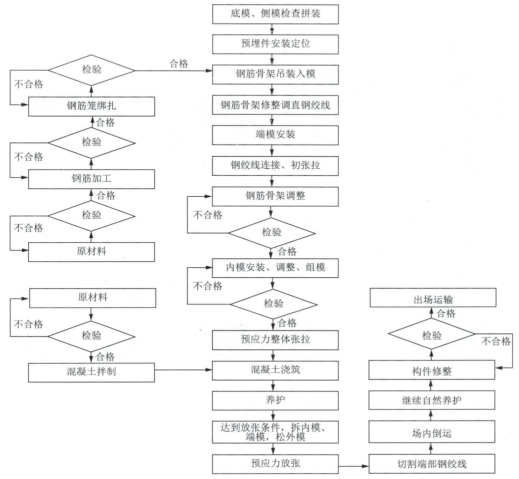

图 6-4-6 先张法 U 形梁施工流程图

1)钢筋骨架模块化成型安装

U 形梁钢筋施工工序为:钢筋加工中心内批量加工钢筋半成品→固定胎架上整体绑扎钢筋→吊架吊装入模→在模内进行钢筋调整。

(1)采用数控弯曲机、调直切断机,智能化钢筋半成品加工,保证半成品加工质量,见图 6-4-7、图 6-4-8。

图 6-4-7 钢筋数控弯曲机

图 6-4-8 钢筋数控调直切断机

（2）采用固定钢筋整体绑扎胎架，钢筋绑扎一次成型，整体吊装入模，以消除钢筋模板施工交叉作业风险，保证钢筋整体绑扎质量，见图 6-4-9～图 6-4-12。

图 6-4-9　钢筋绑扎胎模

图 6-4-10　胎模内钢筋骨架绑扎

图 6-4-11　预应力筋穿束

图 6-4-12　钢筋笼吊装

2）预埋件施工

U 形梁预埋件主要有桥面钢筋、支座预埋钢板、吊点、声屏障埋件、照明灯具、扶手与疏散平台、供电和弱电缆支架预埋螺栓、侧墙吸声屏预埋螺栓等。其中桥面钢筋、支座埋件和吊点埋件位于梁底；声屏障埋件、动力照明灯具埋件和扶手、疏散平台、区间照明等集中在梁翼缘板顶面；供电槽道、弱电缆支架预埋螺栓及侧面吸声屏预埋螺栓集中在梁两侧腹板的内弧面。根据预埋件所处的位置及自身特点，均对预埋件采取了相应的工装措施，保证了预埋件的安装质量，部分预埋件工装措施如图 6-4-13～图 6-4-18 所示。

图 6-4-13　轨道预埋筋安装

图 6-4-14　预埋钢筋固定

3）模板施工

（1）模板设计

组合模板采用全钢结构、整体式方案。整套模板由底模、外模、内模、内模支撑、内模移动系统和端模五大类组成,另外包括外模斜撑、内模斜撑及水平撑、外模间拉杆、内外模间拉杆等附件,如图 6-4-19 所示。

图 6-4-15　钢筋胎架内预留支座预埋孔模具

图 6-4-16　支座预埋钢板安装

图 6-4-17　声屏障预埋件安装

图 6-4-18　槽道预埋件安装

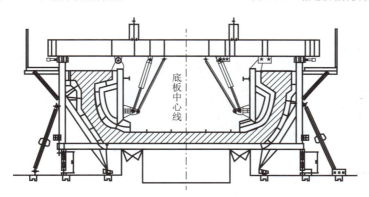

图 6-4-19　模板组装断面图

优化模板配置工艺,底模板设置可调节段,以便拆模、放张与安装;内模采用液压顶升系统模,一次安装到位,并配置勾头螺栓防止内模上浮;外模设置可调节螺杆,使模板安装拆除方便,缩短施工时间;端模设置 U 形卡进行调节,减少了外模开孔损坏,且可自由调节端模位置,以满足施工质量及进度要求,见图 6-4-20～图 6-4-23。

（2）模板安装与拆除
①模板安装
　　调整外模基本竖直→紧固外模与底模间螺栓→调整外模斜撑杆至外模竖直→吊入钢筋骨架、钢绞线穿过端模→安装并固定端模→吊入内模、内模横梁与立柱紧固→安装内模斜撑调整

内模到位→安装顶部拉杆及水平撑杆→合模完毕。模板安装过程见图 6-4-24～图 6-4-27。

图 6-4-20　底模拼装图

图 6-4-21　模板组装断面图

图 6-4-22　内模模板

图 6-4-23　端模模板

图 6-4-24　模板安装

图 6-4-25　模板清理

图 6-4-26　模板布粘贴

图 6-4-27　附着式振捣器安装

②模板拆除

拆除顶部拉杆→拆除内模水平杆→收紧内模斜撑杆至内模面板脱离混凝土面→拆除

斜撑杆→移动(收缩)内模→内模吊离→放松外模底部螺栓→收紧外模斜撑使外模与混凝土脱离→拆除端模→放张。

4)预应力施工

采用"一串三"长线法预应力先张台座。预应力先张台座和张拉钢横梁按照施工图最大张拉力的要求进行设计,使其具备足够的刚度。每条预应力台座进行张拉力测试,对台座、张拉设施及设备进行检验,满足设计和规范要求后投入使用,见图6-4-28、图6-4-29。

图6-4-28 "一串三"张拉台座

图6-4-29 张拉横梁

预应力张拉施工流程为:钢绞线下料→钢绞线穿束→钢筋骨架吊装入模→钢绞线连接→张拉→浇筑混凝土→放张→封端。

单根张拉采用YDC25B-200型千斤顶;整体张拉与放张采用数控系统操控8台YDC600-350型千斤顶进行。张拉工艺见图6-4-30～图6-4-33。

图6-4-30 15%初张拉

图6-4-31 80%整体张拉

图6-4-32 智能张拉操作界面

图6-4-33 100%终张拉

(1)预应力张拉施工

预应力张拉分3阶段进行,直至达到100%设计张拉力;单根张拉采用YDC25B-200型千斤顶;整体张拉采用数控系统操控 8 台 YDC600-350 型千斤顶进行张拉。

预应力张拉顺序为:0 → 15% 控制应力(初调,记录油表读数)→ 80% 张拉控制应力(测量钢梁位移、记录)→ 100% 设计控制应力(记录油表读数以及伸长量)。

(2)预应力放张施工

①在混凝土设计强度达到设计值的 85% 以上且弹性模量达到设计值的 95% 以上时,方可分批放松钢绞线。

②采取两端同步放张施工,放张步骤为:10% → 10% → 10% → 20%(另一侧相同)。

③第一阶段放张时,应首先在现有的张拉力基础上再张拉 3% 的张拉力,以便于松动紧固螺母。

5)混凝土施工

U 形梁混凝土采用 C55 高性能纤维混凝土,静力抗压弹性模量为 36.0GPa,混凝土重度为 26.5kN/m³。

(1)混凝土浇筑工艺流程

U 形梁浇筑成型工艺流程见图 6-4-34,主要流程为:混凝土供应→混凝土布料→混凝土振捣→混凝土抹面→放张前养护→放张→存梁养护。

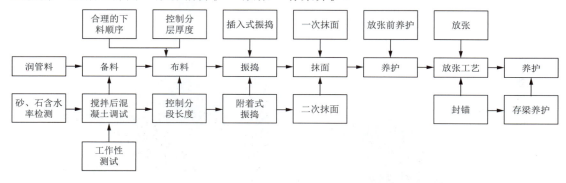

图 6-4-34 U 形梁混凝土浇筑流程图

(2)混凝土浇筑

混凝土浇筑时采用斜向分段、水平分层,从一端向另一端两侧腹板对称、连续浇筑的施工方法。斜向分段的长度为 4~6m,工艺斜度为 30°~40°,水平分层厚度不得大于 50cm,先后两层混凝土的间隔时间不得超过初凝时间,如图 6-4-35 所示。混凝土浇筑以"先底板两层、再底腹板、再腹板分层、最后腹板找平"为原则,使两侧腹板的混凝土高度保持一致,如图 6-4-36 所示。

混凝土布料采用地泵泵送,布料机浇筑入模的施工方法,如图 6-4-37 所示。

混凝土振捣采用插入式与附着式振捣器结合使用,在不同位置选择不同组合方式,如图 6-4-38、图 6-4-39 所示。

U 形梁收面采用二次收面工艺。振捣完成后,待表面无泌水情况下,进行人工收面;使用抹子在混凝土表面反复压抹,直至表面光洁;在混凝土初凝前(手指压上去不下陷,但有指夹印时),使用铁抹子进行二次收面,如图 6-4-40 所示;并在二次收面后,对预埋连接钢筋范围内的梁面进行拉毛处理。

6	9	14	17	20
4	7	12	15	19
2	5	10	13	18
1	3	8	11	16

第一段　第二段　第三段　第四段　第五段

图 6-4-35　U 形梁纵向分段浇筑

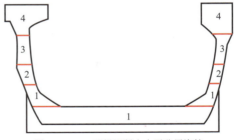

图 6-4-36　U 形梁混凝土水平分层浇筑

图 6-4-37　U 形梁混凝土现场布料

图 6-4-38　底板振捣

图 6-4-39　腹板混凝土振捣

图 6-4-40　二次抹面

（3）混凝土养护

①制梁期养护

混凝土浇筑完成后，需对暴露的底板、腹板小顶板及拆模的内腹板覆盖土工布养护，内模采用 T 形钢筋支撑使土工布与混凝土紧密接触，养护采用以人工洒水为主，人工洒水和自动喷淋相结合的方式，制梁期养护见图 6-4-41。冬期养护采用蒸汽养护施工工艺，通过静停、升温、恒温、降温四个阶段，蒸养 48h，从而保证了 U 形梁冬期施工质量与进度，见图 6-4-42。

②存梁期养护

放张后梁移至养护区进行喷淋养护，养护时间为 14d。梁场设置 3 个养护区，可同时养护 21 榀梁。

自动喷淋装置由专用水箱、电磁控制器、聚氯乙烯管（PVC 管）、旋转喷头组成，其中微电脑可设定电源开启时间及通电时间，以此控制喷淋间隔时间为 10min 及喷淋持续时间为 5min。

在水泵压力下，旋转喷头可实现水汽雾化，微电脑开关控制水泵及电磁阀开关，通水后开始喷淋,达到预设喷淋时间后,停止喷淋,等待,进入下一个循环,喷淋水经沉淀池沉淀后,回收重新进入水池,以节约水资源。

图 6-4-41 制梁期养护

图 6-4-42 冬季蒸汽养护

自动管路分为高喷和低喷两种,高喷用来养护梁体的翼缘板、内腹板和底板,低喷用来养护梁体的外腹板。具体养护方法如图 6-4-43、图 6-4-44 所示。

图 6-4-43 自动喷淋高喷养护

图 6-4-44 自动喷淋低喷养护

6)梁体静载试验

先张法预制 U 形梁,具有预应力筋和混凝土的黏结性与整体性良好、成批预制效率高等优点,但作为青岛地区首次采用先张法工艺预制 U 形梁,需要对先张法预制 U 形梁的综合力学性能与荷载试验、设计施工等关键技术进行试验和检验。

(1)主要技术标准

列车类型为城轨标准 B 型车;设计行车速度为 120km/h;线间距为双线;标准直线线间距 5.0m,曲线地段适当加宽;静载试验主要按照《青岛地铁 13 号线工程 U 形梁预制设计图纸》《预应力混凝土铁路桥简支梁静载弯曲试验方法及评定标准》(TB/T 2092—2018)的要求进行评定。

①挠度要求:跨度 $L \leqslant 30m$,挠度值 $f \leqslant L/2000$。

②在等效弯矩加载的试验荷载下,支点剪力加载效率为 0.9～1.05,跨中挠度的加载误差小于 5%。

③在试验荷载作用下,U 形梁纵向、横向相对残余变位小于 20%。

④U 形梁在 1.2 倍设计荷载作用下,底板满足横向无裂缝、纵向裂缝小于 0.2mm 的要求。

(2)设计荷载

①结构自重:结构重度按 $26.5kN/m^3$ 计。

②二期荷载:按照设计说明,取值 33.6kN/m。

③活荷载:采用国标 B 型车,4 辆编组。车辆定距 10.4m,固定轴距 2.2m,车辆最大轴重 140kN,最小轴重 80kN。活荷载图式如图 6-4-45 所示。

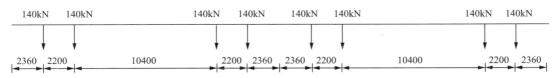

图 6-4-45 列车活荷载图式(尺寸单位:mm)

(3)反力架加载方案设计

试验采用 5 个门式反力架。依据"跨中弯矩相等且支点剪力近似相等"原则(该原则可减少加载工作量,每一次加载同时满足跨中最大弯矩与设计荷载弯矩相等、支点最大剪力与设计荷载剪力相等条件),中心间距 5.5m,试验 U 形梁槽内布设横向分配梁和纵向分配梁,实现纵向和横向加载力的传递。底板加载点 P_1 设置纵向分配梁和横向分配梁,腹板加载点 P_2 下设纵向分配梁,U 形梁的加载方案示意图如图 6-4-46 所示。

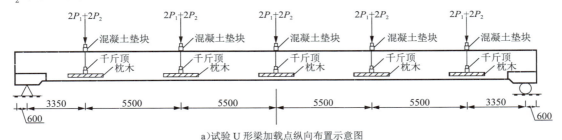

a)试验 U 形梁加载点纵向布置示意图

b)试验 U 形梁加载点横向布置示意图

图 6-4-46 试验 U 形梁加载点纵向、横向布置示意图(尺寸单位:mm)

本方案 P_1 加载满足 $K \leqslant 1.0$;P_2 加载满足 $1.0 \leqslant K \leqslant 2.0$,计算得出:$P_1$=156.2kN,$P_2$=580.2kN。

对应支点剪力 R 为 1.0 的加载荷载效率(加载值与计算值的比值)为 0.88;R 为 1.2 的

加载荷载效率为 0.78,满足剪力近似相等的原则。

（4）加载工况和步骤

①工况 1:二期恒载分四级加载,分别为 30%、60%、80% 和 100% 的二期恒载设计弯矩。

②工况 2:正常运营阶段,1.0 倍主力组合下的最大弯矩加载,共分 4 级,分别为 30%、60%、90% 和 100% 的设计弯矩。

③工况 3:开裂阶段,1.2 倍主力组合下的最大弯矩加载,共分 3 级,分别为 100%、110%、120% 的设计弯矩。

每级荷载的加载在 15～30min 内完成,每级加载完成后,持荷 3～5min 后,继续下一步加载。

（5）加载结果

前 30 榀梁抽取 1 榀,后续每 200 榀抽取 1 榀进行静载试验,按照"大跨代小跨"的原则均选取 30m 跨度的梁进行测试。常温季节进行了 4 次静载试验,各项性能的指标测试结果见表 6-4-2,梁体刚度、变形、应力增量及抗裂性能均满足使用要求。静载试验过程见图 6-4-47、图 6-4-48。

四次静载试验关键性能测试　　　　　　　　　表 6-4-2

静载试验指标	试验日期(年-月-日)				标准要求
	2016-3-18	2016-3-19	2016-7-16	2016-10-25	
挠跨比	1/2600	1/2962	1/3609	1/3417	≤L/2000
跨中道床板最大挠度(mm)	11.04	9.96	7.84	8.4	≤14.2
相对残余变位(%)	2.1～6.4	2.06～3.47	2.68～6.8	—	≤20%
相对残余应变(%)	0～14.43	0.59～5.05	0～17.1	—	≤20%
跨中应力增量校验系数	0.67～0.89	0.43.1.00	0.45～0.9	—	≤1.0
主梁抗裂性	合格	合格	合格	合格	合格
道床板抗裂性	合格	合格	合格	合格	合格

图 6-4-47　U 形梁静载试验现场

图 6-4-48　试验裂缝观察

6.4.5　双层存梁施工

1）主要内容

（1）双层存梁台座由钢筋混凝土基础以及与其连接的装配式门式钢构组成,每个台座可存放 2 片 U 形梁;下层梁存放于钢筋混凝土基础上,上层梁存放于门式钢构上,两片梁互不接触。

(2)门式钢构由立柱、横梁和斜撑三部分构件组成,各构件标准化设计,相互之间通过螺栓连接,安拆方便、通用性强。

(3)门式钢构立柱底部焊接柱脚钢板,钢板上预留螺栓孔,钢筋混凝土基础上预埋锚栓,通过锚栓将门式钢构固定在基础上。通过锚栓螺母精确调整立柱高程,使用支座灌浆料填塞柱脚钢板与基础之间缝隙,使之连接牢固。

2)技术特点

U形梁为薄壁开口结构,抗扭刚度差,对存放台座的刚度要求高,且不能采用上下层叠放的方式进行接触式多层存放。本工程采用非接触式双层存放,避免接触式多层存梁时梁体损伤的风险,同时存梁区占地面积大大减小,如图 6-4-49 所示。

图 6-4-49 双层存梁

3)施工注意事项

(1)立柱安装完成后,横梁安装之前,应检查立柱垂直度,确保立柱垂直受力。

(2)立柱与法兰盘、立柱与横梁、横梁双拼等均需满焊。

(3)支点位置根据支座位置进行放样,使用电子水准仪进行高程控制;存梁时四点高差不大于 2mm,且任意一点与另外三点构成的平面距离不大于 2mm,高差不满足时,通过支点钢板调整。

(4)先安装立柱,待立柱竖直度满足要求后,再安装斜撑,安装完成后将浮锈打磨清理干净,涂刷防锈漆进行防腐处理。

(5)钢管立柱、斜撑表面若存在孔洞应进行焊接封堵,防止养护用水进入钢管内部腐蚀钢管。

(6)下层存梁时,先将立柱接头以上部分拆除,U形梁存放就位后在将其安装复原。

(7)上层存梁时,应先检查钢结构各处连接是否牢固,出现松动及时加固,落梁时提梁机先提梁在台座正上方就位,随后将U形梁下放至距离支点约10cm停止,待U形梁停止晃动后,先将一端缓慢下落至支点上,并进行检查,无异常方可将另一端缓慢下放至支点。

(8)提梁过程与存梁过程相反,吊具安装完成后,先将U形梁一端缓慢提起,离开支点约10cm停止,检查无异常方可缓慢提起另一端。上层U形梁提走后拆除立柱节点以上部分钢结构,再进行下层U形梁提梁。

(9)存梁、提梁过程需提梁机精确就位,提升、下放均应缓慢进行,减少对钢结构的冲击。

(10)现场技术人员应定期对台座进行检查和变形监测,检查内容包括钢结构连接是否牢固、是否锈蚀等;监测内容包括混凝土沉降、钢结构变形、支点不均匀沉降等。

6.4.6　U形梁提运架施工

U形梁提运架施工流程如图6-4-50所示。

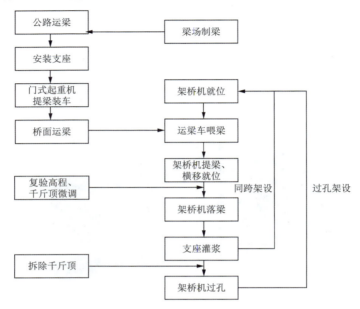

图 6-4-50　U形梁提运架施工流程图

1）提梁、移梁作业

场内移梁采用250t轮胎式吊梁机提梁，在制梁区内把梁体吊起后，移向存梁区。吊梁时的8个吊点，分别设置在U形梁的两端，8个吊点处均预留了$\phi 80mm$的吊装孔。

轮胎式提梁机行走至待移位U形梁上方用专用吊具与U形梁可靠连接，然后轮胎式提梁机将U形梁缓慢吊起至100mm左右停车制动，检查梁体纵横向水平度是否满足要求，否则应将梁体落下重新调整两台门式起重机起升高度，同时检查门式起重机起升制动是否可靠，一切正常后方可继续作业。场内移梁、提梁装车见图6-4-51。

2）U形梁运输作业

U形梁运输流程为：液压挂车停至指定装车地点→车板接货→上铺垫胶皮→将均载梁装载于液压平板车上→转盘上铺垫胶皮→将U形梁装载在均载梁上→固定支撑架→封车→行驶至提梁点→提梁。U形梁运输见图6-4-52。

图 6-4-51　提梁机提梁装车

图 6-4-52　公路运梁

3)U 形梁架设施工

U 形梁架设施工步骤为：

①提梁点场地硬化，轨道基础制作，提梁门式起重机轨道铺设。

②提梁门式起重机先进场，在提梁点场地拼装，并架设头 3 孔 U 形梁。

③提梁点架桥机和运梁车随后进场，在已架好的桥面上拼装。

④门式起重机将拉运至提梁点的 U 形梁换装到桥面运梁车，运梁车喂梁到架桥机尾部，架桥机完成架梁。

⑤架桥机从提梁点开始向一个方向架设，直至该方向 U 形梁全部架设完毕，架桥机退回至提梁点。

⑥如果提梁点另一个方向需要架梁，且架桥机具备双向施工功能，在提梁点借助门式起重机稍作调整后即可反向施工。

⑦所有架梁任务全部结束后，架桥机、运梁车退回至提梁点，架桥机先拆除退场或转运至下一个提梁点。

⑧提梁门式起重机配合自制收轨小车完成收轨、装车后再拆除退场或转至下一个提梁点。U 形梁架设过程见图 6-4-53～图 6-4-56。

图 6-4-53　支座安装

图 6-4-54　门式起重机提梁装车

图 6-4-55　桥面运梁车运梁

图 6-4-56　架桥机架梁

4）分叉段架梁技术

分叉段 U 形梁架设采用门式起重机安装或移位器移梁安装的施工方案，能有效利用现有空间，提高安全施工系数，极大消除了施工对社会周边环境及交通的影响，同时通过改进分叉段 U 形梁架设施工工艺，降低了有效成本，增加了项目的整体效益。

（1）分叉段移位器移梁架设施工

运梁车运梁至提梁点→桥面运梁至架桥机位置→分叉段钢支架搭设→操作脚手架平台

搭设→架桥机分叉段 U 形梁全部架设到位→架桥机退回→收轨车收轨→移位器拼装并移梁到位→脚手架及钢支撑拆除,如图 6-4-57、图 6-4-58 所示。

图 6-4-57　分叉段钢支架安装

图 6-4-58　移位器移梁安装

(2)分叉段门式起重机提梁架设施工

分叉段门式起重机轨道基础施工→门式起重机轨道铺设→门式起重机拼装→门式起重机提梁安装→跨路段临时封路并铺设路基板与轨道→跨路段完成提梁安装→拆除跨路段临时路基板与轨道→完成剩余 U 形梁的安装→拆除门式起重机,见图 6-4-59、图 6-4-60。

图 6-4-59　跨线架梁门式起重机轨道基础

图 6-4-60　门式起重机架梁

6.4.7　小结

针对 U 形梁技术问题,通过调研、研讨、不断优化,采用优化混凝土含气量、选用不锈钢碳钢复合模板、交叉布设附着式振捣器、涂刷水性脱模剂、粘贴透水土工布等多种手段,大幅提升 U 形梁外观质量;综合采用掺加聚丙烯纤维、控制拆模时间、立体化自动喷淋系统、优化配合比等措施,有效控制 U 形梁混凝土早期裂缝;实现"一串三"预制,开展三阶段张拉工艺研究,应用智能数控张拉技术,有效控制预应力值。成桥后线形平顺,造型美观,实现了外观与质量的有机统一。

6.5　高架车站清水混凝土施工技术

6.5.1　工程概况

琅琊站、贡口湾站及董家口火车站站厅层公共区顶板及梁、立柱采用清水混凝土,各站点的同一清水构件尺寸类似。立柱有 1000mm×1000mm 的清水柱方柱和

900mm×1400mm 的椭圆清水柱两种,混凝土强度等级均为 C40。除两个边梁外各结构次梁与顶板用 200mm 半径圆角倒角连接,梁底部采用 100mm 半径倒圆角,主纵梁底部采用 100mm 半径倒圆角,顶板厚 250mm,顶板和梁混凝土强度等级为 C40。与地下站相比高架站梁较多,与板连接处及底部均为倒圆角,模板拼装难度很大。

6.5.2 施工技术

1)高架站清水混凝土模板工艺

高架站的立柱模板设计、打磨、止浆、脱模剂涂刷、安装和拆除工艺均与地下站立柱相同。高架站梁、板的造型与地下站有所差异,高架站的梁底和侧面模板采用单块模板拼装成型,拼缝粘贴 2mm 止浆条;梁底半径 100mm 的倒圆角采用定制的塑料条制作,塑料条与模板接触处打玻璃胶止浆;梁与板之间 200mm 的倒圆角采用定制的木模板成型;板采用单块模板拼装成型;梁、板接缝处均粘贴 2mm 止浆条。梁、板拼接和安装完成后涂刷专用水性脱模剂,水性脱模剂需稀释后使用,稀释比例为 1:2。

2)高架站清水混凝土配制及施工工艺

(1)高架站清水混凝土设计要求

与地下站相比,高架站的顶梁、板和柱均不易开裂,无抗渗性要求,且非腐蚀环境。由于靠近海边高架站清水混凝土设计时参照地下站的耐久性要求,电通量≤1200C。高架站光线较好,高架站混凝土颜色需要偏白色,方能呈现良好的视觉效果。高架站清水混凝土性能指标要求见表 6-5-1。生产时需要根据当天检测的原材料含水率进行状态调整。

高架站清水混凝土性能指标 表 6-5-1

项 目	强度等级	使用部位	最大水灰比	胶凝材料用量(kg/m³)	电通量(C)	颜 色
性能指标	C40	顶板、梁、立柱	0.45	320~450	≤1200	偏白色

(2)立柱混凝土施工

①混凝土生产

立柱清水混凝土生产过程中,每次同时浇筑两根立柱共 8~10m³ 混凝土,分 3 盘搅拌,每盘搅拌 150s。新拌混凝土性能测试见表 6-5-2。

新拌混凝土性能指标 表 6-5-2

项 目	工程部位	坍落度(mm)	扩展度(mm)	含气量(%)	保坍时间(h)	现场凝结时间(h)
性能指标	立柱	180±20	400±30	2.0±0.5	1.5~2.0	6~8

②混凝土入模和振捣

立柱混凝土采用 1m³ 吊斗入模,根据分层厚度 50cm 计算立柱,每层混凝土约 0.5m³,每次装半斗即可精确控制混凝土分层厚度。振捣点设置与地下站相同,振捣时间控制在 40~50s。

③混凝土拆模和养护

高架站立柱施工时间为夏季,气温较高,应控制拆模时间不少于 2d,拆模后采用带膜土工布养护(图 6-5-1)。

图 6-5-1　混凝土覆膜养护

（3）梁、板混凝土施工

①混凝土生产

梁、板清水混凝土生产过程中，每次浇筑方量为 300～400m³，每车装 8～10m³ 混凝土，分 3～4 盘搅拌。新拌混凝土性能测试结果见表 6-5-3。

新拌混凝土性能指标　　　　　　　　　　表 6-5-3

项目	工程部位	坍落度(mm)	扩展度(mm)	含气量(%)	保坍时间(h)	现场凝结时间(h)
性能指标	梁、板	200±20	400±50	2.0±0.5	1.5～2.0	6～8

②混凝土入模和振捣

采用 1 台泵车沿长边布料，板厚度 25cm，采用全面分层浇筑，一层到顶，沿着长边推进。当梁、板浇筑接近另一端时，从另一端往回浇筑，将浮浆集中在中间并清除。梁的钢筋密集，浇筑到梁时混凝土坍落度调整到 200～220mm，使混凝土填充密实。板浇筑时采用梅花形振捣，振捣棒靠近底膜，使底部气泡排除。

③混凝土养护和拆模

由于气温较高，梁、板已浇筑完成部分，应采用薄膜及时覆盖（图 6-5-1），混凝土全部浇筑完成后采用土工布覆盖洒水养护，混凝土强度达到设计要求后方可拆模。

3）高架站清水混凝土施工效果

高架站清水混凝土成品效果良好，外观无明显气泡，色泽均匀，并且呈白色，表面平整，棱角方正，线条通顺，满足清水混凝土的设计要求，如图 6-5-2～图 6-5-4 所示。

图 6-5-2　琅琊站混凝土成品

图 6-5-3　贡口湾站混凝土成品

图 6-5-4　董家口火车站混凝土成品

6.5.3 小结

高架站梁、板的造型与地下站有所差异,高架站的梁底和侧面模板采用单块模板拼装成型,梁底半径 100mm 的倒圆角采用定制的塑料条制作,梁与板之间的倒圆角采用定制的木模板成型,板采用单块模板拼装成型。在施工过程中加强现场组织和质量控制,混凝土的力学性能和耐久性能等各项性能均满足相关规范要求。外观无明显气泡,色泽均匀,表面平整,棱角方正,线条通顺,满足清水混凝土的设计要求。

6.6 其他高架区间施工技术

6.6.1 不锈钢模板技术

1)技术要求和特点

为了提高墩身、盖梁外观质量,减小劳动强度,提高工效,采用不锈钢复合钢模板。

不锈钢复合板是以碳钢基层与不锈钢覆层结合而成的复合板钢板,其主要特点是碳钢和不锈钢形成牢固的冶金结合体,该结合体具有屈服强度高、耐腐性能好、表面美观、复合牢固、加工性能好、延伸率高、导热系数高等特点。

2)模板选材与加工要求

不锈钢复合金属材料是将两种及以上不同的金属材料通过复合组坯,轧制成多重规格的金属复合材料,即可提高产品的使用性能,成为一种新型功能性材料。

该复合板采用不锈钢—碳钢复合钢板,即 Q235+304(6mm+2mm)。面板采用 6mm 厚钢板与 2mm 厚不锈钢板轧制而成,其余竖边框、法兰、竖边框加强肋、滴水槽肋、定位销板采用 12mm 钢板,环肋采用 [12 型钢,竖肋采用 [10 型钢。拉杆为 $\phi 25$mm 精轧螺纹钢,如图 6-6-1、图 6-6-2 所示。

图 6-6-1 墩身不锈钢复合模板图　　图 6-6-2 盖梁不锈钢复合模板

3)应用效果

(1)模板表面清理时间可以缩短 50% 以上。

(2)大幅降低作业工人的劳动强度。

(3)有效改善混凝土外观质量,提高观感质量,如图 6-6-3、图 6-6-4 所示。

图 6-6-3　墩身混凝土外观效果　　　　　图 6-6-4　盖梁混凝土外观效果

6.6.2　智能温控混凝土加热模板技术

1）工程概况

本工程高架区间地处青岛市胶南地区,寒潮一般发生于12月~次年2月。根据气象资料,该地区多年平均气温12.1℃,历年最高气温37.5℃(1997年7月27日),最低气温-16.2℃(1981年1月27日)。冬季降雪较少,年平均降雪日10d,年均结冰日82d,土的冻结深度为0.50m。

本工程因工期需要,需安排冬期施工。盖梁及连续梁施工为控制总工期的关键工序,且均为预应力构件,依据设计要求,预应力施工时结构混凝土的强度需达到设计强度的100%。故需对盖梁及连续梁混凝土采取必要的保温措施,以加快混凝土的强度增长速度,使其尽快满足预应力施工的条件。

2）冬期施工保温措施比选

由于暖棚法和蒸汽加热法无操作空间,故采用的混凝土保温养护方法主要有两种:

(1)蓄热法:构件混凝土外包裹塑料薄膜、厚棉被和防水篷布保温。

(2)电加热法:构件混凝土外包裹电加热材料进行保温(外部电加热法)。

蓄热法是以保温材料包裹结构混凝土减少热量损失,以混凝土自身水化热产生的热量促使混凝土强度得到增长。蓄热法施工简便,但保温效果不佳。电加热法是以电热丝或电热毯为结构混凝土提供热量,外侧包裹热反射膜等保温材料蓄热,以达到更好的保温效果。电加热法施工相对较复杂,但保温效果极好。

两种保温方法各有优点。针对以上两种冬期施工混凝土保温措施的效果进行对比试验,选取世纪大道站—盛海路站区间SZ15号盖梁和SZ37号盖梁为试验对象。SZ15号盖梁采用蓄热法保温,SZ37号盖梁采用电加热法保温。

电加热法与蓄热法试验对比结果:

(1)养护阶段,混凝土的自身温度高出约10℃。

(2)混凝土所处的环境温度也相对较高,混凝土内外温差更小。

(3)养护阶段,混凝土的强度高出约10MPa。

(4)混凝土强度上升更快,3d内即可达到设计强度95%以上。

由此可得出结论,在冬期施工混凝土的保温效果上,采用电加热法保温养护比采用蓄热法保温养护优势明显,故冬期施工采用电加热法对结构混凝土进行保温养护。

3）技术介绍

电加热法保温施工流程如图6-6-5所示。

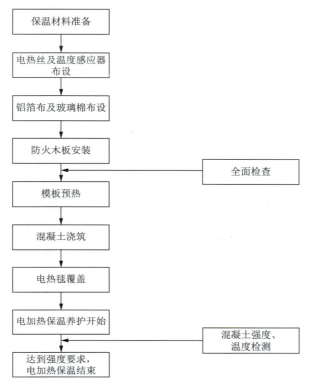

图 6-6-5　电加热法保温施工流程图

（1）测点布设

盖梁测点分为混凝土内部测点和外部测点。

内部测点为盖梁钢筋绑扎过程中,在盖梁内部埋设温度感应器,用于监测盖梁混凝土浇筑完成后的温度变化情况。温度感应器用胶带包裹并固定在盖梁钢筋上,取盖梁结构的一半布置温度感应器,共布置测点 33 个。

中部布置 11 个测点,盖梁两侧面混凝土边缘分别布置 11 个测点,每个测点的温度感应器固定在离结构混凝土表面约 10cm 处;且两侧面测点编号相同,其中一侧作为备用测点,当另一侧测点有损坏时,备用测点作为替代,故实际布置测点 22 个。盖梁内温度感应器布置如图 6-6-6、图 6-6-7 所示。

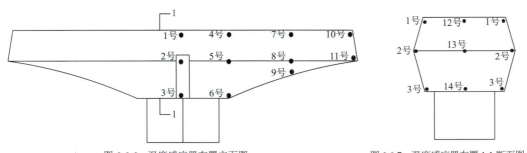

图 6-6-6　温度感应器布置立面图　　　　图 6-6-7　温度感应器布置 1-1 断面图

外部测点是为了反映盖梁混凝土所处周围环境温度情况,增加布置盖梁模板四周各一个测点,盖梁顶部两个测点。

(2)电加热保温材料布设

盖梁混凝土浇筑之前对 SZ37 号盖梁进行电加热保温材料布设。电加热保温材料布设于盖梁底模及侧模外,保温材料从模板开始由内到外分别为:电热丝、铝箔布(热反射膜)、玻璃棉(聚乙烯、岩棉)、防火木板,材料见图 6-6-8、图 6-6-9。

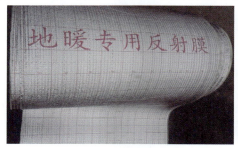 

图 6-6-8　热反射膜　　　　　　　　　　图 6-6-9　玻璃棉

盖梁模板电加热保温材料总体上按照模板横肋及竖肋的空档分隔布设。首先在模板外侧沿横肋及竖肋走向布置电热丝,电热丝走向与模板背肋平行,布设密度为 8～10m/m²,同时埋设温控感应器。然后,电热丝外侧覆盖铝箔布热反射膜,铝箔布外侧覆盖 5cm 厚玻璃棉(聚乙烯棉或岩棉),最外侧用涂刷过防火涂料的木板压紧固定,见图 6-6-10～图 6-6-12。

图 6-6-10　电热丝布设　　　　　　　　图 6-6-11　热反射膜包裹玻璃棉

图 6-6-12　电加热保温材料布设完毕

(3)混凝土保温养护

盖梁混凝土浇筑之前 0.5h 开始通电加热,对盖梁模板进行预热,预热温度以 20℃进行控制,保证盖梁混凝土入模后热量不致散失。盖梁混凝土浇筑过程中,保持通电加热,以确保浇筑过程中混凝土温度满足要求。

混凝土浇筑完成并初凝后,用电热毯覆盖于盖梁混凝土顶面,盖梁侧面及底部仍维持原状态不变,继续电加热保温。

为了防止加热温度过高,混凝土水分散失过快,由盖梁模板表面布设的温控感应器控制加热开关。温控范围为35～45℃,即温度低于35℃时,加热开关开启,开始加热;温度高于45℃时,加热开关关闭,停止加热;直至盖梁混凝土强度达到设计强度100%后,停止电加热保温。

4)小结

电加热法混凝土保温养护被广泛地应用于本工程盖梁及现浇连续梁的冬期施工之中,实践证明,电加热法保温效果极好,使得结构混凝土强度上升较快,从而大大缩短了施工周期;且电加热法环保,不会对混凝土自身产生不利影响,且不受场地和空间限制。

施工中必须特别重视和关注电加热法保温施工中的用电安全问题,确保施工安全。

6.6.3 装配式作业平台的应用

1)应用背景

本工程明挖车站、高架车站及高架区间桥梁工程施工中,存在大量施工人员上下通道和高空作业平台的情况,使得高空作业安全风险较大。为降低高空作业安全风险,提升作业效率,加速生产模式向机械化和装配式转型,本工程全面应用装配式作业平台。

2)技术特点

装配式作业平台采用钢结构加工,机械拼装,并可整体吊装。具有工厂化生产、工具化操作、标准化制作、安装简便等特点。

(1)安全性能高

装配式作业平台为钢结构框架,各部件可在工厂内进行焊接,集中加工,连接牢靠;装配式作业平台操作空间大,稳定性优势明显,在进行钢筋绑扎和模板安装时可保障作业人员安全;装配式作业平台作为上下通道,全部采用标准化踏步,综合安全性能高。

(2)工厂化生产,标准化程度高

装配式作业平台设计完成后直接在钢结构加工厂定型化集中生产,美观大方,满足标准化施工的要求。

(3)安装简便,质量可靠

装配式作业平台采用高强度螺栓栓接,安装简便,节省人力物力。

(4)施工工效高,周转方便

装配式作业平台组装时间一般仅需1～2h,安装后可直接进行后续工序作业,作业平台空间大,能增加作业工人数量,不窝工,显著提高总体作业工效;另外,在相邻工作面施工时可以整体吊装,节约作业平台反复装拆时间,周转速度快。

3)技术介绍

(1)材料

装配式作业平台设计计算时需考虑施工中支架受到自重、人荷载、风荷载作用的情况。装配式作业平台框架采用I12型钢,内支撑、护栏采用$\phi 30mm \times 2mm$钢管整体焊接成型,材料参数见表6-6-1。

主要材料设计参数表　　　　　　　　　表 6-6-1

序　号	材　料	规　格	材　质
1	框架	I12	Q235B
2	内支撑	$\phi30mm\times2mm$	Q235B
3	护栏	$\phi30mm\times2mm$	Q235B

（2）组装说明

装配式作业平台由框架、踏步、作业平台、栏杆等主要部件组成，每层高度2m，分为四块；其中侧支架2片，楼梯支架1片，楼梯对面支架1片，施工时将四片支架用螺栓连接成为一整节，成"回"字形，施工时根据需要的高度进行自由组装，在节与节之间同样用螺栓连接，操作平台内外均设置栏杆，保证作业人员高空作业安全；另外在外围设置密目网，悬挂安全警示标识。组装完成后可整体吊装，非常适合高架及车站施工中相邻作业面间的倒运。装配式作业平台安装流程图如图6-6-13所示。

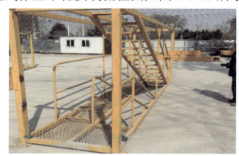
a）楼梯支架安装

b）第一个侧支架安装

c）第二个侧支架安装

d）楼梯对面支架安装，第一节安装完成

e）四块支架之间用螺栓连接牢固

图　6-6-13

f)安装第二层楼梯支架(从第二层开始,每安装一节需安装好上下连接螺栓)

g)按前4步依次安装上层楼梯支架,并安装连接角钢加固

图 6-6-13　装配式作业平台安装流程图

装配式作业平台可直接安装在承台、车站立柱及底板上,有效地利用结构,在满足作业平台整体稳定性的同时,可确保牢固安全,如图6-6-14～图6-6-16所示。

图 6-6-14　墩柱装配式作业平台　　　　图 6-6-15　车站装配式作业平台

图 6-6-16　装配式作业平台车站立柱施工

4）小结

本工程中使用的装配式作业平台施工工艺,解决了传统脚手架安全风险高、施工效率低、文明施工差等诸多难题。另外通过提高周转率,取得了明显的经济效益,适合推广至城市轨道交通及其他行业桥梁工程施工。

6.6.4 销键型脚手架技术

（1）销键型钢管脚手架支撑架的立杆上每隔一定距离都焊有连接盘、键槽连接座或其他连接件,横杆、斜拉杆两端焊有连接接头,通过敲击楔形插销或键槽接头,将横杆、斜拉杆的接头与立杆上的连接盘、键槽连接座或连接件锁紧,如图 6-6-17 所示。

 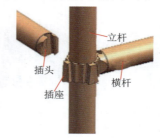 

a）盘销式脚手架节点　　　　b）键槽式支架节点　　　　c）插接式脚手架节点

图 6-6-17　销键型钢管脚手架及支撑架

（2）销键型钢管脚手架支撑架分为 $\phi 60mm$ 系列重型支撑架和 $\phi 48mm$ 系列轻型脚手架两大类：

① $\phi 60mm$ 系列重型支撑架的立杆为 $\phi 60mm \times 3.2mm$ 焊管制成（材质为 Q345）；立杆规格有：0.5m、1m、1.5m、2m、2.5m、3m,每隔 0.5m 焊有一个连接盘或键槽连接座；横杆及斜拉杆均采用 $\phi 48mm \times 2.5mm$ 焊管制成,两端焊有插头并配有楔形插销,搭设时每隔 1.5m 搭设一步横杆。

② $\phi 48mm$ 系列轻型脚手架的立杆为 $\phi 48mm \times 3.2mm$ 焊管制成（材质为 Q345）；立杆规格有：0.5m、1m、1.5m、2m、2.5m、3m,每隔 0.5m 焊有一个连接盘或键槽连接座；横杆采用 $\phi 48mm \times 2.5mm$,斜杆采用 $\phi 42mm \times 2.5mm$、$\phi 33mm \times 2.3mm$ 焊管制成,两端焊有插头并配有楔形插销（键槽式钢管支架采用楔形槽插头）,搭设时每隔 1.5～2m 设一步横杆（根据搭设形式确定）。

③销键型钢管脚手架支撑架一般与可调底座、可调托座以及连墙撑等多种辅助件配套使用。

④销键型钢管脚手架支撑架施工前应进行相关计算,编制安全专项施工方案,确保架体稳定和安全。

（3）销键型钢管脚手架支撑架的主要特点。

①安全可靠。立杆上的连接盘或键槽连接座与焊接在横杆或斜拉杆上的插头锁紧,使得接头传力可靠；立杆与立杆的连接为同轴心承插,各杆件轴心交于一点。架体受力以轴心受压为主,由于有斜拉杆的连接,使得架体的每个单元形成格构柱,因而承载力高,不易发生失稳。

②搭拆快、易管理。横杆、斜拉杆与立杆连接,用一把铁锤敲击楔形销即可完成搭设与拆除,速度快,功效高。全部杆件系列化、标准化,便于仓储、运输和堆放。

③适应性强。除搭设一些常规架体外,由于有斜拉杆的连接,盘销式脚手架还可搭设悬挑结构、跨空结构、整体移动、整体吊装、拆卸的架体。

④节省材料、绿色环保。由于采用低合金结构钢为主要材料,在表面热浸镀锌处理后,与钢管扣件脚手架、碗扣式钢管脚手架相比,在同等荷载情况下,材料可以节省约 1/3 左右,产品寿命长,绿色环保,技术经济效益明显,如图 6-6-18 所示。

图 6-6-18　跨路连续箱梁销键型钢管脚手架的应用

6.6.5　钢结构深化设计与物联网应用技术

1)技术内容

钢结构深化设计是以施工图、计算书及其他相关资料为依据,运用专业深化设计软件平台,建立三维实体模型,计算节点坐标定位调整值,并生成结构安装布置图、零构件图、报表清单等过程。钢结构深化设计与 BIM 结合,实现了模型信息化共享,由传统的"放样出图"延伸到施工全过程。物联网技术是通过射频识别(RFID)、红外感应器等信息传感设备,按约定的协议,将物品与互联网相连接,进行信息交换和通信,以实现智能化识别、定位、追踪、监控和管理的一种网络技术。在钢结构施工过程中应用物联网技术,改善了施工数据的采集、传递、存储、分析、使用等各个环节,将人员、材料、机器、产品等与施工管理、决策建立更为密切的关系,并可进一步将信息与 BIM 模型进行关联,提高施工效率、质量和创新能力,提升产品制造和管理的信息化管理水平。

2)项目应用案例

高架车站钢结构工程深化设计技术依托 TEKLA 软件平台建立三维实体模型,将 TEKLA 模型构件,按指定编码规则对构件进行自动 ID 编号,然后将 TEKLA 模型导入到 BIM 三维模型软件 NAVISWORKS 中,再将 BIM 三维模型放入 BIM 信息化平台中;将 TEKLA 软件中的构件信息以数据流的形式整体导入到 BIM 信息化平台中,然后将构件的数据信息逐一映射到 BIM 信息化平台中的模型构件上,即可以在任意时间、地点查询所在项目的三维建筑实时进度模型和任意钢构件的加工制作、运输、安装等实时状态,从而对项目进行下一步决策分析和管控。在安装过程中利用手持设备可以对构件进行精准定位,避免混淆,提高安装效率。钢结构深化设计模型见图 6-6-19。

 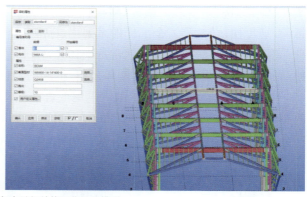

图 6-6-19　高架车站钢结构深化设计模型

第7章
车辆基地技术创新

7.1 工程概况

7.2 主要设计方案

7.3 设计重难点及技术创新

7.1 工程概况

青岛地铁 13 号线根据线路走向及行车组织需要,共设置两场一段,分别为灵山卫停车场、古镇口车辆基地、董家口停车场。

灵山卫停车场选址于漓江路北侧、东岳路南侧,卧龙河西岸的三角地块,接轨于灵山卫站;灵山卫停车场(图 7-1-1)由于出入线条件限制及周边地形复杂,设置为地下停车场,承担本线部分车辆停车列检任务。

图 7-1-1　灵山卫停车场

古镇口车辆基地(图 7-1-2)地选址于张家楼镇下村南侧,大体呈南北向布置,接轨于古镇口站;古镇口车辆基地定位为大架修基地,承担 13 号线及 6 号线车辆的大架修任务。

图 7-1-2　古镇口车辆基地

董家口停车场(图 7-1-3)选址于旺山村东侧,位于规划青连铁路南侧、规划钢厂路西侧,规划产业一路北侧,接轨于董家口火车站;董家口停车场定位为停车场,承担本线部分车辆停车列检任务及双周/三月检任务。

图 7-1-3　董家口停车场

7.2 主要设计方案

7.2.1 灵山卫停车场

1）总图设计

灵山卫停车场内原地形高差起伏较大,高程自西向东从 6.5m 到 22m 呈上升趋势。停车场地块规划为公园用地、街头绿地和公共交通用地。根据规划部门的要求,除设计的停车列检库区域可建设地面建筑外,停车场用地其他范围内仅可建设构筑物或恢复绿地。停车场接轨站灵山卫站为地下站,接轨站的轨面设计高程约 −10m,而停车场出入线长度仅 700m 左右,出入线还需下穿朝阳路,出入线最大纵坡达到 35‰,停车场的轨面高程仅能达到 8.6m。结合地形高差、规划要求、出入线条件等因素,灵山卫停车场设置为地下停车场,停车列检库区域采用上盖模式建设地铁办公用的综合楼,其他区域建设城市公园或恢复景观绿地。

灵山卫停车场规模较小,仅设置 14 列位停车列检线及必要的辅助用房。为延长出入线长度,抬高停车场轨面高程,停车列检位采用 1 线 1 列位的布置方式。地下停车场设置停车列检库、洗车库、牵引变电所、辅助边跨等,另设置 1 个 3 线共用的主变电所;综合楼采用上盖方式设置在停车列检库上方。地下停车场的总图布局见图 7-2-1。

2）工艺设计

灵山卫停车场定位为辅助停车场,承担本线部分车辆的乘务、停放、列车技术检查和洗刷清扫等日常维修和保养任务,主要工艺设施包括停车列检库、洗车库等。

（1）停车列检库

库内共设置 14 列位停车列检线,采用 1 线 1 列位的布置方式,包括 7 列位的停车线、7 列位的列检线,其中列检线设置壁式检查坑;停车列检线均要求架设具有电气防护的接触轨入库;检查坑内设安全电压照明、安全电压照明插座及动力插座。为方便工作人员上下列车,每股道均设置固定式上司机室平台。停车列检库南侧设置二层的辅助边跨,含停车列检班组用房、拨号控制中心（DCC）、交班会议室等。

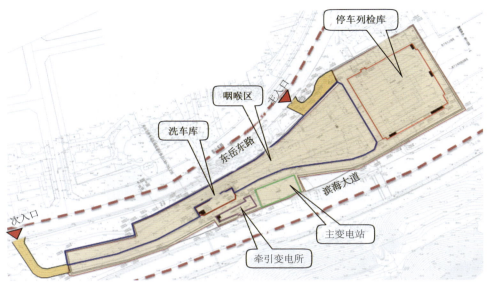

图 7-2-1 地下停车场总图布局

（2）洗车库

洗车库采用"八字往复式"方式与出入线平行布置，洗车库内设置有列车自动清洗机，具有喷淋系统、侧面刷洗系统、侧顶弧面刷洗系统、端面仿形刷洗系统、数据采集与监视控制（SCADA）实时监控报警系统、作业信号系统、控制系统、光催化氧化系统、水供给系统、洗涤液供给系统、压缩空气吹干与供给系统、水循环系统、生化水处理系统及摄像监控系统等，能够自动完成列车车头、车尾、两侧的清洗工作，整个列车清洗过程实现自动化。

3）建筑设计

（1）总图布置及竖向设计

受限于地形高差、规划要求、出入线条件等控制因素，灵山卫停车场设置为地下停车场。考虑到便于运营管理和节约用地等因素，在满足工艺流程及生产作业需要设置相应的配套生产房屋。西侧主要为咽喉区，东侧主要为停车列检库。为综合利用土地，车场上方实施了综合开发。考虑到咽喉区受限轨道布置，柱网不规则，上方设置景观运动公园；停车列检库区域柱网可规则布置，上方上盖有综合楼。地下停车场平面尺寸较大，且位于地下封闭空间，灭火救援存在困难，故在设计时在停车场周围设置了环形车道。环形车道满足自然排烟的要求，保证了有效排烟面积不应低于车道面积的 25%，且满足消防车通行及作业条件。停车场两侧道路东岳东路、漓江路地面高程由西向东从 6m 到 22m 呈上升趋势，形成高差，故地下停车场部分层高结合工艺净高需要，出入线区域、咽喉区域、停车列检库区域分别按 8m、9m、10m 三个层高设置，结合道路，顺应地势。停车场竖向设计见图 7-2-2。

（2）主要生产房屋布置

地下停车场主要生产区域包括咽喉区、洗车库、牵引变电所、停车列检库等。咽喉区主要是道岔、轨道，以列车通行为主，平常无人员作业；咽喉区定性为地下区间，建筑面积 15000m²，划分为一个防火分区；咽喉区盖板开口率不低于总面积的 5%。洗车库主要是列车自动清洗区域，平常有值班人员，定性为地下戊类厂房，建筑面积 840m²，划分为一个防火分区。牵引变电所内主要是供变电设备,平常有值班人员,定性为地下丙类厂房,建筑面积 616 m²,划分为一个防火分区。停车列检库是停车场的主要生产用房,由停车列检车库、辅助边跨组成;停车列检车库部分为一层,定性为地下丁类厂房,设股道 14 道,长 96m,宽 83m,总建筑面积 10082.56m²,划分为 2 个防火分区;停车列检库库北部设置两层的生产车间,一、二层各划分为一个防火分区。

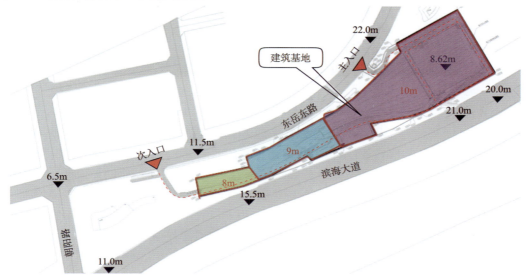

图 7-2-2 停车场竖向设计图

7.2.2 古镇口车辆基地

1) 总图设计

古镇口车辆基地接轨于古镇口站,选址于下村东南侧,位于规划道路西侧的绿地之内,现状主要为农田,占地约 31.9hm²。车辆基地总图采用标准的横列尽端式布置方式,运用库、检修库顺接于出入段线平行布置。运用列车进出段方便、快捷;检修车辆通过牵出线从运用库进入检修库,作业顺畅。洗车库采用咽喉区"八字"通过式布置,位于出入段线右侧。轮对动态检测库布置在咽喉区,部分列车进段时需进行通过式检测。不落轮镟轮库布置于运用库与检修库咽喉区之间的空地内。调机及工程车库布置于检修库前三角空地内,并顺接于出入段线。卸材料线及板车停留线与出入段线顺向布置,便于车辆出入及大型材料、设备的运输装卸。工建料棚与材料堆场相邻布置,方便管理。物资总库设在运用库端部。在基地端部集中布置办公生活区及部分辅助生产房屋,包括综合楼、锅炉房及相应的广场、活动场地。用地最东侧临近规划道路设置试车线,长度按 1200m 设置,可满足 80km/h 试车要求。牵引降压混合变电所、污水处理站、危险品库等辅助生产房屋集中布置在出入段线与围墙间夹角地块内。

基地内主干道宽 7m,次干道宽 4m,分别与综合楼、运用库、检修库、物资总库等主要生产、办公房屋相连,方便工作人员以及材料运输车辆的进出。结合整体布置,该基地还留有一定的绿化用地。车辆基地的总图布局见图 7-2-3。

图 7-2-3　车辆基地总图布局

2）工艺设计

古镇口车辆基地定位为线网性大架修基地，承担本线及 6 号线车辆的大架修任务；承担本线车辆的定修及临修任务；承担本线部分车辆的双周/三月检任务；承担本线部分车辆的乘务、停放、列车技术检查和洗刷清扫等日常维修和保养任务；承担本线车辆运行中出现事故时的救援任务。该基地共设置停车列检位 32 列位、双周三月检 4 列位，大架修列位 3 列位（另预留 3 列位）、定修 2 列位、临修 1 列位、吹扫 1 列位、静调 1 列位，不落轮镟轮库 1 座，洗车库 1 座，试车线 1 条，还设置有综合维修中心、物资总库等。

（1）运用库

运用库由停车列检库、双周三月检库及辅助边跨组成。停车列检库按每股道 2 列位尽端式布置，列检列位数按停车列检总列位数的 50% 设计，列检列位靠近入库方向，设柱式检查坑；库内架设具有电气防护的接触轨入库（分段设置）。双周三月检库按每股道 1 列位尽端式布置，设柱式检查地坑，每股道设双层作业平台；库内不设置接触轨，依靠列车蓄电池从库前自牵引入库。辅助边跨设在双周三月检库尾端，主要包括行车控制室、DCC、通信信号设备室以及各类班组、办公用房。

（2）检修库

检修库总体上采用移车台实现车体转线的检修工艺，由大架修库、辅助检修区（包括转向架及轮轴检修区、部件检修间、车体配件检修间等）、定临修库、吹扫库、静调库组成。基地需承担 6 号线车辆的大架修作业，而 6 号线车辆为 6 辆编组 B 型车，因此吹扫库、静调库长度按满足 6 辆编组车辆作业需要考虑。6 号线车辆运至车辆基地，首先需在吹扫库内进行整列吹扫，后解编为 2 个单元车辆后调车至大架修库进行大架修作业。待大架修作业完成后，分单元调车至静调库联挂并进行静态调试作业，后在试车线进行动态调试，动态调试完成后即运至 6 号线投入运营。

大架修库包括 2 个 3 线库，设解体组装线 1 条，检修线 5 条，每股道停放 4 辆车，车体检修采用定位修，车体通过移车台实现转线。解体组装线设固定式架车机，另库内还预留 1 条检修线设置固定式架车机条件，库内设 16t 电动双梁桥式起重机。

转向架及轮轴检修间包括检修区、存放区，转向架及轮轴检修采用流水作业；检修区设置拆卸工位、构架检修区、清洗工位、探伤工位、轮对镟修工位、轮对轴箱分解组装工位、组装工位、静载试验工位等；存放区设置转向架及轮对存放线。部件检修区主要包括转向架部件检修区、电机检修区、电子电器检修区、车体配件检修区等。

定临修库设置 2 条定修线、1 条临修线,均采用整列入库,定位作业检修方式。定修列位设置有柱式检查坑、双层检修平台;临修列位设置有壁式检查坑、移动式架车机。库内设 10t 电动单钩桥式起重机、2t 电动单梁桥式起重机各 1 台。

吹扫库按满足 6 辆编组 B 型车整列吹扫的布置方式,设柱式检查坑、双层作业平台;静调库按满足 6 辆编组 B 型车静调的布置方式,设柱式检查坑、双层作业平台、限界检测装置、静调电源柜。

3)建筑设计

(1)总图布置及竖向设计

考虑到便于运营管理和节约用地等因素,在满足工艺流程要求的前提下,总体布局以运用库、检修库为中心,周边设置相应的配套生产、生活辅助用房。将办公用房集中布置在运用库的南侧,中部为车辆基地大库,北侧为咽喉区(图 7-2-4),以及轮对动态检测棚、不落轮镟轮库等生产辅助用房。总平面设计中,需充分考虑各系统的功能和使用要求,做到统筹兼顾、分区明确、互不干扰、联系便捷。结合地形,将场区总体上划分为 2 个高程,生产区域场坪高程在 7.5m 左右,综合楼区域高程在 9.3m 左右。

图 7-2-4 董家口停车场咽喉区

(2)主要单体设计

建筑单体平面在满足工艺、运营要求的基础上,组织单体内消防、人流、车流等功能分区流线,做到满足各规范要求的同时,使各功能分区明确并合理,分区内生产、生活流线顺畅,各分区互不干扰,又衔接紧密,交通流畅便捷。建筑单体立面造型设计结合总体规划,充分考虑沿城市道路的空间轮廓和城市形象,形成统一有序、层次丰富的空间界面,体现了办公建筑独特的建筑个性和明显的标识性。舒展的流线型布局,赋予了办公楼整体性的体量感,为穿行在建筑中的人和车提供了步移景异的美妙感受。

7.2.3 董家口停车场

1)总图设计

董家口停车场大体呈东西布置,由董家口站引出 2 条出入段线,并在出入场线的北侧设置往复式洗车库,以减少停车场的用地。该停车场设有运用组合库及物资分库、洗车库、调机及工程车库、综合楼、污水处理站、牵引变电所等。其中运用组合库及物资分库由停车列检库、双周三月检库、临修库、物资分库及边跨组成。办公用房、乘务员公寓、单身公寓、派出所、食堂、浴室等组成综合楼。

2)工艺设计

董家口停车场承担本线部分车辆的双周/三月检任务;承担本线部分车辆的乘务、停放、列车技术检查和洗刷清扫等日常维修和保养任务。停车场设有停车列检库线10条,另远期预留8条(1线2列位)、双周三月检库线4条、临修线1条、洗车库线1条、洗车牵出线1条、工程车存放线2条、平板车存放及卸料线1条、牵出线1条、出入场线各1条。

(1)运用库

运用库由停车列检库、双周三月检库、临修库及辅助边跨组成。停车列检库按每股道2列位尽端式布置,列检列位数按停车列检总列位数的50%设计,列检列位靠近入库方向,设柱式检查坑;库内架设具有电气防护的接触轨入库(分段设置)。双周三月检库按每股道1列位尽端式布置,设柱式检查地坑,每股道设双层作业平台;库内不设置接触轨,依靠列车蓄电池从库前自牵引入库。辅助边跨设在双周三月检库尾端,主要包括行车控制室、DCC、通信信号设备室以及各类班组、办公用房。

(2)调机及工程车库

调机及工程车库内设2股道,并设检查坑。其边跨轴线长60m,宽6m,内设有钳工间、充电间、救援车库、救援设备间、杂品存放间、配电间等辅助车间。调机及工程车库内设3t电动单梁桥式起重机,配有快速充电设备及维修工器具等。

(3)洗车库

洗车库采用"八字往复式"与出入线平行布置,洗车库内设置有列车自动清洗机,具有喷淋系统、侧面刷洗系统、侧顶弧面刷洗系统、端面仿形刷洗系统、SCADA实时监控报警系统、作业信号系统、控制系统、光催化氧化系统、水供给系统、洗涤液供给系统、压缩空气吹干与供给系统、水循环系统、生化水处理系统及摄像监控系统等,能够自动完成列车车头、车尾、两侧的清洗工作,整个列车清洗过程实现自动化。

3)建筑设计

(1)总图布置

结合厂区地形规划要求,在场区南侧设置生活区出入口连接至规划市政道路,在场区北侧设置生产区出入口与董家口火车站的场坪相连。场区南侧、北侧两处设置出入口分别作为人流及物流出入口,并在厂区内设置环形消防通道。

董家口停车场将办公用房集中布置在场地的东侧,西侧为停车场大库,中部为咽喉区。总平面布置在满足工艺及线路布置要求的原则下,合理划分生活办公区及主要生产区,各区域用地完整独立,并且相互之间联系便捷。

(2)主要单体

董家口停车场主要设置运用库、物资总库、洗车库、调机及工程车库、综合楼(含乘务员公寓、单身公寓、食堂、派出所)、牵引降压混合变电所、污水处理站、门卫室等。厂区内各种房屋的立面风格和色调保持一致,以突出厂区的协调统一和标志性。

7.3 设计重难点及技术创新

7.3.1 设计重难点

1）灵山卫停车场消防设计

（1）消防设计存在的问题

《建筑设计防火规范》(GB 50016—2014)、《地铁设计规范》(GB 50157—2013)中针对城市轨道交通地下停车场加上盖综合楼的建筑没有明确的规定，部分内容无法遵循规范进行设计，主要包括建筑定性、防火分区面积超标、人员疏散距离超标等问题。

（2）消防设计方案

针对消防设计存在的问题，对设计方案进行消防安全性能评估，根据评估报告及评审的结果，最终确定的消防设计方案如下。

①建筑定性

针对盖下工业建筑、盖上民用建筑上、下贴建的问题，设计方案是将盖上、盖下区域分开设计。盖板按一级防火平台楼板设计，耐火极限不低于3h；盖上建筑的沟槽管线、设备管井均在盖上敷设，不与盖下空间发生关系；盖下露出地面的通风采光井与盖上建筑边界距离严格按照相关规范设计；盖下的停车场按照工业建筑（单、多层厂房）设计，盖上综合楼按建规民用建筑部分执行。

地下停车场生产区域主要包括停车列检库、洗车库、咽喉区、牵引变电所、主变电所等，停车场生产区域建筑定性主要参照建规，停车列检库按照丁类厂房设计，洗车库为戊类厂房，牵引变电所、主变电所均为丙类厂房，咽喉区可按照区间考虑。

②盖下环形车道

设计时，为解决运输、人员安全等问题，设置了盖下环形车道。环形车道既要满足消防车的通行和作业要求，同时要给人员疏散提供相对安全的条件，要作为人员往地上平台疏散的安全过渡区。

③防火分区划分

考虑到停车列检库区域火灾荷载主要为地铁列车，而现代地铁列车主要采用不燃或阻燃材料，火灾危险性较低；即使发生火灾后也难以发生大面积蔓延，且库区层高较高，烟气难在短时间对熟悉环境的少量工作人员构成威胁，故停车列检库在规范基础上对防火分区面积有所放宽。停车列检库在设置喷淋情况下，划分为两个防火分区，面积分别为4689.73m²、4024.40m²；辅助边跨一层、二层各为1个防火分区，面积均为898.68m²。洗车库、牵引变电所各自为1个独立的防火分区，面积分别为840.22m²、616.25m²。主变电所采用不开门窗洞口的防火墙，将其与停车场地下部分完全分开，作为一个独立的防火分区。

④疏散设计

为满足《建筑设计防火规范》(GB 50016—2014)的相关要求，库内需设置较多疏散楼梯，而停车列检库实际工作人员数量有限，且工作人员对环境熟悉程度高，设置过多的疏散楼梯使用率不高，另轨道两侧均需保证人员通行，无法预留足够的空间设置疏散楼梯。因此，疏散楼梯仅能设置在车库轨道之外。因为人员疏散时无法横向跨越轨道或列车，需沿轨道方向向两侧疏散,由此将导致疏散距离远超 45m。考虑本工程主要作为停放地铁列车的场所,火灾危险性较低,故提出了辅助疏散出口的措施对人员疏散距离进行弥补。辅助疏散出口包括两类,一是开向相邻防火分区的甲级防火门作为辅助安全疏散出口;另外就是考虑到盖下环形车道排烟面积较高,且与各分区均设置有防火分隔,开向环形车道的防火门也可作为辅助疏散出口。为满足疏散要求,停车列检库内任一点至最近疏散出口或辅助疏散出口的距离不应超过 60m。

2)古镇口车辆基地结构设计

车辆基地工期紧张,为缩短施工周期,基地内运用库、检修库、物资总库、工建料棚、调机及工程车库等采用预制框架柱支撑轻钢屋面的装配式建筑模式。这种建筑的特点是建造速度快,受气候条件制约小,节约劳动力并可提高建筑质量。预制结构有如下优点:

(1)构件可在工厂内进行产业化生产,运送至施工现场可直接安装,方便又快捷,可缩短施工工期。

(2)构件在工厂采用机械化生产,产品质量更易得到有效控制。

(3)周转料具投入量减少,料具租赁费用降低。

(4)减少施工现场湿作业量,有利于环保。

(5)因施工现场作业量减少,可在一定程度上降低材料浪费。

(6)构件机械化程度高,可较大减少现场施工人员配备。

7.3.2　技术创新

1)全地下+上盖综合楼建设模式在国内地铁停车场的首次应用

(1)传统的停车场建设模式,用地往往达十几公顷,其城市空间形态类似大型厂区,具有占地面积大,建筑密度较小,用地强度低等特征,这与日益紧缺的城市土地资源间产生难以调和的矛盾,急需探寻新的建设模式。本线合理利用地下空间设置地下停车场,并对其实施综合开发,使其自然溶于城市,同时又能够创造综合效益,缓解轨道交通投资压力,成为本线场段设计中的一大亮点。

(2)灵山卫停车场位于漓江路北侧、东岳路南侧,朝阳路东侧的三角地块。现状地形高差起伏较大,地面高程自西向东从 6.5m 到 22m 呈上升趋势;出入段线接轨于地下站灵山卫站,出入线最大纵坡达到了 35‰,场坪轨面高程仅达到 8.62m;根据上位规划,停车场地块为公园用地、街头绿地和公共交通用地;受限于地形、出入线、规划三方面因素,灵山卫停车场采用全地下式+上盖综合楼的建设模式,该类型地铁停车场在国内属首例。

(3)停车场属于工业建筑,综合楼属于民用建筑,因此本工程为工业建筑与民用建筑合建的设计,目前国内现行规范没有关于此类建筑防火设计及建设标准的具体规定。在停车场的方案设计中,存在建筑定性、疏散距离、防火分区面积超标等问题。针对此,结合国内外相关经验,我们提出了盖上、盖下区域分开设计(盖下梁、板、柱耐火极限不低于 3h 考虑),停车场咽喉区按照区间考虑,设置盖下工艺车道(满足消防车通行)等概念,解决了建筑定性、防火分区及疏散距离超标等问题,提高了盖下使用的安全性,并最终通过了消防性能专家评审,如图 7-3-1、图 7-3-2 所示。

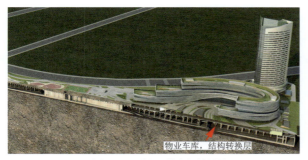

图 7-3-1　灵山卫停车场效果图　　　　　图 7-3-2　灵山卫停车场上盖鸟瞰图

2）泄水减压的抗浮方式在灵山卫地下停车场中的应用

灵山卫停车场为全地下停车场，地面高程自西向东从 6.5m 到 22m 呈上升趋势。本工程采取泄水减压抗浮设计方案（图 7-3-3），其创新性在于在地下结构周边通过设置永久使用的疏排水措施，结合现状地形，将地下水通过排水设施由东向西排放，将地下水位控制在预定的高程范围内，从而减小或消除地下水对建筑的浮力影响，进而减少抗浮工程量。

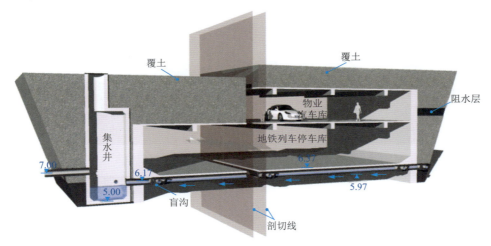

图 7-3-3　泄水减压原理示意图

传统采用的地下工程抗浮做法可以分为三类：一是"压"，采用回填材料或结构自重来平衡地下水浮力；二是"拉"，通过设置抗拔锚杆或抗拔桩来阻止结构上浮；三是"压拉并举"，即将前面两种方法结合使用。上述方法都存在效率低、造价高、工期长等缺点。

场区 3～5 年的最高水位较勘察期间水位变幅不超过 2m，场地处于山麓斜坡地段，场地最高水位高程为 3.5～21.0m。工程所处地形为东高西低，南高北低，西侧大湾港路与东岳路交界处高程为 5.12m，大湾港路上车库入口高程为 6.00m，比车库轨面高程 8.62m 低 2m多，基本与车库基底高程 6.10m 一致。因此，可以利用地势将地下水有组织地排泄，从而降低地下水对车库底板浮力的作用。泄水减压系统对地下水采取堵和排双重控制措施来保证结构的抗浮安全。在肥槽上部设阻水层，在防水板下和肥槽底部设置泄水盲沟，将地下水汇集到集水井，然后通过排水管排到景观湖中加以利用。与传统抗拔桩方案相比，泄水减压抗浮设计方案节约工程造价 0.48 亿元，节省工期 210d，而且还合理地利用了地下水，节约了资源,产生了显著的社会和经济效益。

随着我国城市化进程的加快,城市人口的增加给城市交通带来的压力日渐明显,然而城市化的发展绝不可以被交通压力所约束,因此地下交通就成为缓解城市交通压力的新渠道。由于这类工程往往埋深较大,随之而来就是地下结构的抗浮问题,故不断探索新的结构抗浮形式,将成为深层地下空间利用和大型地下工程建设亟待解决的重要研究课题。泄水减压抗浮方案的深化研究也是为地下水位较高、上部荷载较小、抗浮问题比较突出的地下工程或大型下沉式广场等工程项目提供了有借鉴意义的理论和研究成果。

3)车辆基地(停车场)外立面设计

由于传统的车辆基地(停车场)立面形式简单、单调,生活区不够集中,从而导致工作人员在段(场)内工作,工业气息太浓,舒适感差。为了改进段(场)内建筑立面呆板、空间单调、使用条件落后的现状,利用钢结构的特殊造型、大柱距、大跨度等特点来达到建筑设计中技术与艺术完美的结合。对立面进行分割打碎处理,采用尺度适宜菱形有韵律地重复使用,局部加入变化形成了如海浪般的肌理,如图7-3-4、图7-3-5所示,减弱了高墙和大跨度对人的压迫感;同时采用了与混凝土近似的颜色来体现段内的工业气质。

图7-3-4 车辆基地运用库立面效果图

图7-3-5 车辆基地综合楼立面效果图

车辆基地(停车场)将标识化的菱形重复地使用、局部加入变化,使建筑形成了如海浪般的肌理,与青岛的海文化相得益彰、交相辉映,体现了青岛海边城市的特点。扁平的菱形的重复为建筑带来了动感,与地铁精神中所体现的速度与效率相契合,同时又与地面交叉的轨线相呼应。库房及生活区使用了同样的立面处理方式,库房及生活区共同的立面风格体现了作为同一个基地建筑的统一性,重复的元素加强了基地的认同感。库房为了表达工业建筑的气质,使用了混凝土预制板作为立面创意的载体,在体现了混凝土其独特的工业气质的同时,其良好的性能也避免了如金属幕墙或者石材幕墙等带来的问题,形成的立面也更加完整。

4）灵山卫停车场智能照明

地下停车场采光条件差异较大，传统照明控制系统无法根据采光条件调节，从而造成较大的浪费。采用发光二极管（LED）节能产品和智能照明系统，可在不降低现有照明现状的情况下，大幅度降低停车场的运作费用，同时提高节能环保效果。

智能照明系统是利用先进电磁调压及电子感应技术，对供电进行实时监控与跟踪，自动平滑地调节电路的电压和电流幅度，改善照明电路中不平衡负荷所带来的额外功耗，提高功率，降低灯具和线路的工作温度，达到优化供电目的照明控制系统。其具有如下特点：

（1）系统可控制任意回路连续调光或开关。
（2）场景控制：可预先设置多个不同场景，在场景切换时淡入、淡出。
（3）可接入各种传感器对灯光进行自动控制。
（4）移动传感器对人体红外线检测达到对灯光的控制，如人来灯亮、人走灯灭（暗）。
（5）光亮照度传感器：对某些场合可根据室外光线的强弱调整室内光线。
（6）时间控制：某些场合可以随上下班时间调整亮度。
（7）红外遥控：可用手持红外遥控器对灯光进行控制。
（8）可系统联网：利用上述控制手段进行综合控制或与楼宇智能控制系统联网。
（9）可由声、光、热、人及动物的移动检测达到对灯光的控制。

5）灵山卫停车场盖上综合楼及景观的统筹设计

为最大化地利用盖上有开发价值地块、满足城市规划对盖上绿化景观的高标准要求，停车场设计中较完美地实现了盖上实施综合开发的统筹设计，包括盖上建筑布局与盖下自然通风采光井的结合设计、咽喉区等不适用建筑开发区域的景观规划设计、盖下大跨度柱网与盖上办公建筑的结构转换、盖下自然通风采光设计等；解决了盖下消防疏散、通风及消防排烟设施对地上景观和建筑的影响，盖上物业开发结构柱网对盖下生产设施布局影响，以及盖下生产区域自然通风采光差等关键技术难题。

（1）造型舒展、空间灵活、富有时代精神与科技审美取向的盖上综合楼设计

为了满足盖下消防疏散、自然排烟和通风采光的要求，整个场地中应设置大量的通风井；为使上盖物业开发与地下停车场布置相适应，综合楼采用了舒展的建筑形体、立体的交通流线、灵活的空间组合提高建筑对地块适用性，运用流转延伸的水平向金属线条及精致的技术细节塑造出具有视觉冲击力及时代感的立面形象，综合楼已成为该区域的新地标，如图7-3-6、图7-3-7所示。

图7-3-6 灵山卫地下停车场盖上综合楼总体鸟瞰图

图7-3-7 灵山卫地下停车场盖上综合楼航拍图

（2）建筑、景观与盖下需求的合理结合

停车场咽喉区盖上设置景观公园，为弱化大量的通风井对景观的影响，通过精细设计，将园区景观与通风井、出地面楼梯等地铁设施结合设计，优化通风井和疏散楼梯等场地对景观的影响，在满足地铁相关消防及功能要求的同时，打造优美的园区环境，如图7-3-8所示。

图 7-3-8　灵山卫地下停车场盖上航拍图

（3）绿色建筑设计

①雨水利用

通过收集项目区域内雨水，经过处理后可用于该区内车辆冲洗和绿化、道路浇洒用水等。在水池前端设置初雨分流井，经弃流后雨水进入雨水收集水池，后经全自动清洗过滤器过滤和紫外线消毒器在线杀菌后送入绿化系统和道路、地下车库冲洗系统，弃流、溢流雨水排入下游雨水管道，如图7-3-9所示。

图 7-3-9　雨水利用水池示意图

②透水地坪

青岛地铁13号线工程融入"海绵城市"的理念，地面铺装使用大面积的透水混凝土地坪和透水砖，并结合石材做带状分隔，不仅增添美观性，还增加地面的渗水效果，从而减缓场地的排水压力，如图7-3-10所示。

图 7-3-10 透水铺装示意图

③导光管采光系统

在不影响景观效果的前提下,综合楼配套汽车范围内的顶板上设置导光管采光系统,可有效提高室内照明质量,改善室内环境,同时达到节能的目的,如图 7-3-11 所示。

图 7-3-11 采光系统示意图

第8章
装修和设备系统技术创新

8.1 车站空间一体化与外立面设计
8.2 设备系统特点及创新
8.3 BIM 技术应用
8.4 其他安装技术

8.1 车站空间一体化与外立面设计

8.1.1 空间一体化设计理念

地铁空间一体化设计围绕六大设计系统进行，包括：色彩控制系统、材料控制系统、灯光控制系统、装修与各专业接口系统、设计的共性及个性系统、BIM 技术系统等。地铁空间一体化设计将装修设计与公共艺术品、导向设计、商业广告设计及机电系统完美结合，梳理并规避以往各专业拆分设计所产生的视觉孤立性及施工所产生的诸多接口不良的问题，打造地铁空间一体化的协调性、统一性，做到装修、导向、公共艺术品、商业广告及商铺、机电等专业的一体化设计，更多地消除乘客在压抑的地铁空间的沉闷感和视觉的杂乱感。同时该设计满足装饰设计的整体视觉效果、公共艺术品的文化传播、导向设计的指引功能、商业广告的商业价值，使整条线路的车站室内视觉感和功能并存，进而达到空间一体化的根本目的。

8.1.2 色彩控制系统

"春雨惊春清谷天，夏满芒夏暑相连，秋处露秋寒霜降，冬雪雪冬小大寒"，我国二十四节气从万物复苏到大雪纷飞，蕴藏着妙不可言的色彩。黄岛当地四季分明，其中琅琊台更是中国最古老的节气的观测地，本工程以二十四节气为设计元素从中提取四季的不同颜色，应用全线车站的装修设计上，体现当地的文化特色。本线从精神层面上，将全线标准站划分为"生活经济区、商务生活拓展区及临港产业区"；从色彩系统上，全线从国画配色表中提取温润的色彩渲染整个空间，例如生活经济区的艾黄、商务生活拓展区的湖蓝、临港产业区的丁香色等。在确保全线风格统一和谐的同时又增强了区域指向性，有效地提高线路的识别性，同时增添了几分古韵和诗意，如图 8-1-1 ~ 图 8-1-4 所示。

图 8-1-1　二十四节气提取颜色

图 8-1-2　生活经济区

图 8-1-3　商务生活拓展区　　　　　　　图 8-1-4　临港产业区

8.1.3　材料控制系统

装饰材料的选型除了在功能上需满足防火、防潮、防腐、防锈、防静电、抗噪减压等各项技术指标外，材料尺寸的设计也尽量标准化、模数化；故提倡工厂集成化加工，加快施工进度的同时，又能减少施工前期准备及后期维护的相关费用，便于后期维护，保洁等运营管理。黄岛（胶南）作为古时"海上丝绸之路"，现代"一带一路"重要枢纽节点城市，为了呈现西海岸的悠久历史及现如今新城市的创新精神，在综合考虑下，选取个别站作为清水混凝土车站，公共区顶板、梁、柱及墙面均为清水混凝土饰面；配合清水混凝土车站装饰风格，灵山卫站艺术品选用水泥翻模配合后期着色处理。结合当地的历史背景，一幅幅勾勒着了古时当地人商贸、农耕、煮盐、造币铸铜等古风古韵的石板画卷活灵活现地呈现在车站当中，既彰显了文化层面又能有效地与空间结合，使两者相辅相成。

8.1.4　灯光控制系统

光线是建筑空间不可忽视的重要组成部分，在表现空间、调整空间的同时，也能创造空间，故光线对于空间秩序的调整、整体氛围的营造具有十分重要的作用。地下空间没有参照物易导致人的方向感缺少，除了导向标示系统的引导，光线的变化也是引导客流的重要手段。灯具和照明方式的变化对视觉的影响尤为重要，运用照度的变化、光源、灯具的种类和位置的分布，以及间接光与直接光之间的比例关系等处理手法，方可加强功能空间及转换空间的照明（如售票机、检票机、站台边缘、通道等）。

13 号线灯光设计采用纵向布光方式提高空间的序列感，根据不同车站的建筑形态，通过不同的灯光设计营造不同的光环境。个性区域及重点照明区域主次有别，光感层次分明，有效地避免光污染，将灯光与装修一体化设计。例如灵山卫站作为地下清水混凝土车站，考虑到地下车站采光条件弱且清水混凝土具有吸光的特点，结合该站的艺术化结构形态，利用 BIM 技术将所有管线及风管、综合支吊架等机电、弱电设备排列整齐。风管下设计的两组杏黄色造型灯作为空间主光源可缓冲清水混凝土车站的冰冷，同时又能起到指向、引导的作用；侧墙的暗藏洗墙灯槽及纵梁两侧的暗藏灯槽，以柔和的光氛围洗亮清水顶、墙面，为空间增添了几分韵味，如图 8-1-5、图 8-1-6 所示。

图 8-1-5　灵山卫站站厅层现场照片

图 8-1-6　灵山卫站站厅层灯光示意图

8.1.5　装修接口控制系统

装饰接口类型分为装饰与机电的接口、装饰与导向的接口、装饰与广告的接口、装饰与公共艺术品的接口。空间一体化设计是将装修、机电、导向、商业广告及公共艺术品等几大专业有效结合设计，在前期设计过程中利用 BIM 技术发现并及时规避问题，避免不同专业竣工后造成无法收口，视觉上产生孤立性等缺点。

（1）装饰与机电的接口

综合考虑管线的排布、尺寸、位置与装饰造型是否相冲突或矛盾，并在装饰设计过程中做出相应的调整，根据各专业要求提前做好预留。灯具、风口、疏散指示等采用暗藏的方式，避免在版面开孔。配电箱、检修门等在可调范围内与墙面模数相符合，且门面材料与墙面材料一致，从而形成视觉上的和谐统一。

（2）装饰与导向的接口

合理布置导向，避免导向与各专业其他设备冲突，同时减少导向在装饰面上生硬开孔处理，优化整个空间的美观性，快速指导乘客进出站。

（3）装饰与商业广告的接口

合理优化商业广告点位，避免广告与其他专业设备相冲突，同时优化广告在站内的布置，避免造成整个空间的视觉混乱及光污染，影响车站整体美观性。

（4）装饰与艺术品的接口

将装饰与艺术品有效结合，避免生硬收口产生的孤立感。在设备设施方面，包括基础设施、商业广告、设备管线等,为了达到车站室内整体效果统一,设备设施可适当调节位置;例如自动售票机的位置可以做成墙体内嵌式,商业广告集中在换乘厅的整体墙面,避开公共艺术品位置,不仅不影响商业广告的商业价值,而且不破坏空间装饰与公共艺术品的统一性;设备管线在站厅天花中端进行整合,复杂的设备管线集中在车站室内两端,从而达到不破坏空间装饰的整体效果,如图 8-1-7、图 8-1-8 所示。

图 8-1-7　朝阳山站效果图　　　　　　　　图 8-1-8　张家楼站效果图

8.1.6　设计的共性与个性系统

青岛地铁 13 号线在满足地铁规范的同时,提炼车站的个性元素,增强线路的识别性,同时选取特色车站,重点表达特色车站及区域文化特色。

青岛地铁 13 号线在特色一体化车站和重点车站的室内公共艺术品的创意上,对当地的文化进行分析和研究,有仿古探幽寻梦的琅琊台、古老的军事重镇灵山卫、农家渔趣的安逸、深水大港的磅礴等,例如灵山卫站艺术品,为了配合清水混凝土车站装饰风格,公共艺术品选用水泥翻模配合后期着色处理,结合当地的历史背景,一幅幅勾勒着古时当地人商贸、农耕、煮盐、造币铸铜等古风古韵的石板画卷活灵活现地呈现在车站当中;既具有历史纵深,又有明晰的时空对应关系,同时做到站点空间装修设计与公共艺术品呈现方式相协调、相适应。

8.1.7　外立面设计创新

1)方案设计

高架站外立面设计秉承了现代轨道交通的设计原则:

(1)系统性:设计首先满足功能需求,并以标准化设计理念为指导,全线采用统一的外立面设计风格,辅以整体预制安装系统,将大部分构件在工厂建造,既便于识别又节省投资,又利于今后日常维护。

(2)标识性:设计既要与周边环境相协调,更要便于识别,体现系统性、标识性、引导性,与城市建筑交相辉映。

(3)艺术性:地铁建筑是城市景观的重要组成部分。设计要充分体现出国家级青岛西海岸新区的自然环境、人文风貌和文化特色,彰显现代都市气息,融入鲜明的城市地域记忆,使之形成一道独具特色的风景线。

高架站采用全线统一的风格。结合国家级青岛西海岸新区的历史文化、自然环境和人文风貌,体现沿线文化特色;依据青岛地铁全网艺术规划导则,以"古港新航"为定位,从远古海上丝绸之路的航海文化海上经济中体现航海文化主题;并延伸至现代青岛奥运帆船之都,展现出"一带一路"综合枢纽城市的特质,并从中提炼出三个经典元素构筑艺术规划内涵:

①比例优雅的三角形风帆形状。
②醒目清爽的灰白色帆船主体色彩。
③乘风破浪的帆船船队。

同时在线路风格统一的前提下实现变化性,在部分高架站方案上将立面直线造型调整为弧线造型,运用玻璃分格形式将结构裸露,体现结构美,使整个结构更立体、轻盈。两种方案互为融合,互为映衬,共同形成 13 号线的独特风格,如图 8-1-9～图 8-1-12 所示。

在设计中通过灵活巧妙地运用三角形元素、灰白色的主题颜色,以及单元结构可复制体系的使用体现对概念的表达。

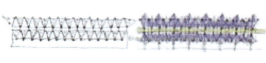

路中三层岛式车站　路侧两层侧式车站　路侧两层岛式车站

帆船风格简洁、大方、易维护、成本造价低,具有低碳、节能、绿色环保基本特征。同时,船帆风格类型充分考虑到原建筑结构基础,与其结合科学紧密,有利于控制整体造价、工程管理总协调、工程施工进度等关键。此设计风格可以采用关键元素、相互转换、相互适用到路中、路侧、二层、三层、岛式、侧式的多种形式的高架车站。

图 8-1-9　外立面设计思路

图 8-1-10　高架站室内效果图　　　　图 8-1-11　高架站外观效果图 1

2)地下站出入口

为了与青岛地铁全网的视觉品质进一步关联起来,地下站出入口方案在色彩、墙身、构造柱等方面都沿用了已经建成运营的 2 号线、3 号线出入口的设计元素,以加强地铁的识别性,维护青岛地铁系统设计的整体性,如图 8-1-13 所示。

图 8-1-12　高架站外观效果图 2

图 8-1-13　地下站出入口效果图

3)过街天桥

针对各高架站附属过街天桥的具体形式进行逐一梳理,从整体造型、风格等方面提出更高要求,从而提出了新的过街天桥设计方案。

新的设计方案从青岛的城市特色中汲取灵感,同时也参考了大量世界各地优秀的同类过街天桥设计,如英国金丝雀码头天桥等。该方案的桥体造型设计可以运用到每个高架站。在大珠山站的过街天桥设计中运用了一种悬索结构,这种悬索结构的设计将被打造成为一个标志性的建筑。方案整体简洁大方,可根据每个站的实际情况反复运用,适用于大部分高架站的过街天桥,如图 8-1-14、图 8-1-15 所示。

图 8-1-14　过街天桥鸟瞰图

图 8-1-15　过街天桥透视图

4)建筑(幕墙)设计

(1)设计原则

本工程设计的指导思想是:充分体现原设计的建筑风格、结构安全合理、功能完善、外饰简洁明快、稳健大方、经济实用。设计中,遵循以下原则:最大化地实现建筑的风格,可拆卸更换、维护方便、立面分格合理、科学美观。

(2)设计重难点

本工程设计重点是立面的帆板造型和异形屋顶的实现。折板型方案可由各种异形平面拼接而成,弧形方案需对幕墙的主龙骨进行精确折弯,再由现场进行吊装和焊接在埋板上。为实现立面的帆板造型,屋面幕墙造型需根据立面效果进行调整,调整完成之后的屋面为异形拼接钻石形屋面。同时为保证高架站内的采光需求,将部分屋面材质设计为安全夹胶玻璃。

本工程的难点是屋面的防水系统。由于屋面的异形造型,故屋面的收口存在一定难度。为防止屋面漏水,屋面设计三道防水层,第一道为屋面纳米自洁铝单板,第二道为 SBS 改性沥青防水卷材,第三道为镀锌钢板防水层。第一道防水层在较大的屋面排水坡度下,可迅速将大部分的雨水汇集至屋面雨水收集口处,由落水管排入市政给排水系统。

本工程高架站幕墙设计有 3 项创新,分别是屋面纳米自洁铝单板应用、气候调节控制玻璃应用和光伏太阳能电池板的应用。

纳米自洁铝板,采用高科技纳米技术,在金属铝单板氟碳油漆的表面制备了厚度为 1～3μm 的 TiO_2 纳米涂层;纳米 TiO_2 在日光紫外线催化作用下具有超强氧化性和超亲水性两大特性。铝单板表面附着的主要是汽车尾气和工业废气中排放出来的有机物,如甲醛、甲苯等油污,纳米自洁涂层超强氧化性可以强势降解甲醛、甲苯等油污,将其快速分解为二氧化碳和水,从而使铝单板表层的无机物(二氧化硫、氮氧化物)失去黏附力;当下雨时(或用水冲洗),已经降解的有机物和失去黏附力的无机物在亲水性作用下很容易被水冲走。

气候控制调光玻璃是一种新型节能遮阳玻璃,有以下几个特点:①可以根据温度和光照自动变色,无须通电和控制系统,实现自动遮阳,适合用于大型建筑;②屏蔽热量和紫外线,有效节能,提高体感舒适度。建筑顶面使用气候控制调光膜主要起到自动遮阳调节照度、体感舒适的作用,在立面使用兼顾遮阳和节能。

光伏太阳能电池板是通过吸收太阳光,将太阳辐射能通过光电效应或者光化学效应直接或间接转换成电能,相对于普通电池和可循环充电电池来说,太阳能电池属于更节能环保的绿色产品。

5)结构设计

高架站共包括 4 座弧形站和 10 座帆形站。采用空间结构体系,钢柱、钢梁采用成品矩形管,要求连接节点简洁、统一。青岛市属于温带海洋性季风气候,空气湿度大,建筑物所处的地理位置濒临海岸线,应加强防腐措施,防火涂料做法应兼顾外立面效果。

地下出入口采用铸造构件,充分展现青岛地铁元素。构件全部采用工厂制作,现场拼装,极大提高工作效率。防腐采用热浸锌处理,满足防腐要求。过街天桥防雨棚采用成品矩形管,构件统一、简洁、大方。

6)设计创新

(1)新材料、新技术应用

①外立面结构主材

车站外立面将主要采用钢结构、金属面板、玻璃等材料。采用折板型屋盖与船帆形立面结合的形式,左右各设置呈一定角度向外倾斜的整体铝板,站体设置玻璃百叶围护。竖向线条交错排列,体现出现代交通建筑所具有的速度之美。整体设计既保证了结构安全、又体现金属的钢骨美,并在杆件规格的选型及节点的连接上反复推敲,力求完美。

②顶盖及幕墙

位于屋顶天窗设计,便于站台区上方自然通风、采光;站体设置玻璃百叶围护,通过百叶窗的翻转角度,不同程度调节遮阳、调光、通风、防雨、防风、防尘效果,既可将紫外线阻挡于户外,同时让可见光进入室内,可节能环保,大大降低能耗;置于车站站端的玻璃护罩,能有效阻挡风雨和减少能量损耗;智能外表皮设计,采用综合排水方式,使雨水有组织地从所有版面排到车站两侧,流入柱网,排水通畅,如图 8-1-16 所示。

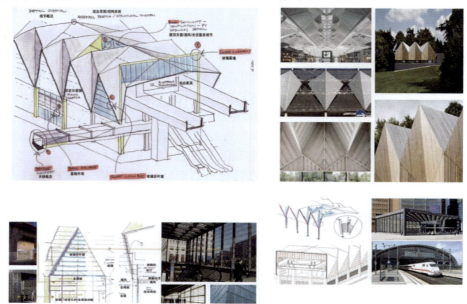

图 8-1-16　细部构造概念

在新材料应用方面,推荐采用纳米自洁铝板,其具有节水、节电、空气净化、减缓有色基板老化和褪色、保证生产工作安全等优点,如图 8-1-17 所示。

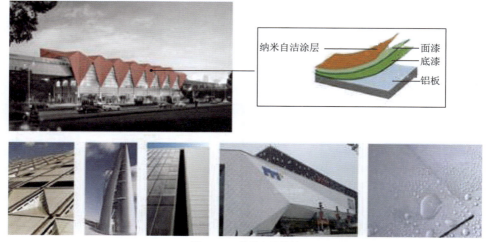

图 8-1-17　纳米自洁铝板

(2)安装工艺创新

使用整体预制安装系统,将所有部件在工厂建造,可使结构变得经济,减少施工时间,使结构可以进行精确和简单的施工,将车站打造为成本节约、持久、易维护的公共建筑,如图 8-1-18 所示。

通过以上系列设计,结合高质量的工厂化制造工艺,创新设计的地铁车站可以达到成为城市标志性建筑的效果。该设计以新的地铁建筑提供新的立体印象,不仅标志着现代化的高速交通设施的进步,同时通过地铁建筑艺术让公众从视觉上加深青岛印象。

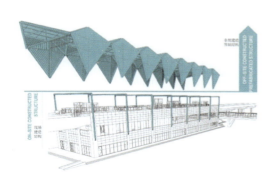
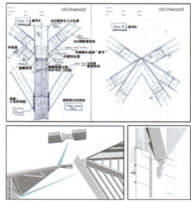
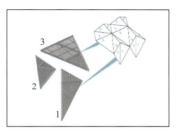

结构与功能性要求相关联,使不同元素相关联;不需要任何额外的结构或装饰;结构将展示力量和交通的动态感,它在视觉上带来地铁站的工业感。

图 8-1-18 整体预制系统

7)小结

(1)本工程由于体量大、造型多,导致屋面有较多的收口,由于这些收口在屋面,距离地面较高,同时为了保证安全和防水,屋面构造设计比较复杂,这给施工造成一定难度。后期设计时,在保证安全和功能的基础上,尽可能地简化节点,优化施工方案,做到屋面板块安装简便、维修方便等。

(2)结合现场条件,合理采用施工工艺及吊装方案,保证结构受力体系与设计思想统一。尽量避免因焊接、安装导致的残余应力对节点、制作的不利影响。

(3)积极响应建筑政策,采用装配式结构,实现工厂化制作,减少现场工程量。

(4)高架站、地下出入口、过街天桥雨棚、区间雨棚都属于室外暴露环境,故防腐是重中之重,应结合加工工艺,合理选用防腐方案。

8.2 设备系统特点及创新

8.2.1 通风空调系统

1)系统概述

(1)地下车站

地下车站通风空调系统主要由以下部分组成:

①区间隧道(含辅助线)通风兼防排烟系统(简称区间隧道通风系统)。

②车站站台门外轨道区域排热兼排烟系统(简称车站轨道排热系统)。
③车站公共区通风空调兼排烟系统(简称大系统)。
④车站设备管理用房通风空调兼排烟系统(简称小系统)。
⑤制冷空调水系统(简称水系统)。
(2)高架车站
高架车站通风空调系统主要由管理用房空调系统、设备用房空调系统、设备用房通风系统等组成。

2)系统创新
(1)全线地下站采用蒸发冷凝机组作为冷源
①结合地下车站的土建及周边环境条件,采用适合的蒸发冷凝形式

全线地下车站均采用蒸发冷凝技术作为空调的冷源,在地下车站中,结合各站的周边环境等条件,分别采用适合工程特点的蒸发冷凝空调形式。井冈山路站、灵山卫站、朝阳山站采用传统的设置于地下的整体式蒸发冷凝冷水机组的系统形式;学院路站、两河站采用在地面设置整体式蒸发冷凝冷水机组的系统形式;积米崖站采用整体式磁悬浮蒸发冷凝机组的系统形式,辛屯(灵山湾)站采用风道嵌装直接膨胀蒸发冷凝机组的系统形式,这两种技术均为首次在地铁工程中应用。

②积米崖站首次将磁悬浮蒸发冷凝技术应用到地铁工程中

积米崖站首次在地铁工程中采用磁悬浮整体式蒸发冷凝机组(图8-2-1),设置了2台板管蒸发冷却式磁悬浮离心冷水机组,单台设备名义工况制冷量540kW,输入功率112kW。冷冻水进、出水温度分别为12℃、7℃,环境干、湿球温度分别为35℃、26℃。每台机组自带一台排风机,2台机组以及水处理装置等,均布置在车站B端室外地面绿化带内。

图8-2-1 磁悬浮蒸发冷凝冷水机组(积米崖站)

该系统形式不仅具有体积小、效率高、噪声低、寿命长等特点,还取消了常规系统地面设置的冷却塔,减少了占地和对周边环境及城市景观的影响,较常规系统节能30%~50%、节水40%~50%。

③辛屯(灵山湾)站首次在地铁工程中应用风道嵌装式分体直膨蒸发冷凝技术应用

辛屯(灵山湾)站采用风道嵌装式分体直膨蒸发冷凝系统,该系统在传统的空调系统基

础上,不仅省去了冷却水循环,也省去了冷冻水循环;直接将压缩机、冷凝器、节流阀,以及组空和空调柜末端内的蒸发器等装置整合为一个冷媒循环管路,提高了系统制冷效率。其原理图如图 8-2-2 所示。而且上述直膨系统分散布置,即车站 A 端与 B 端的冷源分开就地布置,避免了传统冷冻水系统单端布置,冷冻水送回水管路穿公共区至另一端,带来的管综布置困难,以及冷量损失、水泵能耗增加等问题。

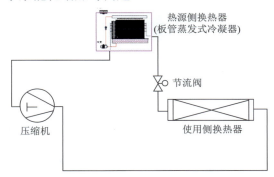

图 8-2-2　直膨式蒸发冷凝系统原理示意图

车站每端的直膨蒸发冷凝系统主要包括以下组件:压缩机装置、旋转式蒸发式冷凝器、空调末端和节流阀,以及冷凝器侧的水处理装置。压缩机装置可就近布置于活塞风道或缓控机房;空调末端和节流阀布置于环控机房;旋转式蒸发式冷凝器布置于排(热)风道,可充分利用排(热)风道内既有隧道排热风机排出的风量带走冷凝器的蒸发热量,节约部分能耗。夏季该旋转蒸发式冷凝器与排风风向成 90°,过渡季和火灾工况时旋转打开,如图 8-2-3、图 8-2-4 所示。

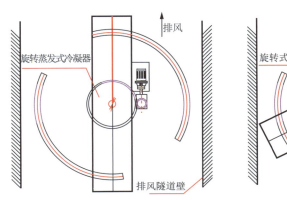 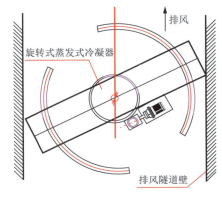

图 8-2-3　机组运行状态位置示意图　　　　图 8-2-4　机组停机状态位置示意图

井冈山路站等采用整体式蒸发冷凝冷水系统(图 8-2-5),该系统减少了冷却水循环管路损失,提高了换热效率,特别是针对地下布置设备的车站有效解决了地面占地、征地拆迁难、影响景观、噪声、有卫生防疫隐患等问题。积米崖站采用磁悬浮整体式蒸发冷凝冷水系统,除具备整体式蒸发冷凝冷水机组的优点外,还具有如下优点:由于采用磁悬浮压缩机,机组内无须回油,提高了换热器的换热效率;采用磁悬浮轴承,减少了摩擦阻力,降低了能耗,降低了机组噪声等。辛屯(灵山湾)站采用了直膨式蒸发冷凝冷水系统(图 8-2-6),将冷凝装置布置于排风道内充分利用排风对冷凝装置进行散热；将压缩装置就近布置于活塞风道内，节省了冷水机房占地；车站大小端各设置一套直膨蒸发冷凝冷水系统，避免了常规冷水系统供回水管跨越公共区带来的管综布置困难问题。

图 8-2-5　整体式蒸发冷凝冷水机组（井冈山路站）

图 8-2-6　嵌装式分体直膨蒸发冷凝空调压缩模块及直膨机组模块

（2）首次在地铁工程中采用热泵回收设备用房废热用于冬季供暖

根据北方地区地铁运营经验，冬季车站公共区的环境温度较低，舒适度不佳，车站公共区的工作人员也需要穿着厚重的棉衣工作，行动不便。另外，为了保证设备管理区工作人员的舒适性，在管理用房内设置了大功率的电暖气采暖，能耗也比较大，且房间内为了保证通风换气，需要开启通风系统，室外新风未经过加热直接送入房间，冷风吹风感强烈，舒适度较差。而另一方面，弱电和供电设备用房常年发热量很大且非常稳定，冬季时需要开启机械通风系统，排除设备发热，保证设备正常运行，如图 8-2-7 所示。

从人性化服务及通风空调系统节能方面综合考虑，本工程在地下车站设置高温双效热泵热水机组（图 8-2-8），回收电气设备用房发热量，用于车站管理用房空调系统供暖，以及在车站出入口通道内设置热水空气幕，阻挡冬季室外冷空气进入，改善乘客及工作人员的乘车和工作环境。

（3）在高架站试点采用三管制多联机空调系统回收利用设备房余热

高架站外区的管理用房冬季需要供暖，一般采用多联机空调系统，由于室外环境温度低，制热效率很低，造成室内舒适度较差，而内区的设备用房发热量较大，还需开启机械通风系统或制冷系统，向外排热，余热没能利用，造成能源浪费。针对高架站存在冬季内区设备用房需要排热，外区设备管理用房需要供暖的特殊需求，在高架站张家楼站试点采用三管制多联机空调系统。该系统通过阀盒的转换，可以实现制热的室内机作为冷凝器，制冷的室内机作为蒸发器，由于室内环境对于蒸发器和冷凝器的运行有利，可有效提高制冷和制热效率,并可以避免常规多联机空调系统存在的化霜时无法供热的问题,从而使得该系统具有供热效果好、设备效率高的优点,如图 8-2-9 所示。

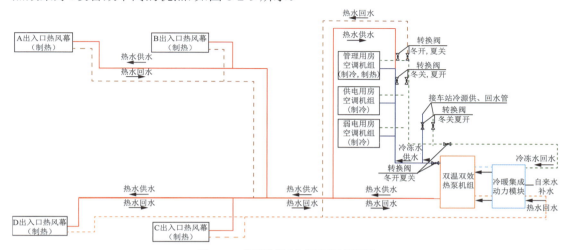

图 8-2-7　热泵系统回收供暖系统原理图

图 8-2-8　双温双效热泵回收机组

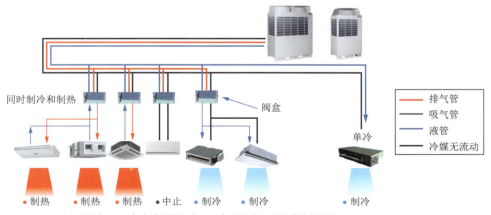

图 8-2-9　三管制同时制冷和制热多联机空调系统原理图

（4）采用毛细管地源热泵回收隧道废热为灵山卫上盖综合楼供暖

灵山卫停车场上盖综合楼采用地铁隧道毛细管地源热泵系统供暖，为全国工程领域首次应用。在积米崖站—灵山卫站区间隧道内，利用矿山法施工隧道二次衬砌与初期支护间的间隙，敷设毛细管换热装置，实现回收地铁区间内列车及设备散发的废热，再经过热泵装置处理为地上综合楼供暖和供冷，实现废热利用，大幅度提升热泵机组效率，大大地降低了能源消耗，如图 8-2-10 所示。

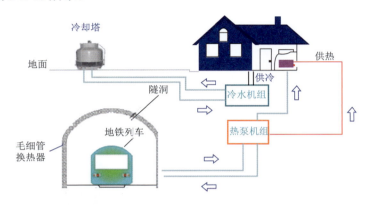

图 8-2-10　毛细管地源热泵回收隧道废热供暖原理图

灵山卫停车场上盖建筑采暖热源采用隧道毛细管热泵系统，冬季能效比（COP 值）可达 3.5 以上，与常规热源（燃气锅炉）相比，每年可节省天然气约 2.86 万 m³。

8.2.2　给排水及水消防系统

1）系统概述

（1）给水系统

给水系统水源采用城市自来水，地下车站由城市供水管网上引入一路 DN80 给水管，作为车站的生产、生活给水水源。

（2）排水系统

车站排水系统主要包括：车站污水排水系统、车站废水排水系统、车站雨水排水系统以及区间排水系统、洞口雨水系统。

①车站污水系统采用污水密闭提升设备。车站站厅及站台设有卫生间，站台卫生间附近设污水泵房。卫生间的生活污水经排水管道引至污水密闭水箱内，经泵提升后排至室外，再经化粪池处理后进入市政污水管网。

②车站废水系统主要是将车站冲洗废水、生产废水、结构渗漏水、消防废水、自动扶梯机坑处废水、风亭下的少量的积水收集并排放到市政污水管网。

③车站敞口风亭出入口等雨水分别汇入附近集水坑，经雨水泵提升后就近排入市政雨水管网。

④区间排水系统是在区间线路最低点设置区间主废水泵房，主要区间排水为渗漏水、隧道冲洗水以及消防废水。

⑤洞口雨水系统是在区间洞口设置雨水泵房，排出洞口雨水，避免雨水灌入隧道影响行

车安全。

（3）消防系统

①车站水消防系统

对于车站水压不能满足消防需求的，设置消防水池及消防加压泵，其作用是储存消防用水量并将其加压，以满足消防过程中水量及水压的需求。

②区间消防系统

地下区间采用以消火栓系统为主的消防给水系统，其水源来自车站消防管网。区间设置 DN150 消防给水干管，每个车站负责相邻半个区间的消防供水。

③灭火器设置

车站灭火器根据现行国家规范要求设置，按 A 类火灾严重危险级配置。

2）系统创新

（1）卫生间采用密闭式污水提升装置，减少臭气形成，改善车站内空气环境

相对于传统重力流污水池模式，密闭水箱系统密闭性高，不仅能减少臭气形成，还有效地降低了传统污水池的造价和对站内空气的影响。

（2）箱式无负压供水系统

本工程部分路段处于郊区，运营初期市政水源配套不完善，采用箱式无负压供水，既节能，又提高供水可靠性。该供水系统可直接与供水管网连接，确保供水管网不产生负压，一般工作状况下可以利用一部分市政水压；在用水高峰或停水时，密闭水箱的水可以经增压后补偿供水管网水量的不足，满足用户用水需求，节能的同时兼顾供水可靠性。

8.2.3 动力照明系统

1）系统概述

动力照明系统负责自车站降压变电所 0.4kV（低压开关柜馈线开关下口）起至车站及相邻半个区间的所有动力、照明配电。

动力照明系统主要设备：集中供电应急电源柜（EPS）、环控电控柜、双电源切换箱（柜）、动力配电箱、照明配电箱、检修电源箱、低压配电缆线、照明灯具、配电插座等。

施工内容：自车站降压变电所低压开关柜馈出断路器下口起至车站及相邻区间末端动力照明设备的配电，包括车站范围及相邻各半个区间内的动力、照明配电及控制的施工；各种动力照明设备的安装；各类低压电缆（线）、控制电缆（线）的敷设；低压配电系统防雷、接地的施工。

2）系统创新

（1）智能照明控制系统

智能照明控制系统由控制主机、调光控制模块、开关控制模块、照度感应器、电源供应器等组成；可实现地铁车站内的站厅站台公共区照明、出入口照明的可调光控制和导向照明、广告照明、区间照明的开关控制。

在井冈山路站、积米崖站、辛屯（灵山湾）站、世纪大道站、张家楼站设置智能照明控制系统；智能照明控制系统主机安装在车站控制室内。通过设置智能照明控制系统，有效减少与设备监控系统（BAS）专业接口，便于调试及施工，也有利于后期运营单位管理维护。

(2)应急照明和智能疏散指示系统

集中电源集中控制型应急照明和疏散指示系统由设置在消防控制中心的应急照明控制器、设置在各区域配电室内的消防应急灯具专用应急电源、应急照明分配电装置以及终端消防应急照明灯具、消防应急标志灯具联网组成。所有设备内部均设有通信及控制芯片,且具有独立地址编码,可以实现系统主机与分配电之间、分配电与灯具之间通信及智能控制。系统设计考虑了安装、调试、维护等诸多因素,其中灯具的任意分支方便了现场施工、保证了调试的顺利进行。而电源及通信无极性连接则极大地方便了现场接线,提高了工作效率。

系统具有的第一个突出优点是能够对当前终端消防应急照明灯具和消防应急标志灯具的灯具状态进行检测,如消防应急照明灯具和消防应急标志灯具的灯具路发生故障,应急照明控制器能够报警,并定位故障发生点,提醒工作人员在第一时间进行维护,确保建筑内应急照明和疏散指示灯具的正常工作。系统具有的第二个突出优点是发生火灾情况时,控制系统接收到火灾报警系统(FAS)传来的火警信息后,可以采取自动计算和预案两种方式控制照明灯点亮,使疏散灯智能指向最近出口,直至剩下最后一个出口时停止计算,最大限度地保证人身安全。系统同时控制相应的疏散指示灯具指向可用出口,某些不能通过的出口指示灯关闭,并可采取频闪、导光流等多种方式加强引导效果。同时控制所有消防应急照明灯具转入应急状态从而保证在最短的时间内使人员安全地撤离危险区域,减少人员伤亡。系统多处设计了冗余功能,若通信出现异常,利用消防干节点信号仍可控制灯具。

系统的核心为应急照明控制器,由硬件及配套的监控软件、数据库组成。控制器可以图形化分层显示建筑物内所有本系统设备、与本系统相关的火灾报警设备,并可实时进行建筑物内监控与查看设备状态。此外,控制器还具有人员及权限管理、历史记录、设备自检、设计等诸多辅助功能,方便用户的管理与使用。其中自检功能除了常规功能以外,系统还可实现对电源、分配电的控制功能,确保系统在消防时处于可用状态。

该系统采用智能网络技术,将传统独立的消防应急标志灯和消防应急照明灯整合在一起,实时监控网络内电源、分配电、应急标志灯和应急照明灯的工作状态,并可实现与火灾自动报警系统的通信与联动,自动获取火灾报警信息,并通过独特的智能软件算法自动生成最佳疏散路径,进而控制应急标志灯改变指示方向,应急照明灯同步启动,使人们沿最佳路径通过真正安全的安全出口疏散到安全地带。

(3)发光二极管(LED)灯具

车站设备区房间内灯具均采用高效节能的 LED 灯,相比于普通荧光灯,LED 灯具采用红外感应开关控制,可实现自动开关控制,达到节能目的。

(4)设备区公共走廊正常照明设置红外感应开关

地下车站设备区走廊的照明需长时间工作,考虑到节能需求,设备区走廊灯具采用红外感应开关(图 8-2-11),有效地控制设备区照明灯具点亮时间。当走廊有人员移动时,正常、应急照明灯具点亮;当走廊无人员移动时,正常照明灯具不亮,仅应急照明灯具点亮,仅满足应急状态时的亮度要求,如图 8-2-12 所示。通过设置红外感应开关,可以做到人在灯亮、人离灯灭的控制需求,严格控制照明灯具点亮时间,减少了耗电量,节能效果显著。

图 8-2-11　红外感应开关

图 8-2-12　控制灯具点亮效果

8.2.4　供电系统

1）系统概述

全线共设置 110/35kV 主变电所 2 座，35kV 电源开闭所 1 座，控制中心与 1 号线合建。全线共设置牵引变电所 25 座，其中正线设置牵引所 22 座，在车辆基地及两座停车场各设置牵引所 1 座。

牵引网采用第三轨供电方式，形式为直流（DC）1500V 下部受流接触轨，走行轨回流的方式，全线设杂散电流腐蚀防护系统，各类变电所均设变电所综合自动化系统。

2）系统创新

（1）再生制动能量回馈装置的全面应用

①概述

当处于再生制动工况的列车产生的制动能量不能完全被其他车辆和本车的用电设备吸收时，牵引网电压将很快上升，网压上升到一定程度后，牵引变电所中设置的再生制动能量吸收装置投入工作，吸收掉多余的再生电流，使车辆再生电流持续稳定，以最大限度发挥再生制动性能。

再生制动能量吸收装置（图 8-2-13）的直流侧与牵引变电所中的整流器直流母线相连，其交流进线接到交流电网上；当再生制动使直流电压超过规定值时，逆变器启动并从直流母线吸收电流，将再生直流电能逆变成工频交流电回馈至交流电网。该类型装置利用了 35kV 系统较大的供电系统负荷容量为支撑，从而更加便利地利用列车再生制动能量，提高再生电能的利用率，节能效果好。

逆变吸收装置主要系统构成包括变压器、交流低压开关柜、双向变流器柜等设备。

②创新技术

随着科技的进步和社会的发展，人们在节约能源、减少排放、环境保护方面意识逐渐增强，在城市轨道交通系统中，有效利用城市轨道电动车组再生制动所产生的电能以减少城市轨道交通运营的用电量，同时改善城市轨道交通公共场所的环境是非常重要的。因此在牵引供电系统中对再生制动所产生的电能进行吸收、储存和再利用，具有很大的意义。

传统的列车电阻制动做法是将制动电阻装设在车辆底部，当再生电阻不再起作用时采用空气制动。传统的列车电阻制动产生的大量热量散发在地铁隧道内，在大运量、高密度的运行条件下，使地铁洞体的温升加剧，提高了对通风系统的要求。

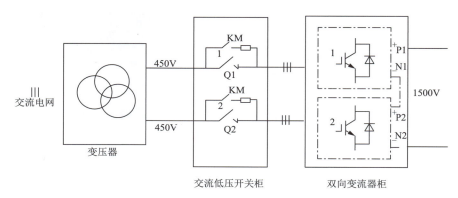

图 8-2-13　再生制动能量回馈装置示意图

本工程采用中压逆变型再生电能吸收装置,中压逆变型再生电能吸收装置充分利用了列车再生制动能量,提高了再生能量的利用率,节能效果好;其能量直接回馈到中压环网,不需要配置储能元件,不受系统容量限制,再生电能利用率高;对环境温度影响小。

中压逆变型再生制动能量回馈装置在 13 号线的全面应用将会为青岛后期新建线路提供理论计算基础和工程实际应用经验。

③节能效益分析

针对本工程,实测评估再生制动能量利用装置的运行性能,包括装置级和系统级的运行性能评估。在装置级的运行性能评估方面,主要评估逆变回馈装置的启动切除电压、反馈电能和反馈比率、电能质量、响应时间和周期性运行曲线等。针对安装逆变回馈装置的线路进行系统级运行性能评估,主要评估整条线路的节能效果影响因素、节能效果评价指标、主所逆功率倒送情况等,主要结论如下:

a. 牵引网空载电压偏高。龙湾站牵引网空载电压均值在 1740～1760V;董家口火车站牵引网空载电压在 1710～1715V,与龙湾站相比较低。

b. 随着逆变回馈装置启动电压降低,反馈电量增加,装置级节能率提高。双珠路站逆变回馈装置启动电压为 1720V 时反馈电量最多,为 2511kWh,节能率最高,为 47.0%;龙湾站逆变回馈装置启动电压为 1740V 时反馈电量最多,为 2840kWh,节能率最高为 47.8%。

c. 双珠路站逆变回馈装置响应时间约 0.9s,龙湾站为约 0.8s,均符合国标要求;双珠路站逆变回馈装置占空比最大为 10.6%,龙湾站为 12.6%;双珠路站、龙湾站整体占空比均较低,降低逆变回馈装置启动电压时两站占空比明显增加。逆变回馈装置能较好地控制本所牵引网网压最大值在其启动电压附近。在龙湾站逆变回馈装置退出后,牵引网网压最大值升高至 1820V 左右;董家口火车站虽未安装逆变回馈装置,但其牵引网网压仍受邻近所逆变回馈装置投切影响。

(2)在青岛地铁首次采用弱电系统集中不间断电源(UPS)系统

在以往的轨道交通工程中,车站各弱电系统分别配置独立的 UPS 电源系统(图 8-2-14),各电源系统分散配置,相互独立,存在设备重复配置、利用率低、占地面积大等缺点,从而造成经济上不合理。通过对各 UPS 电源系统的蓄电池、UPS 装置进行硬件整合和集中布置,使各个系统共用 UPS 电源;实现资源共享,使达到电能资源的最大化利用。

本工程通过对各系统的 UPS 电源系统进行整合,设置集中的 UPS 电源系统,整合设置大容量的 UPS 电源系统，提高了设备可靠性；通过整合电源，使运营管理更便捷、更集中，解决了设备过于分散，运营管理不方便的问题；通过集中布置，可减少设备用房面积，降低车站土建工程造价。通过硬件整合减少 UPS 设备重复配置，实现资源共享，节省设备投资；整合电源后，只要设置一组维护人员，或由某个专业维护人员负责，改变了每个设备系统专业都重复设置维护人员的情况，大大节省了人力资源；对于电源整合设备，设置专业的维护人员，配备专用维修设备，用集中的维护方式，代替分散的维护方式，提高维修维护工作效率与工作质量；进行电源整合后，车站电源设备统一，减少备品备件的类型。

本工程集中 UPS 电源系统采用单 UPS、单蓄电池组的方案。系统设置由一套双路进线切换柜、一套 UPS 装置（含整流器、逆变器）、一组蓄电池、一套智能配电柜（含智能控制单元、监控单元）组成。集中 UPS 电源系统独立设置集中 UPS 电源室（图 8-2-15），该室与通信、信号、综合监控设备室同层相邻布置。

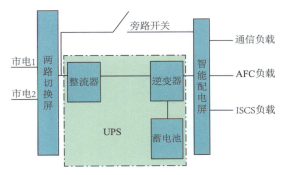
图 8-2-14　UPS 电源系统示意图

图 8-2-15　集中 UPS 电源系统安装

本工程是青岛地铁首次采用弱电系统集中 UPS 电源系统，通过对该系统设置的经验总结，可以为以后的新线建设提供依据和保障。

8.2.5　通信系统

1）系统概述

通信系统是青岛地铁 13 号线工程运营指挥、企业管理、乘客服务和各种信息传递的网络平台，它是一个可靠、易扩充、组网灵活，并能传递语言、文字、数据、图像等各种信息的综合业务数字通信网。通信系统在正常情况下应保证列车安全高效运营、为乘客提供高质量的出行服务；紧急情况下能迅速转变为供防灾救援和事故处理的指挥通信系统。

本工程通信系统设计范围包括专用通信系统、公安通信系统两个相对独立的系统。

专用通信系统包括传输、公务电话、专用电话、无线通信、视频监视、广播、时钟、乘客信息、综合无线、电源及接地、办公自动化、集中告警、防雷设备等专用通信子系统。

公安通信系统包括公安及消防无线、公安传输、公安视频监控、计算机网络、视频会议、公安电源及接地、防雷设备等公安通信子系统。

2）系统创新

（1）LTE 综合承载方案首次在青岛地铁的应用

青岛地铁 13 号线列车最高设计速度为 120km/h，并且线路包含 51.39km 的高架区段，因此使用方对车—地无线业务的抗干扰、切换以及丢包率有着严格的要求。

回溯以往的地铁工程建设,信号 CBTC 和通信 PIS 普遍采用基于 WLAN 技术,并且相互独立的车—地无线通信系统建设模式。这种建设模式不仅投资较大,并且不便于后期运维。随着车—地无线业务的稳定性和质量要求的不断提高,传统设计方案渐渐难以满足使用需要。

基于上述分析、本工程的特点和以需求为导向的设计理念,在前期设计中采用了通信 PIS 和信号 CBTC 的综合承载的设计方案,并且选用了 TD-LTE 制式的设备和 15MHz 专用频段搭建车—地无线网络。同时针对全线长达 70km 的区间和地面段场的特点,对无线设备的布置和小区覆盖进行优化设计,使系统最大限度地实现其功能。

本次 LTE 综合承载设计方案(图 8-2-16)在青岛地区的首次成功应用,不仅解决了列车高速运行下的车地无线通信的可靠性问题,实现了通信、信号系统间的资源共享,节约了工程投资;还保证了信号 CBTC 及承载的各类业务的安全性和抗干扰性,并且为后续线路的互联互通、跨线运营提供了技术上的有力支持,其技术先进性在全国范围内属领先行列。

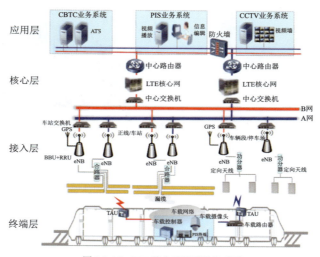

图 8-2-16 LTE 综合承载系统构成图

(2)上走线方案首次在青岛地铁的应用

从运营的成本、维护、机房升级等考虑,又考虑走线设计合理与否会直接影响以后的维护和管理便利性与效率,故采用上走线方式优点大于下走线。

①与下走线相比上走线的优势

a. 相对而言,下走线有着不防鼠、灰尘大、不易维护、不利于消防等缺点。

b. 下走线占用的净高会大于上走线,在机房平面布局和未来变化中也缺乏灵活性。

c. 在后期机房升级改造时,如果下走线添加新的光缆、电缆时,很难移除现有的闲置线缆来清理空间。

d. 由于下走线电力电缆与信号电缆采用同槽分腔敷设,线槽空间不足,导致强电与弱电线缆将没有足够的空间保持距离,易产生信号干扰。同时线缆不断地积累会造成气流路径受阻,最终导致静电地板下"热区"的形成。

e. 对于下走线方式,由于线缆隐藏在地板下,线缆的美观度并不容易察觉,也就容易使管理人员忽视了对地板下线缆管理的要求。

f. 考虑大量光跳线的脆弱性,易受电磁干扰,采取了闭式防火槽式走线架,使机房的布线美观且易于维护与管理。

②整体施工流程

a. 使用 BIM 软件做好室内模型。

b. 将模型分解,进行工厂化加工,再运送到现场组装。

c. 施工前统计所有线缆数量,对线缆进行分类,梳理线缆排布顺序。

③上走线线缆敷设方式

a. 上层走电源线、地线、区间电缆、射频电缆。

b. 下层走数据线。

c. 尾纤采用光纤槽单独敷设。

④应用情况

a. 机房内设备采用上进线方式,根据各设备间设备排布情况安装爬梯形上走线架,上走线架采用双层模式,上层敷设电源线缆,下层敷设信号线缆,走线架与机柜间单安装光纤走线槽(图 8-2-17)。上走线架采用铝镁合金材质,规格为 450mm×40mm×4000mm;上下层层高为 250mm;下层距机柜顶部距离为 300mm;上走线架下层距地面完成面高程为 2.6m;光纤走线槽规格为 160mm×120mm。

b. 上走线架两端分别与墙体固定,固定方式采用 M12 膨胀螺栓连接(图 8-2-18)。

图 8-2-17　上走线架示意图

图 8-2-18　上走线架固定安装

c. 上走线架支撑立杆、横担采用 $\phi 10mm$ 不锈钢或镀锌螺栓与机柜顶面连接。

d. 上走线架连接采用与走线架配套的专用连接片及连接螺丝。

e. 上走线架采用铝合金固线器进行线缆固定,如图 8-2-19、图 8-2-20 所示。

f. 光纤走线槽底部贴走线架固定横担顶部安装,并用不锈钢或镀锌螺栓与走线架固定横担连接固定,如图 8-2-21 所示。

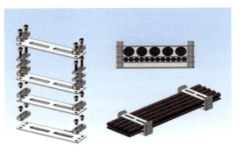

图 8-2-19　固线器进行线缆固定示意图

图 8-2-20　走线架线缆固线器固定效果图　　　　图 8-2-21　光纤走线槽示意图

8.2.6　乘客信息系统

乘客信息系统（PIS）是依托多媒体网络技术，以计算机系统为核心，通过设置在站厅、站台、列车客室的显示终端，让乘客及时准确地了解列车运营信息和公共媒体信息的多媒体综合信息系统；是地铁系统实现以人为本、提高服务质量、加快各种信息传递的重要设施，是提高地铁运营管理水平，扩大地铁对旅客服务范围的有效工具。

青岛地铁 13 号线乘客信息系统在青岛地区首次采用了嵌入式 PIS 屏（图 8-2-22）结合高架车站站台门的方案。嵌入式 PIS 屏有效地解决了高架站台上传统立杆式安装屏幕容易受到强风袭扰、盐雾侵害的问题，该方案外形时尚美观，后期运营维护方便。

图 8-2-22　高架站 PIS 屏

青岛地铁 13 号线首次使用了电子导引系统，在车站出入口和主体建筑结合部设置的双联屏主要用于出入车站的乘客导引和周边地图的展示；在付费区中央设置的双联屏主要显示城市轨道交通条例；并设置一组可触摸的显示屏，具有与乘客信息交互的功能。

8.2.7　信号系统

1）系统概述

本工程信号系统包括正线信号系统和车辆基地/停车场信号系统。正线信号系统采用基于通信、移动闭塞制式的、具有完整功能的列车自动控制（ATC）系统，包括列车自动监控（ATS）、列车自动防护（ATP）、列车自动运行（ATO）、计算机联锁（CBI）四个子系统，正线信号系统配备微机监测系统。车辆基地/停车场信号系统采用独立的计算机联锁系统，并配备微机监测系统，独立于正线控制。

2）系统创新

（1）信号互联互通方案在青岛地铁的首次应用

互联互通是目前国内城市轨道交通信号系统的发展趋势，以解决城市轨道交通系统网络化运营、实现资源共享，解决产品差异化等问题。按照国际上的通行解释，互联互通包括列车可以在不同线路之间以 CBTC 模式实现跨线运营和不同厂家的设备之间可以相互替代两个方面。青岛地铁 13 号线存在与 12 号线、8 号线和 16 号线互联互通跨线运营的需求，通过信号系统的互联互通工程化应用，有利于实现快速式、一站式的轨道交通模式，方便乘客出行，减少换乘次数，缓解轨道交通客流压力，尤其是在换乘站的大客流压力，体现出互联互通轨道交通的直达性、便捷性。通过互联互通工程化的应用，为后续轨道交通建设互联互通提供了工程建设模式及标准。

互联互通包含列车可以在不同线路之间以 CBTC 模式实现跨线不降级运营和设备互换两部分内容，主要具有下列优势：

①可以实现运营交通的灵活组织，满足网络化运营的需求，实现列车共走廊运营，提高线路和设备利用率。

②减少备用车辆数及备品备件数，实现资源共享。

③延伸线设备的选择可以不受已运营线路的限制。

互联互通信号系统（图 8-2-23）在统一系统架构、接口协议等技术条件基础上，制定输出统一的工程设计规范和原则，指导互联互通线路网络按照相同的标准设计、布置和安装轨旁和车载设备、全局编码等。

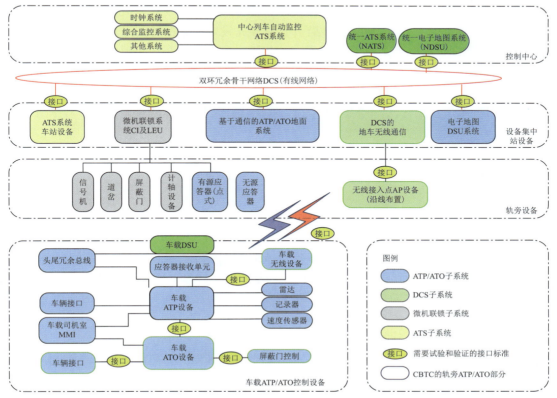

图 8-2-23　青岛地铁 13 号线互联互通平台架构图

本线互联互通工程完成后已形成《青岛 13 号线信号系统互联互通实施规范》,制订统一的线路间地面设备切换机制、统一的地面线路描述机制(电子地图)、标准的地—车、线路间接口、统一的轨旁设备布置原则、协同的系统安全评估机制,技术应用成效如下:

①规范互联互通系统需求,搭建公平竞争的平台,降低安全生命周期成本,促进轨道交通技术创新。
②规范青岛地铁互联互通线路的设计、测试、工程实施。
③指导青岛地铁互联互通线路的建设。
④规范本线及后续互联互通线路的测试验证工作。
⑤编制完成本地化互联互通标准。
⑥填补了山东省轨道交通互联互通标准规范的空白,有利于今后轨道交通互联互通线路的建设,对于非互联互通线路建设也具有指导意义,更好地服务于山东地区轨道交通的建设和运营。
⑦首次新增总则规范和 PIS 技术规范,增加本地化详细需求内容,比中国城市轨道交通协会及国内其他地方标准覆盖专业及内容更加全面,有利于指导互联互通的工程应用。

(2)正线有人监督下的无人驾驶方案在青岛地铁信号系统中的首次应用

信号系统采用正线有人监督下的无人驾驶方案,即列车正线运行过程中正常情况下不需司机进行任何操作,可以有效减轻司机的劳动强度,提高运营效率。

正线有人监督下的无人驾驶模式是对正常的运营模式经过方案优化后新增的一种驾驶模式,通过模式开关可以在几种驾驶模式之间进行转换。正线有人监督下的无人驾驶模式可以实现列车进站后自动开车门及站台门,在预先设定的站停时间过后自动关闭车门及站台门,司机无须按压"发车"按钮即可发车。折返过程中当列车在折返站规定的停车时间结束及旅客下车完毕,车门和站台门关闭后,列车可在无人驾驶的情况下,到达站台自动驾驶进入和折出折返线,最后进入发车股道自动打开车门和站台门;在整个折返过程中无须司机在车上对列车进行操作,列车的启动、加速、巡航、惰行、制动、精确停车均由车载信号设备控制。

8.2.8 综合监控系统、环境与设备监控系统及火灾自动报警系统

1)综合监控系统

本线综合监控系统通过对主要机电系统的集成和互联,实现对地铁运营与行车指挥、防灾和安全以及乘客服务等相关信息的集中监控与协调联动,包括系统集成电力监控系统(PSCADA)、环境与设备监控系统(BAS)、火灾自动报警系统(FAS)、屏蔽门系统(PSD)、互联的系统有信号系统(SIG)、自动售检票系统(AFC)、广播系统(PA)、闭路电视监视系统(CCTV)、乘客信息系统(PIS)、综合网络管理系统(TNMS)、时钟系统(CLK)等。

车站控制室是轨道交通建设及运营的形象窗口,是整个车站的"控制中心",其整体的美观、功能的可靠性、人机的和谐统一是工程建设的重点与难点。目前国内车站控制室整体布局及综合后备盘的设置大同小异,存在很多不足。装修装饰风格按计算机机房定位,风格单调呆板,装修未融入公共区装修设计元素,作为对外的窗口,影响整体美观。总的来说,以

往的车控制室设计时,重点考虑了控制功能需求,而忽略了整体的美观、人机的和谐,如图 8-2-24 所示。

本条线路采用一体化车控室(图 8-2-25),把车站控制室内所有设备及附属设施都嵌入整体装潢,使其与装修浑然一体、自然过渡、形成和谐统一体。在把有限空间高效利用的同时,既解决了整体装潢的美观性、又解决了设备与装修的融合性、还解决了功能设施摆放的凌乱性、随意性。同时,一体化车控室方案采用模块化、菜单式、人性化设计,为运营人员营造一种和谐、便捷、温馨的值班氛围。

图 8-2-24 车控室一体化效果图

图 8-2-25 井冈山车控室一体化实例

2)环境与设备监控系统

本线环境与设备监控系统(BAS)负责对车站所辖区间隧道及车站的通风空调大系统、小系统及其水系统、照明系统、导向指示标志、自动扶梯、电梯、给排水系统相关设备进行监控及管理,同时对相关设备用房和公共区的环境温度、湿度等参数进行监测。在发生火灾事故时,使有关救灾设施按照设计工况及时有效地投入运行,保障人身及设备安全。BAS 中央级、车站级设备均由综合监控系统负责配置,功能也由综合监控系统负责实现。

3)火灾自动报警系统

本线火灾自动报警系统(FAS)按两级管理、三级控制的方式设置。第一级为中央级设置在控制中心,作为 FAS 集中监控中心;第二级为车站级设置在车站控制室或车辆基地等的消防控制室,作为本地 FAS 监控中心;第三级为现场就地控制级。

本线 FAS 监视辖区火灾自动报警系统所有设备的运行状态,接收辖区火灾报警信号并显示报警部位。当车站发生火灾时,由本站 FAS 发出火灾模式报警信号,BAS 启动该站的救灾模式;当区间发生火灾时,由控制中心 ISCS 发布隧道通风排烟控制命令,按与多数乘客疏散相反方向送新风和排除烟气,由相邻车站 BAS 接收命令并执行,以配合疏散。

8.2.9 门禁系统、安检系统及车辆基地/停车场安防系统

1)门禁系统

门禁系统是一个出入管理和安全防范系统,其主要职责是根据地铁运营和安全防护的需要,在重要的设备及管理用房、重要的通道门处设置出入控制装置,只允许获得授权的人员进出,防止无授权人员的非法闯入,以保证门禁控制区域的安全。为了便于地铁运营管理和安全保护,本工程在各车站(包括各变电所)及车辆基地、停车场的主要设备管理用房、公共区进入设备区通道等位置设置门禁装置,以地铁员工票作为门禁卡。

2）安防系统

本线场段设置安防系统，实现对车辆基地、停车场区域内人员的人身财产安全和生产基地的防盗、防破坏等的监控管理，以确保地铁车辆基地、停车场正常、有序地作业生产，保障轨道交通运营的正常进行。

安防系统中周界报警的设置，需要根据所保护的场区周界围栏的形式，选用合适的周界报警探测器。通过对本工程灵山卫、董家口停车场、古镇口车辆基地场区围栏设置情况的分析，得出如下结论：灵山卫停车场位于地下，不需设计周界报警；古镇口车辆基地、董家口停车场位于地上，周界围栏主体采用实体墙垛 + 金属栅栏的方式。结合激光对射报警、振动电缆报警、微波对射报警等周界报警系统的优缺点、安装方式、探测灵敏度等因素分析，确定周界报警采用微波对射探测系统。

沿车辆基地、停车场及出入段线周界围墙上设置微波对射发射器和接收器，设备安装于支架上，使用通信线缆串行连接微波对射接收器，并通过冗余环网转换器接入安防监控中心内的周界管理工作站。当检测到有非法入侵时，接收器能够以声、光信号告警，并在周界管理工作站电子地图上使用闪烁图标显示入侵位置，并提供告警信息种类及相关信息，指导操作人员处理报警信息，如图 8-2-26 所示。

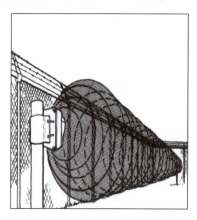
a）安全

b）非法入侵

图 8-2-26　周界报警设备现场探测报警示意图

3）安检系统

安检系统结合车站建筑类型、规模、客流组织、AFC 检票机布置方案，在车站站厅非付费区靠近每个主要进站闸机组外侧设置安检点。同时，安检设备的安装位置不影响乘客紧急疏散，若遇紧急情况可使乘客快速通过公共区撤离。

8.2.10　站台门系统

地下车站站台边缘设置封闭/非封闭可转换式站台门，高架车站站台边缘设置半高站台门。站台门系统主要由门体、门机、电源与控制四个部分组成。每侧站台门总长为 74420mm，设置 16 道滑动门，4 道应急门，2 道端门。上部开闭式站台门门体总高度 3000mm（不含吊顶以上部分），半高站台门为 1515mm。站台门门体与土建结构采用绝缘安装的方式,即在站台层设置绝缘层,采用暗敷绝缘卷材的绝缘方式。同时,设置防夹挡板、防踏空胶条以及车尾软灯带的安全措施。

本工程结合青岛的气候环境特点,为节省地下车站通风空调系统的运营能耗,推荐采用上部开闭式站台门系统。经过对通风百叶窗和幕帘两种形式的转换装置进行比较,选择可伸缩的百叶窗,该方案结合了百叶窗和幕帘的优点。同时,本工程还将考虑外部美观性,对开闭式装置的外部结构进行美化设计。

高架车站 PIS 屏通常设置在半高站台门的上方,从上部设置吊挂件安装 PIS 屏,一定程度上会影响车站的美观效果。本工程结合站台门固定侧盒的结构特点,考虑将 PIS 屏嵌入到站台门门体玻璃内,由站台门预留 PIS 屏的安装条件。该设置方案将提高车站的整体美观度,而且简化了站台上方的结构设置。

8.3 BIM 技术应用

8.3.1 BIM 技术应用概况

青岛地铁 13 号线设计施工过程中引进 BIM 技术协同进行项目管理,采用模式为建设单位总体统筹管理,引进 BIM 咨询单位提供技术咨询,设计、施工等参与单位共同参与 BIM 技术应用,包括试点阶段和应用阶段。项目搭建了 PW 协同管理平台,所用数据通过 PW 平台进行储存、调用。实现了 BIM 技术信息集成管理,杜绝了信息孤岛,减少了信息传递误差。通过在 PW 托管工作环境统一了各单位各人员的模型创建的标准,确保后期模型的顺利传递和利用。

按照统一规划和要求,在施工过程中通过不断探索和实践,提出了建筑结构三维扫描—点云建模—BIM 机电模型深化—工厂预制化加工—模块化安装的全新施工组织模式,制订了"基于 BIM 技术实现风水电工厂化加工、装配式安装"的目标。

本着"实用为主、效率更高、质量更好"的原则,逐步实现了不同软件之间的数据共享、机电管综建模、族库建设、机房优化排布、墙体孔洞预留、综合支吊架、风管、水管、桥架工厂化加工、装配式安装等目标,走出了一条属于青岛地铁的特色之路。BIM 技术通过在 13 号线的成功应用,使得该项目在提高生产精度、减少施工费用,实现安全、绿色、文明施工等方面取得了显著的成效。

8.3.2 BIM 实施目标和模式

1)BIM 实施目标

通过 BIM 三维设计管理技术在项目设计、建造、运维全过程、全生命周期的应用,可使相关人员及时发现设计问题、施工安装过程中存在的碰撞问题和安全隐患,实现未建先试,全面提升青岛城市轨道交通项目管理水平;并通过可视化的方式快速找到最优的解决途径,提高项目质量、缩短建设工期、减少资源浪费、控制工程投资,获得最佳管理效益、技术效益和经济效益。

BIM 技术可保证城市轨道交通工程项目数据的准确性、协同性、可追溯性,实现青岛市西海岸城市轨道交通项目数字化建设管理。建立全方位的、包含各阶段信息的虚拟城市轨道交通线路,完成 BIM 技术全生命周期应用的探索和创新。

2）BIM 实施模式

为加强整个 13 号线 BIM 工程项目的高效实施与管理,使 BIM 技术贯穿建设项目全生命周期和覆盖项目管理各个方面,且做到信息不断加载、信息共享、数据传承,需建立统一完善的 BIM 实施模式。BIM 实施模式可分为以下三个主要组成部分。

（1）组织领导

13 号线 BIM 设计由建设单位、BIM 咨询单位、各参建单位提供相应的应用技术支持与管理,促进各 BIM 项目参与单位积极完成其所承担范围内的 BIM 应用工作。

（2）统一平台、统一标准、统一培训

①各 BIM 参与单位使用统一平台,对建设、设计、施工、监理、咨询等各方信息进行统一化协同管理。

②本工程在 BIM 技术实施应用中,应积极结合其他城市 BIM 技术的成功案例总结实践经验,编制统一的技术建模审核标准,指导 BIM 应用工作。

③BIM 咨询单位定期组织协同管理平台软件、BIM 建模软件的操作等培训工作,提高各参与单位的 BIM 技能应用操作水平。

（3）定期组织会议

BIM 实施过程中,在每月及重要工期节点开展前（后）召开例会,各参建单位 BIM 负责人参与,进行现阶段利用 BIM 技术所完成工作的质量管控。具体的例会流程由 BIM 咨询单位编制计划,建设单位组织、主持,通过对 BIM 工作经验的总结交流,指导促进下一步 BIM 工作的进行与完善。

8.3.3　BIM 技术研究与应用典型方案

1）BIM 管线综合深化设计

地铁机电施工涉及风水电、供电、弱电等多个专业系统,同一个系统或者不同系统之间都不能在同一水平交叉。以前现场最忙的是专业工程师,因各专业设计无法做到事前精准对接,一到现场便出现相互交叉"碰撞"的情况,工程师们只能忙着到处"救火"。

在设计阶段,利用 BIM 模型对管线进行优化排布,消除碰撞,充分考虑管线高程、垂直、水平距离、检修空间,以及天花、风口、灯具、多联机、墙面、地板的排布位置,实现了天地墙布置整齐划一,整体效果美观、整洁、和谐。

现场施工人员只需按照建好的 BIM 模型,将预制好的管道、支架进行安装即可。经 BIM 软件建模分析,通过采用 BIM 技术,平均 1 个地铁车站能减少现场施工过程中的管线碰撞 1500 处。

2）综合支吊架预制加工及安装

利用 BIM 软件生成剖面图、安装定位图,厂家在此基础上对支吊架进行深化设计,确认无误后进行工厂化加工,支吊架成套运抵现场后依据定位图纸直接安装,提高了安装效率。现场安装效果整齐、美观,避免了现场切割、焊接、涂装等工序,如图 8-3-1～图 8-3-4 所示。

图 8-3-1　支吊架模型

图 8-3-2　打包运抵现场

图 8-3-3　支吊架现场组装

图 8-3-4　成套安装

3）风管加工及安装

对风管模型进行自动编号，并生成二维码及加工图纸、安装图纸，将模型输入"五线"全自动风管加工生产设备的控制系统，再经合缝、铆接即可完成成品风管。

将异形风管加工图纸展开后输入等离子切割生产线进行自动切割，经咬口、折方后形成异形风管，该生产线人机操作界面简单、运行稳定、切割精度高、减少了传统手工作业误差、提升了施工质量。

风管产品运抵现场后，工人依据二维码编号及安装图纸进行安装，编号与实物一一对应，保证了安装的准确度。

对照 BIM 模型的工厂化加工，大大减少了现场人工切割和焊接操作，加强了工艺标准的统一。每个班组都配备了一台手持平板电脑，代替了原来的平面图纸；平板电脑上三维立体模型直观呈现管线安装效果，指导更明确，施工效率也显著提升，如图 8-3-5～图 8-3-8 所示。

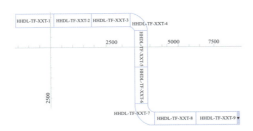
图 8-3-5　风管自动编号

图 8-3-6　工厂化加工

图 8-3-7　风管现场安装

图 8-3-8　安装效果

4）水管加工及安装

对水管模型自动进行分段、编号,并生成加工图纸、安装图纸、加工清单,加工厂依据图纸清单进行生产,运抵现场后直接进行安装,实现了高效生产、高效运输、高效安装。

利用工厂化的专业性和良好的质量保证体系,大幅度提高机电工程安装的质量,减少机电返工造成的浪费,力求实现比传统工艺手段工期压缩 2/3 的目标,从根本上解决国内地铁机电系统施工安装的弊端,为匹配 100 年使用年限的地铁建筑,寻求高质量、高寿命、易维护的机电系统建设管理的新体系,如图 8-3-9～图 8-3-12 所示。

图 8-3-9　车辆基地水管

图 8-3-10　井冈山路站水管

图 8-3-11　朝阳山站水管

图 8-3-12　积米崖站水管

5）桥架预制加工及安装

在设计时将桥架构件按标准件进行建模,达到异形件"零"加工,对桥架模型进行分解后生成单一构件加工图纸、加工编号、材料清单、安装图纸,运抵现场后直接安装,如图 8-3-13～图 8-3-16 所示。

6）孔洞精确预留

模型综合调整完毕后,运用 BIM 软件的手动、自动预留洞、套管功能,对管道穿墙、楼板处进行预留孔洞、套管的设计,通过软件预设的套管设置信息,自动判断不同管道所需要的孔洞、套管的大小,并自动进行设置。这种设计减少了人为设置的操作失误,提高了模型的准确性,最终形成一、二次结构预留洞图。如果现场条件允许,可进行支吊架和套管的精确预留预埋,如图 8-3-17、图 8-3-18 所示。

图 8-3-13　世纪大道站 BIM 模型

图 8-3-14　现场实物

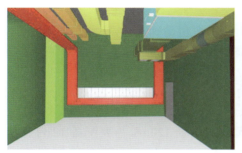

图 8-3-15　井冈山路站 BIM 模型

图 8-3-16　现场实物

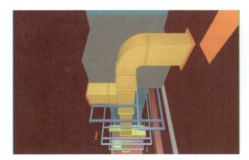

图 8-3-17　世纪大道站孔洞预留

图 8-3-18　学院路站孔洞预留

7）消防泵房装配式安装

装配式消防泵房是依托BIM技术平台,在设计院初步设计的基础上,开展二次深化设计、三维建模、设备参数优化、系统模块拆解,通过工厂化预制、现场精准安装而实现设计、安装、调试、运营的统一性,如图8-3-19、图8-3-20所示。

图8-3-19　世纪大道站消防泵房BIM模型　　　　图8-3-20　现场实景

8）环控机房、冷冻机房装配式安装

对环控机房、冷水机房进行三维(3D)扫描,获取机房精确尺寸,在此基础上对机房管路进行二次深化设计,优化管路布局,减少弯头,将直角弯头、直角三通改为顺水弯头或顺水三通等,以进一步降低系统输送能耗。

完成机房设计后,进行工厂预制、模块运输、现场拼装,以避免工程现场的交叉施工,降低管理难度,缩短现场建设周期。

积米崖站是13号线的样板车站,站内空调机房面积120m²,需要配备12台风机、2组空调机组、38台配电箱,还有大量水管从房间穿过。面对如此密集的空间排布,项目利用BIM可视化的特点,仅用一周便统筹完成了房间的全部内设排布,若采用传统方法,则至少需要两个月时间,如图8-3-21、图8-3-22所示。

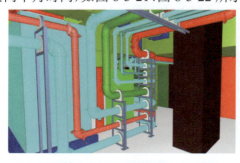 

图8-3-21　积米崖站环控机房模型与实景

图 8-3-22　井冈山路站环控机房模型

9）环控室、照明配电室管线优化

在 BIM 模型中对环控室、照明配电室进行管线优化调整,满足安全、整齐、简洁的要求,如图 8-3-23、图 8-3-24 所示。

图 8-3-23　井冈山路站照明配电室　　　　图 8-3-24　双珠路站照明配电室

10）施工工艺模拟

以 BIM 模型为基础,对项目的一些重要施工工序、关键部位等进行施工模拟。施工模拟技术是一种先进行模拟、后进行实体建设的过程,可以直观模拟、展示关键工序、大型设备运输路径检查、复杂节点的施工过程,避免盲目施工,以提高施工计划的可行性。

11）三维可视化交底

BIM 技术人员对施工班组和直接作业人员进行 3D 可视化技术交底和安全交底,提高交底可视性和效率,并将交底现场图片和相关记录与 BIM 模型进行关联,方便工作人员后续查看和调阅,如图 8-3-25、图 8-3-26 所示。

图 8-3-25　可视化技术交底　　　　图 8-3-26　现场应用平板电脑进行测量检查

12)族库建设

积极与设备厂家合作,收集设备、材料厂家提供的大样图纸,建立设备、构件标准化族库。如水泵、风机、空调机组、蒸发冷凝机组、分集水器、水处理器、定压补水装置、热回收装置、软化装置、风阀、水阀、变径头、三通、弯头、转换法兰等。将标准化族库分门别类导入 BIM 软件,后期建模时直接调用,保证了后期建模的精度,提高了建模速度。闸阀和开关箱分别如图 8-3-27、图 8-3-28 所示。

图 8-3-27 闸阀

图 8-3-28 开关箱

8.3.4 小结

因 BIM 数据有其自身的特点,故 BIM 数据的管理需求采用传统模式很难有效得到满足。一是 BIM 文件一般比较大,大数据量的网络传输时间长,用户浏览模型的效率问题无法解决;二是 BIM 文件包含的信息量非常大,迫切需要深入研究 BIM 文件内部的数据检索、存储、浏览、批注、提资等问题;三是一个 BIM 文件的形成需要众多项目参建主体的参与,且 BIM 实体对象关系复杂,BIM 时代的数据协作标准、BIM 文件命名规则、BIM 文件版本控制标准等基础性问题亦需要仔细斟酌;四是在一个项目的不同阶段、不同专业领域,会使用不同的专业高效的应用软件,这些 BIM 信息数据同样需要一个不排斥第三方的综合平台来进行管理。

通过 BIM 数据管理平台的建设,实现项目信息共享和发布的集成化应用平台建设,可以为项目参与各方提供一个共同的访问包含 BIM 模型在内的图文档数据入口;通过在系统中定义各种应用角色,把登录用户、各种功能权限和角色进行整合,实现企业的员工、分包商、业主和供应商等都可以通过这个入口整合管理流程、各种资源以及相应数据,操作不同应用;实现包含 BIM 模型、图形图片以及文档在内的数据协同管理,实现 BIM 数据在项目各个参与单位、多个业务阶段的信息传递与数字移交。

8.4 其他安装技术

8.4.1 抗震支吊架技术

1)应用介绍

抗震支吊架是对机电设备及管线进行有效抗震保护的重要防灾减灾措施,当结构抗震满足"小震不坏,中震可修,大震不倒"的设防目标时,建筑机电抗震可以将建筑机电的震灾损失减至最小,甚至避免次生灾害的发生。因此,在国家积极引导的大方向下,依据"宁可防而不震,不可震而不防"的抗震理念以及国家强制性设计规范的要求,建筑需要根据其抗震设防类别、项目所在地抗震设防烈度、机电设备构件的类别系数及其所处楼层位置、机电设备质量、刚度特性等,按照相关技术标准及经验积累对机电设备进行综合分析,然后采取相应的抗震深化设计和安装措施。

与建筑结构牢固连接,以地震力为主要荷载的抗震支撑设施,由锚固体、加固吊杆、抗震连接构件及抗震斜撑组成。适用于建筑抗震设防烈度为6～9度的建筑机电设备抗震支撑设施,主要包括建筑给水、供暖、通风与空调、电气、燃气、消防等。

2)深化设计

抗震支吊架的深化设计分为6个步骤:

(1)确定抗震支吊架的位置和取向。

(2)根据产品类型和容许荷载调节抗震支吊架间距,计算设计荷载。

(3)选择正确的抗震支吊架形式。基于抗震支架与结构的连接布置、架杆与垂直方向的夹角以及计算出的设计荷载,选择抗震支架形式。

(4)根据设计荷载和架杆与垂直方向的夹角,选择恰当类型和规格的紧固件将抗震支架固定在建筑物结构上。

(5)结构抗震设计验算包括斜撑及抗震连接构件的强度验算、吊杆的强度验算、斜撑及吊杆的长细比验算、各锚固体的强度验算(包括斜撑锚栓、吊杆锚栓、管束的强度验算等)。

(6)出具节点详图和计算书。

3)抗震支吊架安装

(1)抗震综合支架装配施工须按照设计确认的抗震支架深化设计图纸施工,管道支架应与暖通、给排水、强电、弱电、建筑、结构等专业密切配合施工。

(2)主材型钢标准长度为6.0m或3.0m,可根据需求用机械方式自由剪裁,切口要清理毛刺。

(3)需在抗震支架供应商指导下组织施工。

(4)在结构墙梁柱上开孔施工必须符合结构安全要求,并遵循结构专业技术人员的施工技术指导。

(5)拼装好的支架若有外露的切口,须用专用镀锌防腐漆加以可靠封护。

(6)支架的固定:现场施工时,抗震支架供应商配合施工单位做施工技术交底并现场指导安装,根据现场实际情况确定不同的安装方式,并根据实际情况调整安装间距以满足设计荷载要求。

8.4.2 地铁地下站点动力设备废热与热泵耦合供暖系统

1)应用概况

北方地区城市地铁一般无供热设施,地铁职工冬季工作环境比较寒冷。地铁地下站点动力设备废热与热泵耦合供暖系统符合"以人文本、绿色出行"的青岛地铁理念,已通过评审并在本工程应用。

2)技术原理

该系统的热回收供热系统由组合式空调器、双效双能热泵主机、冷热双回路动力集成模块、热水风幕机、风机盘管等末端装置,以及相应的水管路、转换、电动阀和自动控制系统、耦合电路控制系统等组成,如图 8-4-1 所示。

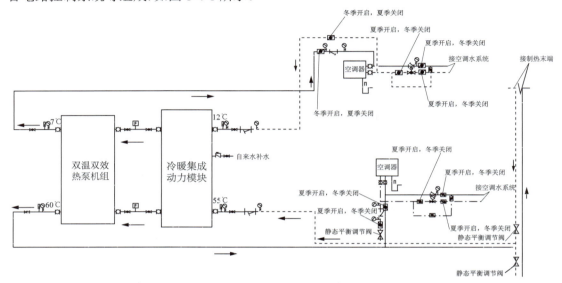

图 8-4-1 地铁地下站点动力设备废热与热泵耦合供暖系统工作原理图

冬季期间,地下机房设备间的高温排风流经组合式空调器,与盘管内的表冷器进行热交换,空调器内的表冷器进水温度 7℃,经换热后的出水温度为 12℃;表冷器 12℃的出水通过动力模块进入双温双效热泵机组的蒸发器侧,作为低温热源,通过蒸发压缩式制冷循环,蒸发器侧为组合式空调器提供 7℃的冷冻水实现在表冷器侧的排风废热回收(冬季制冷工况);冷凝器侧提供冬季空调采暖用的 55℃或 60℃的高温水(冬季制热工况)。

3)技术特点

(1)本技术针对地铁地下设备(包括动力设备、测控仪表等)产生低品位废热且需利用少量电能为产热设备降温的现状,对低品位废热回收,提升为可以供暖的中品位热能,为站内需要供暖的区域提供热源。热量的输运仍然采用水循环方式,耗能低,热舒适性好。

(2)本技术热效率高、设备占用空间小,因而能较好地布置在地铁地下空间内。废热回收模块用于吸收地铁地下站点设备仪表运行释放的废热并和低温水进行热交换;在回收热量再利用供热的过程中,热泵主机、动力模块、热量采集和散热均需要消耗部分电力,但由于系统的热回收综合能效比可以达到 1:3,即利用 1kW 的电力可产生 4kW 的热量,与采用电采暖相比,运行费用只有电采暖的 1/4,长期运行环保节能的社会效益将十分显著。系统采用设备模块化配置,占地面积仅为常规系统设计的 1/5,节约了不必要的管道,降低了系统的阻力,从而使用电量更少;设备集中化控制使得操作更简便。从整体上看该系统只有几个模块组成,故使用过程中检修更容易辨认,维护更方便,每个模块的功能强大又非常明确,便于更换调配,减少后期的维护成本。

4）技术成果

（1）13 号线上的 8 个站点（积米崖站、学院路站、两河站、朝阳山站、灵山卫站、井冈山路站、香江路站、嘉陵江路站）全部投入使用后，冬季进行地下站点工作区改善热环境的供热，其中回收的设备废热每个站点为 180～250kW 不等；按照平均 200kW 计算，回收的总热量折合为每个冬季约 200×15×0.5×135d×8=23.2 万 kWh（运行时间 15h/d，冬季共 135d），与电热供暖相比，相当于每年节省了 23.2 万 kWh 电；与煤炭供暖相比，相当于每年节省了 996t 当量标煤。加之热泵大于 3 的性能系数，本方案设计的废热耦合热泵的双效供热系统，节能优势非常大。

（2）本系统涉及的地下站点废热回收系统利用的是现有地铁地下空间的空余地方，比如吊顶空气处理机下方、无法利用的空余场地、原有管道井、进出口及服务台附近的吊顶里等，没有产生额外的土地占用。因本地铁地下站点废热回收系统由封闭式水环路组成，而水是作为载体传热本身不消耗，故除了很少量的系统补水外，不产生水资源的消耗。

（3）节省设备投资方面，收集热量利用了原本冬季闲置的空气处理机；补水定压和循环系统采用了定制设计的小型双路动力模块，使得总投资降到最低，以期达到最好的投资回报率。

5）技术贡献

（1）舒适度改善：本工程作为能源解决方案整体提供者，通过专业设计将各种基础设备有机结合，实现 1+1 远远大于 2 的效果，从基础设备到整体解决方案的价值大幅提升。本示范项目的意义在于可以极大地改善北方地区地铁地下站内运维人员在冬季的工作环境，有利于地铁职工的身体健康，改善地铁乘客的舒适度和满意度，提高工作人员的工作效率，如果与其他能源互补，本技术也可用于给地铁上盖物业建筑物，如辅助用房、商业用房等供暖。

（2）节能收益：可从配套费、清洁能源补贴、节能补贴中得以返还，按照每个站点冬季回收利用 200kW 的热量进行供暖计算，相当于每个冬季节省 50t 左右标准煤，按照每个城市 5 条地铁线路、每条线路 20 个站点计算，每个城市冬季节省的热量折合为 5000t 以上标准煤。

（3）系统集成：选用技术的集成和优化方面，因为几大模块间实现废热回收和热泵耦合，使得系统具有集成的特点，并且经过优化，系统运行的性能系数为 3～4，节能效应大。

8.4.3 防静电地砖铺贴

1）产品介绍

防静电陶瓷砖是在陶瓷釉面及胚体原料中加入导电金属氧化物，经过 1200℃高温烧结而成，该瓷砖在 -50～480℃之间电阻值不变，在空气湿度 0～100RH 之间电阻值不变。该材料同时具备陶瓷材料的不老化、不变形、不发尘、防火、防渗污、耐磨、耐腐蚀、抗压等理化性能，还具备永久防静电功能。具有以下特点：

（1）不受环境影响，通体都具有永久、稳定的防静电性能，性能均满足《防静电陶瓷砖》（GB 26539—2011）要求，可根据客户要求的参数进行研发定制。

（2）环境适应性能强，在温度 -50～480℃、湿度 0～100RH 环境中，电阻值及理化性能不变。

（3）耐磨、耐腐蚀、耐酸碱、耐油污、阻燃性、防渗污。

(4)陶瓷质地、永不老化、坚硬耐磨、可与建筑同寿命。

(5)无毒、无味、无辐射,是绿色环保产品。

2)铺贴注意事项

(1)基层施工应按《建筑地面工程施工质量验收规范》(GB 50209—2010)的有关规定进行。

(2)结合层施工宜符合下列要求:

①水泥和砂体积比宜为1:3,水泥砂浆厚度宜为25～30mm。

②基层上应刷一层掺有建筑胶的水泥砂浆,涂覆应均匀且应完全覆盖基层上。

(3)导静电层铺设宜符合下列要求:

①导静电层材料应采用化学物理性能稳定、电阻值长期稳定的导静电材料,加入水泥砂浆后的导静电层体积电阻应小于$1\times10^5\ \Omega$。

②接地引出线应采用直径10～12mm镀锌钢筋或25mm×3mm镀锌扁钢、不锈钢条,埋入导静电水泥砂浆层的长度不应小于600mm。

(4)导静电网敷设、接地端子安装应符合下列规定:

①导静电地网材料为钢筋时,钢筋宜采用直径4～6mm的冷拔钢筋。

②敷设导静电地网除应按接地系统设计图施工外,还宜符合下列规定:

a. 导静电地网宜布置为2m×2m的方格,钢筋搭接长度宜为50～60mm,焊接长度不宜小于30mm,导静电地网钢筋十字交叉处应可靠焊接,使用前应调直。

b. 导静电地网与接地端子应焊接牢固,焊接长度不宜小于30mm。

c. 应根据接地系统设计图,在导静电地网上焊接接地引出线;焊接时焊接长度不得小于50mm,接地引出线与接地连接节点应可靠连接。

③有建筑变形缝时,导静电地网的敷设应符合下列规定:

a. 建筑变形缝两侧导静电地网必须连成整体时,应设补偿装置。

b. 建筑变形缝两侧导静电地网不可连接时,建筑变形缝两侧的导静电地网应各自接地。

④接地引出线应采用直径10～12mm镀锌钢筋或25mm×3mm的镀锌扁钢。施工时应根据接地系统设计图,在导静电地网上焊接接地引出线;焊接时焊接长度不得小于50mm,接地引出线与接地连接节点应可靠连接。

⑤导静电地网铺设完成后,应检测导静电地网的导通性能,并应做好隐蔽工程验收记录。

8.4.4 智能照明系统

1)应用背景

传统地铁照明控制系统方案是基于环境与设备监控系统(BAS)系统进行的对照明设施进行简单的群组控制、时间控制,存在控制回路较多、控制模式单一的问题;且难以对车站内照明实现灵活控制,不能充分利用自然光和其他光源,运营维护成本高、管理不便,高架车站尤为明显,故采用智能照明系统可很好解决上述问题。

2)系统优势

(1)对车站公共区内灯具亮度进行整体调节。

(2)充分利用自然光和车站内其他光源,减少电能消耗。

(3) 便于运营单位后期管理、维护。
(4) 降低车站内灯具接线施工难度。

3) 应用方案

(1) 本工程车站公共区照明、区间照明灯具选用高效、节能的 LED 灯,照明控制采用智能照明控制系统,将车站公共区照明、广告照明、导向照明、区间照明纳入智能照明控制系统。智能照明控制系统主机设置在车控室内,通过通信口与环境与设备监控系统(BAS)相连,实现现场配电箱就地手动控制、车控室智能照明控制系统主机控制及环境与设备监控系统(BAS)集中控制。

(2) 调光方式。本工程采用 DALI 调光方式,DALI 是数字可寻址照明接口(Digital Addressable Lighting Interface)的英文首字母缩写。DALI 网络中的每个网络单元(镇流器)自身都有独立的地址,可实现点对点控制。采用 DALI 调光方式,可实现单灯亮度调节,调光精度高,整体调光效果均匀,统一场所内可分区域设置不同照明模式;且适用光源多,荧光灯、LED 灯、卤素灯均适用。

4) 系统功能

(1) 采用分布式控制结构,通过网络系统将分布在各现场的控制器连接起来,各智能模块不依赖于其他模块而能够独立工作,共同完成集中管理和分区控制。

(2) 当某一区域照明控制出现问题时,不影响其他区域及整个控制系统的正常运行。

(3) 当调光控制模块断电后恢复供电时,可设置调光模块恢复到以下几种状态:

① 所有回路都导通。
② 所有回路都断开。
③ 所有回路都恢复到断电前的状态。
④ 所有回路开启到规定的场景。

5) 应用效果

本工程设置智能照明控制系统,系统完全自动运行,正常运营状态下无须人员控制,实现智能化照明节能控制管理。同时如有特殊使用情况,管理人员也可通过触摸屏对各路灯光进行手动调节,使用灵活便捷,既便于运营维护,也具有良好的节能效果和经济效益。

8.4.5 机制内衬成品风管的安装

传统外保温镀锌钢板风管以镀锌钢板制成风管主体,现场进行吊装后,再采用玻璃棉橡塑等传统保温材料进行二次保温而成的风管系统。

机制内衬成品钢板风管可按照北美绝热材料标准协会(NAIMA)标准由优质镀锌钢板和超级内衬材料构成,由数字化全自动生产线场外预制生产的、在现场按美国金属薄板与空调调节承包商协会(SMACANA)标准简单装配施工的新一代成品空调风管,如图 8-4-2 所示。

与传统外保温镀锌钢板风管相比,机制内衬成品风管具有以下优点:

(1) 施工速度

传统镀锌钢板风管的制作施工工艺是:先制作风管,吊装,再加二次保温。整个过程费时费力,制造安装效率低,工期要求长,劳动强度大,安全性差。

机制内衬成品钢板风管在工厂数字化全自动生产线生产，日均产量 $2000m^2$ 卡扣式装配，简单便捷，无须二次保温，省时省工省料，工期可缩短 1/2 以上，如图 8-4-2 所示。

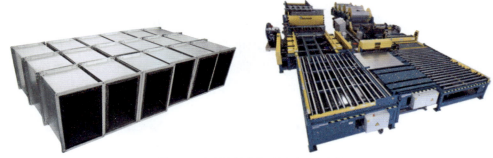

图 8-4-2　机制内衬成品风管全自动生产线

（2）保温性能

传统外保温镀锌钢板风管采用橡塑或低密度的玻璃棉进行保温，常温导热系数大于 $0.037W/(m·℃)$，比同样厚度机制内衬成品风管的保温热阻低 11%，保温性能相对较差。另外，保温粘贴时不能保证钢板外表洁净无灰尘，有脱落隐患。各专业交叉施工时，保温层被踩踏、碰撞，有被损害的风险。

机制内衬成品钢板风管采用欧文斯科宁专用的钢板风管内衬玻璃棉保温，常温导热系数小于 $0.033W/(m·℃)$，保温热阻高，保温性能优越。同时，生产、运输、装配施工时，保温材料被厚重镀锌钢板有效保护，保温层完整无损坏。

（3）防火性能

传统外保温镀锌钢板风管最优 CLASS 0 级最高可达到 GB8624-2012 B1 级，机制内衬成品风管玻璃棉内衬材料为无机惰性材料，可达到 A（A2-s1-t0-d0）级。

（4）抗菌性能

传统外保温镀锌钢板风管无抗菌防霉功能，在当前风管不定期清扫情况下，极易造成微生物、病菌在风管内滋生和传播。

机制内衬成品风管内衬材料内壁敷有抗菌防霉涂层（UL 181，ASTM G21，ASTM G22）。即使在当前风管不定期清扫情况下，仍能有效抑制微生物、病菌在风管内壁的滋生和传播，保证环境卫生。

（5）消声性能

传统外保温镀锌钢板风管不具有消声功能，必须加消声器。机制内衬成品风管具有良好的消声性能，降噪系数高达 0.70，每米长风管均可降低噪声 10dB 左右。在该风管系统中可以取消消音器，创造宁静空间。

8.4.6　现浇水磨石技术

1）应用背景

现浇水磨石技术主要应用于两河站站台层和大珠山站站厅层地面。以大珠山站为例介绍。

大珠山站以杜鹃花为设计元素进行艺术化处理。顶面艺术品采用不锈钢锻造工艺，柱面采用微晶石挂板,地面采用水磨石;以粉色为主色调,花瓣造型自上而下贯穿站厅层艺术区,以浓郁的色彩、冷暖的色调变化,使整体空间更具层次感,见图 8-4-3。

2)技术特点

水磨石分为现浇水磨石和预制水磨石两种。预制水磨石是工厂化生产的成品,质量易于保证,但是铺贴时有拼缝。现浇水磨石是现场人工操作生产的,整体观感较好,可无缝拼接,适合大面积使用。为了达到最佳效果,地面采用现浇水磨石,见图 8-4-4。

图 8-4-3　大珠山站站厅层效果

图 8-4-4　现浇水磨石地面

3)技术介绍

(1)基面要求

①基面为 C25 细石混凝土找平层,施工时预留 10mm,水磨石地面成品 8～10mm。

②找平层施工时用抹平机进行机械抹平,保证平整度。

③混凝土基面必须坚固、清洁、干燥,没有任何污染物;混凝土基面需满足抗压强度≥25MPa、抗拉强度≥1.5MPa 的设计要求。

④基面含水率 <6%。

⑤环境条件:空气湿度≤75%,空气温度为 5～30℃,基面温度为 8～25℃。

⑥其他要求:混凝土基层不开裂、不空鼓、不起砂。

(2)水磨石施工工序

①基面检查,平整度、强度、温度和湿度满足设计要求。

②将基面进行拉毛、磨平,修补好有缺陷的部位。

③进行封闭底涂施工。

④按照设计图案弹分格线,分隔条安装。

⑤对施工区域周边的墙体做好保护。

⑥将若干组分材料用电动搅拌器现场混合,用镘刀均匀摊铺,先浅色,后深色,利用分隔区域进行跳格分色摊铺,避免混色。

⑦固化养护 18～24h 后使用地面打磨机进行分级打磨并补浆。

⑧打蜡抛光并进行清洁。

第9章
轨道施工关键技术

9.1 CP Ⅲ 轨道精密测量技术　　　　　9.3 自动分枕轨排组装技术
9.2 智慧云平台在地铁铺轨中应用的探索及研究

9.1 CPⅢ轨道精密测量技术

9.1.1 应用背景

城市轨道交通会给市民和旅客带来便捷,同时也会给沿线的居民和建筑物带来振动及噪声等环境污染的公害。因此,控制城市轨道交通的振动和噪声污染,已经成为亟待研究和解决的重要问题。

城市轨道交通的振动来源主要有两方面,一是机车车辆动力系统的振动,通过车轮与轨道结构的动态相互作用,引起轨道结构的振动,这些振动通过地基又传给周围的建筑物;二是由于轨道的不顺滑、轨线不平顺,在车轮和钢轨长期相互作用都会产生磨耗,轮子可能失圆或产生扁疤,钢轨可能会产生波浪形磨耗,状态不良的轮轨相互作用会使振动加剧。

针对上述问题,需通过精密测控新技术,确保轨道高平顺性,达到高质量的轨道线路;最终实现改善地铁运行对城市环境的影响,降低运营维护费用,提高轨道系统的运营寿命。

青岛地铁 13 号线轨道精密测量体系将高速铁路精密工程测量中的 CPⅢ测量与无砟轨道精调检测评估等技术引入轨道交通中,进行融合、改进和创新,从而形成一套针对轨道工程的测量技术体系。

轨道精密测量体系的主要内容是建立轨道控制网、整体道床轨道精调、轨道精密检测、运营阶段沉降监测与轨道平顺性检测等,在轨道工程"设计、施工、验收、运营"各个不同阶段对轨道提供可靠的测量基准,并通过采用先进的仪器设备和技术手段进行测量与控制,使轨道的相对精度达到毫米级,实现轨道的高平顺性与高稳定性。

9.1.2 轨道基础控制网的布设

轨道控制网 CPⅢ采用点对法进行布设,布设的技术要求见表 9-1-1。

CPⅢ控制网布网要求　　　　表 9-1-1

控制网级别	测量方法	纵向网点间距	点位高度	备注
轨道控制网	自由测站边角交会	30~60m	根据设计专业图纸确定	成对布设在隧道侧墙、高架 U 形梁翼缘或站台廊檐上

1)CPⅢ点埋设

本线路包括高架和地下段,CPⅢ埋设于 U 形梁和隧道的位置,如图 9-1-1、图 9-1-2 所示,其中,轨道控制点应埋设稳固,当预埋件垂直埋设于 U 形梁顶面时应保证其垂直埋入;当埋设于 U 形梁翼缘板侧壁和隧道壁上时宜使预埋件大致水平。

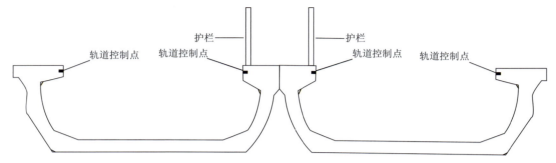

图 9-1-1　U 形梁轨道控制点布设位置示意图

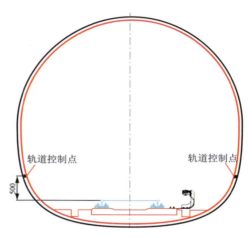

图 9-1-2　隧道轨道控制点布设位置示意图（尺寸单位：mm）

2）CPⅢ点编号规则

轨道控制点按照公里数递增进行编号，其编号反映里程数。位于线路大里程方向左侧的控制点编号为奇数，右侧的控制点编号为偶数（在有长短链地段应注意编号不能重复）。

控制点编号统一为七位数，具体规则为：×（左右线标识 Z 或 Y）+×××（里程整公里数）+G（表示轨道控制点）+××（该公里段序号）。例如，Z026G01 中，"Z"代表左线，"026"代表整公里数，"G"代表轨道控制点，"01"代表 1 号点。

9.1.3　轨道基础控制网的测量

1）平面控制网的测量方法

平面测量水平方向采用全圆方向观测法进行观测，平面测量距离采用多测回距离观测法，边长观测实时地在全站仪中输入温度和气压进行气象元素改正。平面测量在气象条件相对比较稳定的天气（温差变化较小，湿度较小）下进行，尽量选择无风的阴天或夜晚无风的时段施测，完全避开日出、日落、日中天的前后 1h 的时段观测，夜间观测注意避开强光源对观测的影响。

2）与平面起算点的联测

轨道控制网平面测量时在两端各联测 1 个 CPⅢ起算点，与起算点联测时，至少通过

3 个或 3 个以上自由测站进行联测,如图 9-1-3 所示。

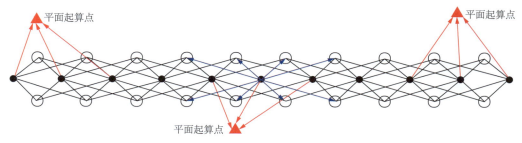

图 9-1-3 与平面起算点联测示意图

轨道控制网平面测量以 CPⅢ起算点为已知点,对联测的起算点进行稳定性分析和精度检核,剔除带有粗差的起算点。此段轨道控制网稳定的平面起算点为 2 个,左右线共用这 2 个稳定的起算点分别进行约束平差计算。

3)平面数据处理

外业观测前,各项技术指标输入 CPⅢ数据采集程序,并检查全站仪中气象参数、棱镜常数等设置是否正确,然后进行数据采集,测站观测数据超限的,应立即现场重测。

CPⅢ平面数据采集完成之后,使用软件进行平差计算。CPⅢ控制网平面测量采用独立自由网平差,并根据 CPⅢ起算点成果进行固定约束平差。平差后对各项技术指标进行统计分析,检核控制网约束平差的精度,全部满足标准要求。

区段之间衔接时,首先在接边前对前后区段独立平差重叠点坐标差值分析。当坐标较差满足≤±3.0mm 时,后一区段 CPⅢ网平差采用本区段联测的 CPⅢ起算点及重叠段前一区段连续的 1~3 对(一般不超过 5 对)CPⅢ点作为约束点进行平差计算,平差后其余未约束的重叠 CPⅢ点前后区段坐标差值满足≤±1.0mm 时,坐标成果采用上一区段成果;对于不满足≤±1.0mm 的 CPⅢ点,进行稳定性分析且考虑接边精度后,坐标成果采用本次测量成果。另外,对于个别接边前后区段坐标较差不满足≤±3.0mm 条件的 CPⅢ点,再对其稳定性进行分析并确认点位变化后,坐标成果采用本次测量更新成果。

4)CPⅢ控制网高程测量

CPⅢ网高程测量可采用水准测量或自由测站三角高程测量方法施测,附合于 CPⅢ高程起算点上,附和路线长度不应大于 2km,长大区间等特殊情况特殊考虑。三角高程网每 1km 左右与 CPⅢ高程起算点进行高程联测。联测采用水准测量时,按二等水准测量要求进行往返观测。

5)高程数据处理

观测数据均合格之后,进行数据存储。CPⅢ控制网高程测量数据计算、平差处理采用数据处理与平差系统软件。CPⅢ控制网高程测量以 CPⅢ高程起算点为起算数据进行约束平差;平差后高差改正数应≤±2mm,高程中误差应≤±4mm,相邻点高差中误差应≤±1mm。

CPⅢ控制网高程平差时也可分区段进行,区段长度不宜小于 2km,特殊情况应特殊考虑。两段衔接处设置在与 CPⅢ高程起算点联测处。区段之间衔接时,前后区段独立平差重叠点高程差值应≤±4.5 mm,后一区段 CPⅢ网平差采用本区段联测的 CPⅢ起算点及重叠段前一区段连续的 1~2 对 CPⅢ点高程成果进行约束平差计算。

9.1.4 小结

用于 CPⅢ测量的仪器设备应首先通过国家法定机构检定并在有效期内。观测前应对仪器进行常规电子检校（每天检查），检查仪器内存、电源、温度计、气压计是否满足要求。观测时应先将仪器在外搁置 5min 左右，使之与周围环境温度一致；并随时注意温度、气压等气象条件的变化，保证仪器气象参数及时更新。在自动观测前，还应对点号进行核实，保证现场点号与仪器记录点号一致，发现错误及时修改；对已经存储的错误点号，要做好观测日志，内业修改整理，同时为了保证 CPⅢ测量的质量精度，需对 CPⅢ测量组件棱镜安装精度、高程连接杆安装精度、棱镜连接杆安装精度进行检查，确保其满足精度要求。

9.2 智慧云平台在地铁铺轨中应用的探索及研究

9.2.1 研究背景及意义

1）研究背景

地铁轨道施工期间，正式通信系统尚未建立，地铁隧道内因无通信方式，导致隧道内和地面间只能靠步行传递信息，管理手段原始落后，效率低下，尤其是行车和施工组织因通信不畅导致同一行车区段在同一时间内只能开行一列车，行车组织效率低，且调度命令等指示不能及时、有效地传达至行车作业人员，极易造成臆测行车、盲目施工等安全危险事件的发生。在国家经济调结构、转方式的社会背景下，轨道建筑市场竞争异常激烈，企业的生存和发展必须高度重视安全生产和成本控制。故需借助无线网络通信等现代技术手段来解决地铁隧道内临时通信问题，提高城市轨道交通工程施工的管理效率，并确保安全生产。

2）研究目的和意义

为确保轨行区交叉作业以及施工安全，主要应解决四个问题：一是解决无线通信问题，实现列车与列车、列车与调度、列车与施工人员、施工人员与调度等实时无线通信；二是解决列车运行安全监控问题，实现列车超速运行时自动报警，提醒司机及时降低运行速度，实现列车与列车间隔距离过小自动报警，提醒司机及时停车；三是解决列车靠近施工区域时及时报警，保护施工作业人员的人身安全；四是实现工程运输调度指挥信息化的目的。

9.2.2 智慧云平台实现原理、特点及国内概况

1）城市轨道交通（以下简称城轨）工程智慧云平台的实现原理及特点

智慧云平台是在隧道内组建无线网络的基础上实现了隧道内语音通信，轨行区车辆、人员定位、轨行区交叉施工管理、视频监控等多项软硬件结合的实用新型功能。因此，本系统的基础是通过纯无线的方式实现了隧道内外的网络通信，实现了隧道内外的语音通信能力、宽带通信能力，和窄带传感网络通信能力。在以上网络的基础上，在互联网（Internet）上部署了物联网云平台、语音云平台和视频云平台。隧道内语音终端接入语音云平台实现隧道内外语音通信；隧道内车辆速度传感器、车辆定位传感器、人员定位传感器及其他检测传

感器信号通过窄带传输接入物联网云平台；隧道内视频监控通过宽带传输接入视频云平台。所有数据汇总到云平台后进行存储和计算，将现场数据实时推送到调度中心和授权手机终端，最终实现智慧云平台。该系统集成度高、功能强大、实用性强、安装维护便捷、投资小、主要设备可重复实用、功能可扩展，是一个高度集成的自动化控制和信息化管理系统。

2）城轨工程智慧云平台的优势

城轨工程智慧云平台是针对地铁工程运输调度指挥管理需要而研发的专用系统，目前国内城轨轨道施工行业尚未有类似的自动化控制和信息化管理系统。

地铁正式运营期间的通信、调度指挥及管理系统，其全程泄露电缆无线覆盖通信网络技术复杂，功能强大，安全可靠性极高，但因其投资巨大、工期长、固定安装不可拆卸等特点，所以工程施工期间无法使用。

隧道开挖施工中，为加强掘进工作面的状态监控，一般采取全程光纤骨干传输，2.4G AP 无线覆盖，虽然传输稳定、带宽大，但其功能大多限于视频监控和语音通信，不能满足频繁移动的轨道车定位、测速、报警等功能需要。为防止隧道坍塌而研发的防止隧道坍塌预警监测监控系统采用无线信号传输，自动收集隧道掌子面变化情况，数据无线传输至服务器，通过自动计算、分析及处理，达到事先预警监测监控的目的。该系统功能强大，适合隧道施工，但不具备对移动状态轨行车辆的监控需求。

地铁轨道施工一般长度都在 20km 左右，工期不超过 1 年，故其临时通信网络必须具备建设投资小、安装便捷的特点，以上通信方案不具备此要求。本系统选择了全程定制无线网桥骨干传输，AP+AC 无线覆盖，433MB 窄带传输，对跨网段语音通信进行了技术攻关，实现了广域网和局域网无缝对接，通信数据采用电信加密通道传输，通信基础网络性能稳定，数据传输安全可靠。针对工程运输的特点，开发了列车运行图绘制软件、调度综合监控、视频监控等符合工程运输现场实际的功能。为实现投资小、安装快速等要求，对网桥、AP 等设备进行了集成，集成后的设备外形规格尺寸和重量不足原来的五分之一，并对其性能进行了优化，可自动配置系统参数。为规范系统建设和应用，制定了相应的管理办法。

综上所述，城轨工程智慧云平台在整体架构设计、硬件配置、软件开发及应用管理等诸多方面具有明显优势，是一个适合城轨工程运输特定环境和需求条件下的自动化控制和信息化管理的专业系统。

9.2.3 智慧云平台在地铁铺轨的应用

城轨工程智慧云平台自行组建了通信基础网络，开发了系统软件，筛选并改进了系统硬件设备，并通过无线局域网和广域网的无缝对接，解决了跨网段通信技术难题，结合现场施工和运输实际，开发了语音通信等十一大功能，实现了本地运输调度指挥和远程办公、维护及升级的目标。

1）轨行区全程视频监控功能

在隧道内关键、重点施工位置加装固定或移动摄像头，即在平板车前端、铺轨基地门式起重机、铺轨小吊顶端加装领航摄像头以及在轨行区每 500m 加装 2 套摄像头，可实现轨行区视频画面实时传输到监控中心及经过授权的手机，提高了轨行区安全、文明施工的监控能力。

2)隧道内外语音通信

隧道内语音通信分为两种方式:

(1)专用语音通信,调度人员和轨道车司机、施工作业面联系人通过专用语音通信进行通话,在隧道内全线停电时仍可保证 4h 的语音通信能力,以应对突发事件。

(2)普通管理人员通过手机应用(APP)授权可拨打隧道外任意普通手机、座机以及急救电话等。

3)人员机具实时定位功能

通过在轨行区安装人员定位基站,作业人员、运输机具配发定位标签,可实现人员、机具实时定位检测,调度中心软件和手机软件可实时查看隧道各施工单位施工人员的实时数量和位置分布;与施工请点关联后可自动监测施工请点位置与施工人员位置的匹配程度,如超越日计划批准的区域作业,监控中心可以接收到报警信号,并生成相应的统计表格与周计划、日计划相比对。

4)邻近报警

轨道车辆在轨行区进行运输工作时,系统实施监控隧道内所有轨道车辆的运行位置。当相邻轨道车之间的距离小于调度设定的距离时,系统自动向两台轨道车同时报警,提醒司机注意减速行车;在所有进入轨行区的轨道车安装邻近报警装置后,当车辆接近 230m 左右时,轨道车报警装置自动提示司机注意减速,减少机车相撞和追尾事故。

5)交叉施工及虚拟安全防护

调度人员通过施工计划,针对轨行区影响行车的交叉施工,在其施工区段进行施工防护区域的设置和标注,施工区域信息在二维地图展示;当施工列车运行至施工区域附近时,系统自动向调度中心和车辆司机报警,提示司机注意行车安全。防护区段的建立,使司机可通过车载系统屏幕了解其行车范围内所有的施工分布状况,极大提高行车交叉施工的安全性。

6)限速区域设置及超速报警

调度人员可通过调度中心软件设置轨行区任意路段的最高行驶速度,当工程列车运行至限速区段,并且超过限制速度时,系统自动以语音方式向轨道车司机提示减速。

7)轨道车视频领航

在轨道车推进运输前方平板车下方安装摄像机,司机在推进运输时可通过车载电脑监视器实时查看车辆推进前方 100~200m 范围内的轨道状态,极大提高了工程推进运输的安全性。

8)工程列车运行轨迹自动绘制

以铁路专业运行图十分格的方式自动绘制工程列车在区间内的行进情况,所有运行数据实时保存,工作人员可查阅 1 年以内的任意时段工程列车的运行状态。

9)调度命令无线传输

调度人员可通过调度中心软件向轨道车发送调度命令,机车系统接收到调度命令后,自动以语音提示司机,司机阅读调度命令后,确认无误,点击车载系统调度命令确认按钮,系统自动向调度中心回复命令状态为已接收,同时也可实现调度命令的作废。整个过程为闭环设计,可确保安全。

10)施工请点

各施工单位可通过手机或者网络(Web)提交施工请点,提交后,轨道单位调度通过轨行区的统一安排进行批复。整个请点的先后顺序、各单位的施工分布均可被所有单位实施通过手机或者 Web 查询,提高了审批效率和公正性;各施工单位还可方便地查询其施工范围附近是否存在其他高风险施工情况,以提高防护等级。

11)手机客户端

管理人员可通过手机实时了解现场状况和工作动态,故要求相关管理人员必须安装手机客户端,随时关注轨行区管理情况。

9.2.4 小结

智慧云平台作为地铁轨道施工研发的行车指挥和管理的专用系统,功能强大、实用性高。该系统能够加快城轨轨道项目施工管理向科学化、信息化、自动化迈进的步伐,使得轨行区管理更加科学、有序,施工组织更加安全、高效。

通过应用工程智慧云平台具有轨行区全程监控、小型机具定位、全线人员定位、轨道车物理临近报警装置、隧道内语言通信等功能,在铺轨基地设置智能视频控制中心,轨行区布置网络基站。管理人员可通过调度中心或手机 APP 实时查看、指挥、管理现场施工安全生产,提高了轨行区安全、文明施工水平,使管理更加规范便捷。

9.3 自动分枕轨排组装技术

9.3.1 技术应用背景及意义

城市轨道交通领域整体道床施工无论采用机铺法还是人工散铺法,轨排的组装基本采用人工散枕、人工组装。人工组装容易对轨枕造成磕碰掉角等损伤,且轨排组装效率低,工人劳动强度大,不利于轨排组装现场的规范化、标准化管理。

人工散铺法在现场组装轨排,轨枕的摆放、钢轨吊装、轨排组装等与钢筋绑扎、模板倒运、模板架设等工序穿插进行,各工序影响较大,对原本就空间狭小的 U 形梁整体道床施工来说更加难以组织,增加了施工组织难度及施工安全风险。

9.3.2 轨排组装平台功能及结构说明

轨排组装平台主要完成整体道床 25m 轨排组装作业,包括轨枕吊装、自动分枕、摆放扣件、吊装钢轨、扣件紧固、安装支撑架等作业。通过标准化、流水化轨排组装作业,生产质量达标的 25m 轨排。

轨排组装平台由机架、分枕小车、驱动装置、轨枕定位装置等部分组成,机架为整机主体构架,由支腿、导轨梁等组成,导轨梁为分枕小车提供运行轨道,同时为驱动装置提供安装基础。轨排组装平台在两根导轨梁上成对布置 88 辆分枕小车,能够进行短轨枕、长轨枕的分枕及轨排组装作业。

分枕小车之间通过连接杆连接,连接杆设置定位装置,分枕小车上设置枕距操作手柄,通过调整手柄位置,控制该小车轨枕与相邻小车轨枕间距。每辆小车均可调整 3 种轨枕间距。分枕小车设置轨枕定位装置,轨枕通过吊具放置在小车上时,即通过定位装置完成轨枕纵向定位；轨枕横向定位利用轨枕定位装置实现。

分枕小车动力装置采用微型卷扬机驱动，卷扬机安装在机架前端，牵引绳通过滑轮与第一辆分枕小车连接，第一辆分枕小车通过连接杆带动后续分枕小车进行分枕动作。

9.3.3 轨排组装作业流程

轨排组装作业在铺轨基地完成，配合设备包括门式起重机、轨排组装平台、轨枕吊具、钢轨吊具及轨排吊具等。道床板轨枕间距分为标准间距和特殊调整间距；特殊调整间距根据高架段简支梁跨度进行轨排调整板位置调整，每 6 榀轨排一个循环，因此需要采用能够调整轨枕间距的分枕组装平台进行轨排组装。

（1）设定枕距

将轨排组装平台全部枕车合龙，按轨排组装计划确定轨排轨枕间距，并将相应位置枕车的轨枕间距控制手柄调整到位，见图 9-3-1、图 9-3-2。

图 9-3-1　轨排组装平台

图 9-3-2　枕车合龙

（2）吊布轨枕

利用门式起重机配合轨枕吊具，将轨枕块吊至枕车上，每次 5 块，均匀布置，直至将 1 榀轨排所需全部轨枕块布满（或单侧分枕），见图 9-3-3。

（3）扣件摆放

吊装轨枕块的同时，可在已经吊装完成的轨枕块上摆放扣件，见图 9-3-4。

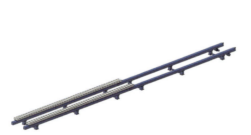

图 9-3-3　吊布轨枕

图 9-3-4　摆放轨枕

（4）分布轨枕

启动分枕控制按钮，利用分枕卷扬机带动枕车平移，直至所有枕车带动轨枕按设定轨距全部拉开，停止分枕，见图 9-3-5。

（5）吊装钢轨

利用门式起重机将钢轨吊装至轨枕块上，根据

图 9-3-5　分布轨枕

轨排组装计划,确定钢轨位置,利用扣件将钢轨与轨枕块组装成一体,见图9-3-6、图9-3-7。

图9-3-6　吊装钢轨

图9-3-7　吊装钢轨

(6)安装支架

将钢轨支撑架与2根钢轨连接,每榀轨排设置8根钢轨支架,钢轨支撑架间距3m,两端钢轨支撑架距钢轨头1m,具体位置可根据实际轨枕块位置调整;曲线段轨排可适当增加钢轨支撑架,支撑架间距2.5m,见图9-3-8、图9-3-9。

图9-3-8　安装支架

图9-3-9　扣件安装

(7)轨距锁定

钢轨支撑架安装完成后,以1根钢轨为基准,调整轨距,保证轨距符合验收标准要求后,锁定钢轨两端螺杆。

(8)轨排吊运

轨排组装检验合格后,利用门式起重机吊运至平板车上,见图9-3-10。

图9-3-10　吊装轨排

9.3.4　自动分枕轨排组装技术创新点

1)自动分枕技术

轨排组装采用自动分枕技术,采用配套门式起重机将轨枕由轨枕垛吊运至轨排组装平台,并置于并拢的分枕小车上;将25m轨排所需轨枕全部吊装完成后,按计划确定轨枕间距,并调整相应位置的轨枕间距控制手柄,启动分枕按钮,驱动装置带动2列分枕小车顺序前移,直至所有轨枕按要求分布后停止,完成分枕作业。

自动分枕技术的应用替代了人工散枕,保证了轨枕间距精度,降低了劳动强度,提高了轨排组装作业效率及轨排组装质量,将现场组装的轨排调整为标准作业流水线产品,从轨排组装工艺上保证了轨道工程施工质量。

2)枕距调整控制技术

受城市轨道交通梁型及道床板长度限制,同一榀轨排上可能存在不同的轨枕间距,且不同轨排上轨枕间距的分布位置也不完全相同。针对轨枕间距不同、位置不定的技术特点,轨枕组装平台分枕小车采用专用结构设计,每辆分枕小车设置3档轨枕间距,轨排组装前,按技术要求设定轨枕间距后进行分枕,组装轨排。

枕距调整通过枕车外侧操作手柄位置的调整锁定轨枕间距,其中手柄水平轨枕间距为595mm,手柄倾斜向下轨枕间距为570mm,见图9-3-11、图9-3-12。

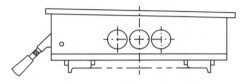

图9-3-11 轨枕间距595mm 手柄位置

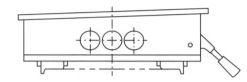

图9-3-12 轨枕间距570mm 手柄位置

3)轨枕定位技术

轨枕组装平台设置轨枕定位装置,在轨枕吊运至分枕小车上时,通过轨枕小车完成轨枕沿轨排纵向定位,通过定位结构实现轨枕沿轨排横向定位。分枕后可直接组装轨排,无须调整。

轨枕定位结构的应用避免了轨排组装过程中的轨枕对位等操作,提高了轨排组装效率,同时降低了劳动强度,提高了轨排组装质量。

9.3.5 小结

自动分枕轨排组装技术利用专业轨排组装平台,替代了人工散枕组装轨排,提高了轨排组装质量及组装效率。轨排组装平台采用机械吊枕、机械分枕的组装技术,使轨排各轨枕间距可调,轨枕分布均匀,轨排组装标准高、质量稳定。

本工程轨道施工采用机铺法开展整体道床施工,建立临时铺轨基地组装轨排,成品轨排通过轨道车运输至整体道床施工场地铺设。特别是自动分枕轨排组装技术的应用,将人工散铺法中大量的轨排组装作业调整至铺轨基地完成,采用标准化轨排组装流程,提高了施工效率,改善了现场作业环境,保证了轨道施工质量,降低了工人劳动强度,促进了城市轨道交通工程U形梁轨道施工技术的发展。

参 考 文 献

[1] 赵明春. 浅谈减振孔微振爆破在地铁施工中的应用[J]. 城市建设理论研究（电子版），2012（30）：1-5.
[2] 庄严，余小华，蒲黔辉. 城市轨道交通 U 形梁静载试验研究[J]. 西南公路，2010（4）：48-51.
[3] 忽慧涛，范伟，孙九春. 某轨道交通 U 形梁架设施工过程力学行为分析[J]. 山西建筑，2013，39（1）：138-139.
[4] 金仁兴. 预制 U 形梁架桥机安装技术[J]. 施工技术，2012，33（增刊 1）：61-63.
[5] 彭峰，孔恒，于溟. TGRM 前进式注浆工艺和袖阀管注浆工艺组合施工技术在电力隧道暗挖法施工穿越老旧民房中的应用[J]. 隧道建设，2010，30（增刊 1）：350-354.
[6] 山西四建集团有限公司. 袖阀管注浆加固地基技术规程[M]. 太原：山西科学技术出版社，2012.
[7] 刘殿中，杨仕春. 工程爆破实用手册[M]. 北京：冶金工业出版社，2003.
[8] 龙源，冯长根，徐全军，等. 爆破地震波在岩石介质中传播特性与数值计算研究[J]. 工程爆破，2000，6（3）：1-7.
[9] 冯乃谦，笠井芳夫，顾晴霞. 清水混凝土[M]. 北京：机械工业出版社，2011.
[10] 段伟，王敏，钟金宁，等. 地铁隧道结构稳定性自动化监测系统的研究与应用[J]. 测绘通报，2015（9）：91-94.
[11] 李云鹏，艾传志，韩常领，等. 小间距隧道爆破开挖动力效应数值模拟研究[J]. 爆炸与冲击，2007，27（1）：75-81.
[12] 平扬，吴楠，朱珍德，等. 土—岩二元介质深基坑吊脚桩支护优化设计[J]. 水利水电科技进展，2014，34（增刊 2）：22-24.
[13] 刘兴华，李丹，李续冲. 既有基坑延深开挖稳定性评价与支护方案确定[J]. 岩土锚固工程，2015（4）：28-34.
[14] 王安龙. 钻孔咬合桩——地铁工程围护结构新形式[J]. 铁道工程学报，2003（1）：53-59.
[15] 燕立群，田裕甲，田在军，等. 压力分散型锚索与拉力型锚索的比较——再论新型锚索结构系列及工程应用[C] // 中国岩土锚固工程协会. 第十一次全国岩土锚固学术研讨会论文集，2002.
[16] 武永军. 城市轨道交通信号系统互联互通解决方案[J]. 通讯世界，2014（10）：7-9.
[17] 王延年，邓特. 浅析通信机房设备配线施工[J]. 工程建设与设计，2016（13）：182-184.

[18] 王慧琛. BIM 技术在绿色公共建筑设计中的应用研究 [D]. 北京：北京工业大学，2014.

[19] 中华人民共和国住房和城乡建设部. 城市轨道交通工程测量规范：GB/T 50308—2017[S]. 北京：中国建筑工业出版社，2017.

[20] 中华人民共和国住房和城乡建设部. 地下工程防水技术规范：GB 50108—2008[S]. 北京：中国计划出版社，2009.

[21] 中华人民共和国住房和城乡建设部. 地下铁道工程施工质量验收标准：GB/T 50299—2018[S]. 北京：中国建筑工业出版社，2018.

[22] 刘泉维. 硬岩地层地铁修建关键技术（一）[M]. 北京：人民交通出版社股份有限公司，2017.

[23] 深圳市地铁集团有限公司，中国电建南方建设投资有限公司. 复杂环境条件下地铁土建施工技术创新与实践——深圳地铁 7 号线工程技术研究成果总结 [M]. 北京：人民交通出版社股份有限公司，2018.

[24] 深圳市地铁集团有限公司，中铁南方投资集团有限公司. 城市轨道交通快线关键技术创新与应用——深圳地铁 11 号线工程 [M]. 北京：人民交通出版社股份有限公司，2018.

[25] 王海亮，鲍汝苍，范学臣，等. 城区大跨硬岩隧道控制爆破与振动响应 [M]. 北京：中国铁道出版社，2020.

编写人员名单

编写章节		编写人员
第1章 工程概况	1.1 工程简介	刘泉维　黄成
	1.2 工程技术概述	刘泉维　李维洲
	1.3 工程建设里程碑	于福　黄成
第2章 设计创新	2.1 总体设计思路	宗超　叶佩文
	2.2 区间设计创新	叶守杰　田海光
	2.3 车站设计创新	宗超　安秉忠　崔景辉
	2.4 停车场、车辆基地设计创新	叶守杰　邵泽奇
第3章 矿山法区间施工关键技术	3.1 竖井、斜井及横通道施工技术	黄成　刘松旺　张金光
	3.2 矿山法隧道开挖与支护技术	郑世杰　张国山
	3.3 矿山法隧道防水施工技术	李维洲　张金光
	3.4 矿山法隧道二次衬砌施工技术	张金光　霍守峰
	3.5 区间侧穿加油站爆破减振技术	郑建国　张仲民
	3.6 区间小间距隧道施工技术	张坤　张金光
第4章 不良地质段注浆加固和止水技术创新	4.1 地表注浆加固和止水技术	王云龙　王洪波
	4.1.1 地表旋喷桩加固技术	孟祥慧　张金光
	4.1.2 袖阀管注浆技术	魏义山　武雷锋
	4.1.3 地表膨胀模袋钢花管注浆技术	李维洲　魏义山
	4.2 洞内注浆技术	刘泉维　于福
	4.2.1 洞内帷幕注浆加固技术	郑建国　王钦雷
	4.2.2 全断面深孔系统注浆止水施工技术	姚清松　任伟强
第5章 明挖车站及区间施工技术创新	5.1 钻孔桩+锚索+旋喷桩围护结构施工技术	王钦雷　霍守峰
	5.2 吊脚桩施工技术	张金光　王帅
	5.3 井冈山路站与既有基坑对接施工技术	郑世杰　田野
	5.4 过两河明挖"四期基坑"施工技术	于福　张金光
	5.5 地下车站清水混凝土施工技术	谷坤鹏　孟祥慧
	5.6 全套管嵌岩咬合桩技术	陈剑　魏义山
	5.7 快速锚杆施工技术	郑世杰　王洪波
	5.8 地下车站主体与附属接口部位防水技术	郑世杰　张国山
	5.9 深基坑自动化检测技术	刘峥　张培元
	5.10 泄水减压施工技术	于超　郭廷科
	5.11 气候控制调光玻璃(STG)的应用	孟庆涛　刘伟

续上表

编写章节		编写人员
第 6 章 高架车站及区间施工技术创新	6.1 墩柱施工技术	岳续红　孙强
	6.2 跨风河桥挂篮悬浇法施工技术	王海山　张兆民
	6.3 现浇梁施工技术	张兆民　解飞
	6.4 先张法 U 形梁制运架成套技术	谭程龙　张敬伟
	6.5 高架车站清水混凝土施工技术	谷坤鹏　王帅
	6.6 其他高架区间施工技术	廖家燊　王海山　张兆民
第 7 章 车辆基地技术创新	7.1 工程概况	史时喜　王虹程
	7.2 主要设计方案	史时喜　巴文博
	7.3 设计重难点及技术创新	史时喜　李德林
第 8 章 装修和设备系统技术创新	8.1 车站空间一体化与外立面设计	尹顺玉　李雪莹
	8.2 设备系统特点及创新	徐明功　吕平　刘文达
	8.3 BIM 技术应用	邢春阳　单朋　王雪亮
	8.4 其他安装技术	王健　凡涛涛
第 9 章 轨道施工关键技术	9.1 CP III 轨道精密测量技术	刘林胜　张涛涛
	9.2 智慧云平台在地铁铺轨中应用的探索及研究	郝利东　张恺
	9.3 自动分枕轨排组装技术	郝利东　高森